DUN

REISE-TASCHENBÜCHER

Extremadura

In der vorderen Umschlagklappe: Übersichtskarte der Extremadura

In der hinteren Umschlagklappe: Stadtplan von Mérida

Hans-Peter Burmeister

Extremadura

DUMONT

Umschlagvorderseite: Pizarro–Denkmal in Trujillo
Umschlaginnenklappe vorne: Blick auf Feria
Umschlaginnenklappe hinten: Cabeza la Vaca
Umschlagrückseite oben: Acueducto de los Milagros in Mérida
Umschlagrückseite unten: Festszene in Acehuche
Abbildung S. 2/3: Landschaft bei Plasencia
Vignette: Eingang des Stammhauses der Familie Pizarro in Trujillo

Über den Autor: Hans-Peter Burmeister, geboren 1949, studierte Kunstgeschichte, Literatur- und Religionswissenschaft und war als Dozent und Lehrer in Berlin und Bremen tätig. Seit seiner Promotion arbeitet er als Publizist und leitet Studienreisen durch Spanien.

Fremde Kulturen kennenlernen und gastfreundlichen Menschen begegnen – wie sehr genießen wir das auf Reisen. Zu Hause bei uns jedoch wird mancher Ausländer von einer kleinen Minderheit beschimpft, bedroht und sogar mißhandelt. Alle, die in fremden Ländern Gastrecht genossen haben, tragen hier besondere Verantwortung. Deshalb: Lassen Sie es nicht zu, daß Ausländer diffamiert und angegriffen werden. Lassen Sie uns gemeinsam für die Würde des Menschen einstehen.

Verlagsleitung und Mitarbeiter des DuMont Buchverlages

Die Deutsche Bibliothek – CIP-Einheitsaufnahme

Burmeister, Hans-Peter:
Extremadura / [Hans-Peter Burmeister]. – Köln: DuMont 1996
(Reise-Taschenbuch)
ISBN 3-7701-3691-8
NE: HST

Satz und Druck: Rasch, Bramsche
Buchbinderische Verarbeitung: Bramscher Buchbinder Betriebe

Printed in Germany ISBN 3-7701-3691-8

Inhalt

Land und Leute

Extremadura im Überblick

Landleben und Feste

Unterwegs in der Extremadura

Das Herz der Extremadura

Nördlich des Tajo

Wallfahrtsort im Osten – Guadalupe

Südlich des Guadiana

Tips und Adressen

Vorwort

Die Extremadura ist eine vergessene Region. Sie liegt im Zentrum Iberiens und ist dennoch ein spanisches Grenzland. Man passiert es auf dem Weg nach Portugal oder Andalusien, aber man weiß darüber gewöhnlich nichts, außer daß es arm, menschenleer und unbekannt ist.

Tatsächlich gibt es in der Extremadura keine ausgetretenen Pfade und allbekannten Sehenswürdigkeiten. Das Land liegt weitab von den attraktiven Meeresküsten, und der neugierige Reisende kann abseits der Touristenströme mitten in Europa ein noch unbekanntes Land entdecken.

Sehenswürdig ist die Extremadura dennoch. Die Abgelegenheit des Landstrichs hat dazu geführt, daß dem Besucher hier mehr als anderswo noch das ›alte Spanien‹ begegnet. Wer Andalusien und Kastilien schon besucht hat, findet in der Extremadura eine notwendige Ergänzung seines Spanienbildes. In der Extremadura, die zwischen diesen Provinzen liegt, wird er zwar manches wiedererkennen – die herben Züge Kastiliens wie den südlichen Liebreiz Andalusiens –, dennoch besitzt die Region eigenes Gewicht und Profil. Erst in unserer Zeit werden sich ihre Bewohner dessen bewußt.

Die Steineichenwälder der Extremadura bilden eine unverwechselbare, in der Welt einmalige Landschaft. Im Frühjahr prangen auf den riesigen Schafweiden üppige Blumenteppiche. Die Römer überspannten die zahlreichen Flüsse vor 2000 Jahren mit einigen ihrer schönsten Brücken und bauten die prächtige Hauptstadt der Extremadura. Nirgendwo sonst in Spanien gibt es einen solchen Reichtum an römischer Kunst und Architektur wie in dieser Stadt. Und wer weiß schon, daß sich auf den Hügeln der Extremadura über 70 mittelalterliche Burgen erheben? Und daß es hier vollkommen erhaltene Ritter-Städte gibt, die uns in die Zeit der Reconquista versetzen, überrascht vor Ort selbst Spanienkenner.

Wer den weitgespannten Fäden neuzeitlicher Weltgeschichte nachspüren will, wird in der Extremadura natürlich die Heimat der spanischen Eroberer Amerikas suchen und finden. An den kaum veränderten Orten und Landschaften der Konquistadoren wird er Männer wie Cortés und Pizarro besser begreifen können, mit denen vor 500 Jahren die Eroberungsgeschichte Amerikas ihren folgenreichen Anfang nahm.

Wer Ruhe jenseits der Metropolen sucht, menschenleere und einzigartige Landschaften mit nur gering befahrenen Straßen und eine reiche Vogel- und Pflanzenwelt, wird sie in dieser abgelegenen Region antreffen. Und man sollte nicht säumen, vom köstlichen Schinken zu kosten, vom Wein und vom Käse der Gegend.

Land und Leute

Dies Land ist eine Jungfrau. Ihre Kleider sind rings mit Frühlingsblumen überreich bestickt. Der Himmel liebt sie heiß. Er ist ein Hungerleider, den überall das Weh der Liebe zwickt.

Ibn Sara, Badajoz 11. Jh.

Extremadura im Überblick

Jahrhundertealte Kulturlandschaft zwischen Kastilien und Andalusien

Rückzugsgebiet von Kaiseradlern, Gänsegeiern und Schwarzstörchen

Geschichte und Kunst

Heimat der Konquistadoren

Storchennest auf einem Kirchendach in Trujillo

Geographie und Klima

Die Extremadura liegt inmitten unwegsamer und weitläufiger Gebirge und erscheint dem Reisenden daher verschlossen und abweisend, solange er sich an ihren Rändern aufhält. Aber ›extrem hart‹ *(duro)*, wie der Name ›Extremadura‹ vermeintlich besagt, ist das Landesinnere nicht. Die Hügel, Wälder und sanft geschwungenen Ebenen der Extremadura sind weitaus einladender als die karge Landschaft Kastiliens. Der Name ›Extremadura‹ meinte ursprünglich das Land jenseits des Flusses Duero, aus nördlicher kastilischer Perspektive gesehen – dem Standpunkt der christlichen Eroberer des 9. bis 13. Jh.

Heute sind Kastilien und Extremadura im Norden durch das Kastilische Scheidegebirge begrenzt, zu dem die Sierra de Gredos und die Sierra de Gata gehören. Südlich dieser Gebirge erstrecken sich die gegenüber Kastilien sehr viel tiefer liegenden Ebenen der Extremadura, die in ihrer Mitte von zwei großen Flüssen durchzogen werden: dem Tajo und dem Guadiana. Nicht nur diese großen Flüsse selbst, sondern auch deren zahlreiche kleinere Nebenflüsse sind mehrfach gestaut worden, so daß im Laufe der letzten Jahrzehnte eine seenreiche Landschaft entstanden ist.

Die höchsten Berge liegen im nördlichen Grenzgebiet – in der Sierra de Gata bis über 1500 m, in der Sierra de Gredos bis über 2300 m hoch. Ihre schneebedeckten Gipfel sind bis in den Frühsommer hinein von weither sichtbar.

Der Großteil Extremaduras liegt in Höhen von 200 bis 300 m über dem Meeresspiegel, wie eine Schale, deren hochgewölbte Ränder durch die umliegenden Gebirge gebildet werden: am Ostrand die Sierra de Guadalupe, Ausläufer der bis zu 1400 m hohen Montes de Toledo, und im Süden die Sierra Morena mit mittleren Höhen um 500 bis 1000 m. Im Innern der Extremadura ist die Landschaft abwechslungsreich: Sie reicht von flachen Ebenen über ein sanftes Hügelland bis zu kleineren schroffen Gebirgszügen, die plötzlich inmitten der Weiten aufragen, von ausgedehnten Wäldern über fruchtbare Wein- und Weizenanbaugebiete bis hin zu kahlen Steppen.

Das **Klima** der Extremadura ist mediterran mit atlantischen Einflüssen. Es ist spürbar milder als auf den Hochebenen Kastiliens und auch deutlich trockener als im benachbarten Portugal. Die frostempfindlichen Olivenbäume wachsen bis in den nördlichen Zipfel der Extremadura.

Das Gesamtklima der Erde wird durch den jahreszeitlichen Wechsel der Westwindzone und der subtropischen Hochdruckzone bestimmt. Im Sommer verschieben sich gemäß dem Stand der Sonne die Zonen nordwärts. Nahezu ganz Spanien gerät unter den Einfluß der

Hochdruckzone; der vorherrschende Passat läßt kaum Bewölkung aufkommen. Entsprechend stark wird die Landmasse erhitzt.

Im Winter verschiebt sich die Westwindzone nach Süden und drängt den Hochdruckgürtel an die andalusische Küste. Für die Extremadura ist dies die Zeit der Winterregen mit beginnenden Niederschlägen im November.

Mitte Dezember bis Mitte Januar wirkt häufig noch einmal der kontinentale Hochdruckeinfluß. Folge sind geringere Regenfälle und niedrigere Temperaturen. Sie sinken aber selten unter 5 °C. Nur in den Bergen trifft man auf Schnee und Frost. Mit Regenfällen kann man bis Mitte Mai rechnen. Bald darauf beginnt schon ein trockener heißer Sommer. Im Herbst grünt das braungelb verbrannte Land erneut mit den ersten Niederschlägen. Die Landwirtschaft entfaltet ihre größte Aktivität. Es ist die Zeit der Getreidesaat, aber auch der Mandel-, Wein- und Olivenernte. Die Schweine werden zur Eichelmast in die immergrünen Steineichenwälder geschickt, und die Zugvögel aus dem Norden fliegen zum Überwintern herbei. Am schönsten zeigt sich die Extremadura mit prangenden, blühenden Wiesen, begrünten Bergen und wilden Flüssen im Frühjahr – von Anfang April bis Ende Mai.

Der gestaute Tajo bei Alcántara

Flora und Fauna

Im April und Mai sind die Steineichenwälder und karstigen Ebenen der Extremadura von einem Meer weißer und violetter Zistrosenblüten übersät, von gelbleuchtendem Ginster, von Anemonen, Lavendel und Erika. Nur wenige Gebiete im Zentrum der Extremadura und im Südosten verharren in Grau und Braun, überall sonst ist das grüne Land von farbigen Blumenkleidern bedeckt. Besonders am Wegesrand leuchtet der rote Mohn. Auf den Weiden gedeihen die Blumen üppiger als auf der breiten Treckspur der *cañadas*, die seit Jahrhunderten von den durchziehenden Schafherden benutzt werden und im Frühjahr von einem zarten Flaum von Blüten bedeckt sind.

Korkeichen wachsen an den Nordhängen der Hügellandschaft oder in der Nähe von Flüssen; sie benötigen mehr Wasser als die Steineichen. In manchen Gegenden sind in den letzten Jahren Eukalyptusbäume gepflanzt worden. Ökonomischen Nutzen soll der Holzgewinn durch das schnelle Wachstum des Baumes bringen, aber der aufgeworfene, wenig fruchtbare Boden erodiert nur um so schneller, und der Eukalyptus wächst nur an wenigen Stellen zu großen Stämmen heran. Seine scharf getränkten ölhaltigen Blätter zerfallen am Boden nicht zu Humus, sie behindern seine Entstehung. Der Eukalyptus wird von Naturschützern daher als großer Schädling der empfindlichen Erdkrume betrachtet, ohne die es kein langfristiges Wachstum gibt.

In manchen Gebirgstälern der Provinz Cáceres stehen Kastanienbäume, außerdem Pinien und Fichten. Das Tal des Jerte ist berühmt für seine vielen Kirschbäume.

Überall, vom Süden der Sierra Morena bis in die Höhenlagen am Nordrand der Sierra de Gata, ist der Olivenbaum verbreitet, seltener sind Erdbeer-, Mandel- und Feigenbäume. Eine besondere Attraktion der Extremadura ist ihre **Vogelwelt**. Störchen und Kranichen ist die Extremadura Hauptnistplatz in Europa. Rund 60 000 Kraniche ziehen im Oktober aus ihrer nordeuropäischen Heimat zum Überwintern in den Südwesten Europas. 80 % aller europäischen Kraniche nisten dann in der Extremadura, und zwar vorwiegend in den Steineichenwäl-

Perleidechse

»Steckbrief« Extremadura

Lage	Im Westen Spaniens; Grenzen zu Kastilien im Norden (Castilla y León) und Osten (Castilla la Mancha), Andalusien im Süden und Portugal im Westen
Fläche	41 603 km^2 (vgl. Niedersachsen 47 606 km^2)
Landschaft	Karge, unbewaldete Gebirgszüge wechseln ab mit weiten fruchtbaren Ebenen und sanftem Hügelland. Die Erde ist braun und trocken trotz Wasserreichtums. Viele Stauseen, ausgedehnte Stein- und Korkeichenwälder und Weideflächen für Schafe
Flüsse	Guadiana und Tajo mit Nebenflüssen
Städte	Badajoz (über 120 000 Ew.), Cáceres (69 193 Ew.), Mérida (54 000 Ew.), Plasencia (33 535 Ew.)
Verwaltung	Autonome Region mit der Hauptstadt Mérida und den Provinzen Badajoz und Cáceres
Einwohner	ca. 1,1 Mio. (ca. 26 Ew./km^2)
Erwerbsstruktur	60 % der Bevölkerung arbeitet im Dienstleistungssektor, 17 % in der Industrie, 10 % im Bauwesen, 14 % in der Landwirtschaft (ganz Spanien 5 %)
Arbeitslosenrate	28 % (Spanien 1994: 24,4 %)
Wirtschaft	Landwirtschaft: Hauptanbauprodukte sind Weizen, Gerste, Sonnenblumen, Mais, Paprika, Tomaten, Spargel, Kirschen, Tabak und Wein; Viehwirtschaft: 2,5 Mio. Schafe, je 400 000 Rinder, Ziegen und Schweine; Energiewirtschaft: 30 Wasserkraftwerke und ein Atomkraftwerk (Almarez/Cáceres) produzieren 12 % des spanischen Stroms.

dern, wo sich die Vögel von Eicheln ernähren. Im März ziehen sie zur Brut wieder zurück in den Norden, zum großen Teil nach Mecklenburg-Vorpommern und Skandinavien. Nicht als Wandervögel, sondern als Dauerbewohner leben vor allem in den Naturschutzgebieten der Extremadura neben vielen anderen Vogelarten auch die äußerst selten gewordenen Kaiseradler und Schwarzstörche.

In den Eichenkronen nisten kleinere Vogelarten und seltener auch

Dehesas

Die immergrünen Eichenwälder

Die Weidewälder der Extremadura existieren seit Tausenden von Jahren. Der gesamte Süden Iberiens und große Teile Zentralspaniens waren einst von solchen Wäldern bedeckt. Inzwischen findet man sie nur noch in der abgelegenen Extremadura, besonders im Südwesten des Landes. Immergrüne Steineichen und in geringer Zahl Korkeichen stehen in weitem Abstand zueinander. Nur selten berühren sich die rundlichen mächtigen Kronen der relativ kurzstämmigen Bäume. Es mußte nur das wilde Buschwerk abgeholzt werden, und es entstand ausreichend Platz für eine Viehweide oder einen Getreideacker.

Dehesas lassen einerseits der Natur großen Spielraum und bringen andererseits den Menschen großen Nutzen. Es handelt sich weder um wilde, unberührte Wälder noch um kultiviertes Land im herkömmlichen Sinne. In den *dehesas* lebt alles mit- und voneinander. In ihnen wird keine intensive Landwirtschaft betrieben, sondern eine extensive (großräumige). Weite Teile des Landes bleiben unbebaut, so daß eine Vielfalt von Lebewesen Raum und Nahrung findet. In erster Linie sind die *dehesas* Weideland für Schafe, Rinder, Kampfstiere, Ziegen und Schweine, die im Herbst die herabfallenden Eicheln fressen – was den Geschmack der Schinken prägt – und pro Tag ein Kilogramm Gewicht zunehmen. Von den Eicheln ernähren sich auch die Vögel – ein Stockwerk höher. Man kommt sich nicht ins Gehege.

Auf begrenzten Flächen wird Getreide angebaut. Nach der Ernte im Frühjahr kommt das Vieh auf die Stoppeln; es wächst Gras, für einige Jahre dient das Land wieder als Weide. Auf diese Weise gut gedüngt, taugt es erneut als Acker. Kultur und Natur wirken hier in eigentümlicher Harmonie miteinander, so daß uns in den unterschiedlichen Erscheinungsformen des jahreszeitlichen Zyklus dieser Pflanzen, Tiere und Menschen verknüpfenden Landschaft immer das Bild friedvoller Schönheit vor Augen steht. Selbst im heißen Sommer, der menschenfeindlichsten Jahreszeit in der Extremadura, ergeben die *dehesas* mit ihren schattenspendenden grünen Eichen auf dem Hintergrund der gelbleuchtenden Weide ein anrührendes Bild des Friedens, den Mensch und Natur einer sengenden Sonne abgewonnen haben.

Alle neun Jahre schält man vom Stamm der Korkeichen die Rinde und verarbeitet sie zu zahllosen Produkten, die überall auf der Welt

Zwischen den Steineichen wachsen üppige Wiesen

wegen ihrer isolierenden Eigenschaften geschätzt werden. Alle fünf Jahre werden die Kronen der Steineichen gestutzt, um die Bäume zur weiteren Fruchtproduktion anzuregen. Ein Eichbaum trägt zwischen 15 und 20 kg Eicheln pro Jahr. Die meisten Eichen sind einige hundert Jahre alt. Das abgeschnittene Blattwerk dient als Viehfutter, das stärkere Geäst den hinter den Holzarbeitern herziehenden Köhlern zur Herstellung der Holzkohle, mit der in Spanien im Winter traditionell die gliederwärmenden *braseros* gefüllt werden (Metallschalen, die unter den runden Holztisch gestellt werden, an dem man zusammensitzt).

Schon im 6. Jh. v. Chr. fanden die nach Iberien eindringenden Kelten diese Landschaft vor, die durch Abholzungen anderer Baumarten in vorchristlicher Zeit entstanden war. Sie überdauerte die Herrschaft der Römer, Westgoten und Mauren, die christliche Reconquista und die Neuzeit bis heute. Die *dehesa* ist ein funktionierendes Ökosystem, das 3000 Jahre überleben konnte, aber nun, am Ende des zweiten nachchristlichen Jahrtausends, bedroht ist durch ein Fortschritts- und Entwicklungsdenken, das auf kurzfristige ökonomische Effizienz, auf bedenkenlosem Einsatz von Monokulturen und einseitige Strukturplanung setzt.

Schafe, Ziegen, Rinder und Schweine werden im Frühjar auf die blühenden Wiesen getrieben

Störche. Letztere suchen sich in der Regel exklusivere Hochsitze auf den Kirchtürmen der Dörfer und Städte. Jeder Ort ist Heimat mehrerer Storchfamilien, von denen manche sogar übers ganze Jahr bleiben.

Auf Felsspitzen haben zahlreiche Raubvögel ihre Nester gebaut, neben Milanen und Adlern auch die selten gewordenen Mönchs- und Gänsegeier – Gesundheitspolizei und diskrete Bestattungsunternehmer in einem. Die Geier können nur überleben, weil es in den umherstreifenden Herden immer wieder kranke Tiere gibt, die sterben, weil sie den Anschluß verlieren oder abstürzen. Für den Hirten sind die Aasfresser hochgeschätzte Mitarbeiter, denn das tote Fleisch der Tiere wird nicht zur Seuchenquelle, und der Hirte muß die Kadaver nicht selber suchen und begraben.

Daten zur Geschichte

Ur- und Frühgeschichte

Über 100 000 Jahre alte Steinwerkzeuge zeugen von der frühen Besiedlung der Extremadura. Höhlenzeichnungen in der Cueva de Maltraviesa bei Cáceres weisen auf kultische Handlungen vor 20 000 Jahren hin.

2500 v. Chr. Die Glockenbecher-Kultur erreicht die Extremadura. Aus dieser Zeit stammen die großen Steingräber (Dolmen). Neben der Landwirtschaft wurde Bergbau betrieben (Zinn-Minen von Logrosán bei Guadalupe). Bronzegegenstände fand man in den Dolmen von Lácara bei Mérida.

1000–800 v. Chr. Kelten wandern aus dem Norden ein und vermischen sich mit den Urstämmen der Iberer, die ursprünglich aus Afrika eingewandert waren. Lebhafte Handelskontakte bestehen mit dem Reich von Tartessos an der Mündung des Guadalquivir.

600–500 v. Chr. Erneut drängen Einwanderungsströme der Kelten von Galicien aus in die Extremadura. Bau von Befestigungsanlagen zwischen Tajo und Guadiana und Vermischung der keltischen Kultur mit der der Turdetaner aus der südlichen, der der Vettonen aus der nördlichen und der der Lusitanier aus der westlichen Extremadura.

Römische Zeit

193 v. Chr. Beginn des römischen Eroberungskrieges gegen die Lusitanier. Im Verlauf der 55 Jahre währenden Kämpfe entstehen die ersten dauerhaften römischen Siedlungen als militärische Stützpunkte.

138 v. Chr. Mit dem Tod des lusitanischen Heerführers Viriatus endet der große Krieg. Dennoch erheben sich bis in die Zeit Cäsars Lusitanier und Vettonen immer wieder gegen die römische Herrschaft. Die Römer betreiben, neben der Landwirtschaft, gezielt die Gewinnung von Eisen, Kupfer, Zinn, Blei, Quecksilber, Gold und Silber.

77 v. Chr. Römische Truppen unter Metellus marschieren in Spanien gegen Sertorio, der im Verlauf des Bürgerkriegs zwischen

Die römische Brücke über den Guadiana in Mérida

Marius und Sulla die Unabhängigkeit Iberiens proklamiert hatte. Entstehung einer strategischen Linie befestigter militärischer Stützpunkte in der Extremadura, darunter Castrum Metellium (heute: Medellín) direkt an der Brücke über den Fluß Ana (arabisch: Guadiana) und in der Nähe der alten vettonischen Hauptstadt Castrum Cecilium Caurrein (heute: Coria).

45 v. Chr. Krieg zwischen den Anhängern Cäsars und des Pompejus auch auf spanischem Boden. Die römischen Legionen werden mit Vettonen und Lusitaniern aufgefüllt. Nach Julius Cäsar, der aus den Minen Lusitaniens das heißbegehrte Silber bezieht, tragen fortan viele Ortschaften den Ehrentitel Julia oder Caesarina.

26 v. Chr. Kaiser Augustus, der persönlich nach Spanien kommt, um die Eroberung Nordspaniens anzuführen, schafft eine neue Verwaltungsstruktur. Die Provinz Lusitania entsteht neben Baetica (heute: Andalusien) und Terraconensis. Als Hauptstadt Lusitaniens wird die Colonia Augusta Eremita (heute: Mérida) angelegt, eine Stadt für die ›eremitierten‹ römischen Veteranen des Krieges gegen die Asturier.

19 v. Chr. In Rom wird die Pax Augusta verkündet. Während der darauffolgenden 200 Jahre Frieden blühen Handel, Wirtschaft und Kultur. Mérida entwickelt sich zu einem wirtschaftlichen Knotenpunkt ganz Iberiens. Straßen, Brücken aber auch ein Bewässerungs- und Abwassersystem mit Aquädukten, Stauseen, Wasserleitungen und Abwasserkanälen werden von den Römern auch in der Extremadura angelegt.

Frühes Christentum

1. Jh. n. Chr. Das Christentum breitet sich vorerst durch Dienstboten, Freigelassene, Sklaven und Händler aus Griechenland, Syrien und Palästina, die in die blühende Extremadura eingewandert waren, aus. Die ersten christlichen Märtyrer tragen griechische Namen.

Das Westgotische Reich

412–711 Zahlreiche Einfälle von Germanenstämmen auf der iberischen Halbinsel begleiten das Ende des Römischen Reiches. Die Westgoten gründen in Westspanien um Toledo ein Reich. Auch unter den Westgoten bleibt Mérida Hauptstadt, aber das städtische Leben insgesamt verfällt.

Arabische Herrschaft und Reconquista

711 Beginn der maurischen Invasion der iberischen Halbinsel. Die Westgoten werden rasch besiegt. In wenigen Jahren steht ganz Spanien bis auf wenige unzugängliche Gebirgsgegenden im Norden unter dem Banner des Halbmonds. Die führende Schicht der Eroberer besteht aus Arabern, Jemeniten und Syrern, die Masse der Krieger aber kommt aus der ehemaligen römischen Provinz Mauretanien in Westafrika. Berber aus dem Maghreb, erst kurz zuvor islamisiert, siedeln vor allem in der südlichen Extremadura.

756 Das maurische Spanien wird mit seiner Hauptstadt Córdoba unter Abd ar-Rahman I. zum selbständigen Emirat.

1. Hälfte des 9. Jh. Der Emir von Córdoba, Abd ar-Rahman II., muß sich gegen Überfälle der Könige von León zur Wehr setzen. Es entstehen zum Schutz gegen die christlichen Eindringlinge die großen maurischen Festungen in Mérida und Badajoz. Trujillo, Cáceres, Alcántara und Monfragüe erhalten ihre Wehrburgen *(alcazaba)*.

912 Beginn der Regierungszeit Abd ar-Rahman III., unter dem das maurische Spanien seinen machtvollen Höhepunkt erreicht.

929 Proklamation des Kalifats. Das Kalifat von Córdoba wird neben Byzanz zur glänzendsten und bedeutendsten Macht im

Im Zeichen des Islam

Blüte der Wissenschaften und religiöse Toleranz im arabischen Spanien

Der Islam hatte die verschiedensten Völker nicht nur im Glauben geeint – wenn auch Stammesfehden weiterhin schwelten –, sondern er hatte ihnen vor allen Dingen mit dem Koran eine reiche gemeinsame Sprache gebracht, die es ermöglichte, das gesamte überlieferte Wissen der damaligen Welt aus indischer, persischer und griechischer Tradition, das z. T. längst verschollen war, aufzugreifen, zu vergleichen und zu erweitern. Die arabischen Herren und Händler erwarben dabei nicht nur die längst in Vergessenheit geratenen antiken griechischen Bücherschätze aus den byzantinischen Archiven, sondern sie ließen sie wie auch alles andere verfügbare Wissen ins Arabische übersetzen. Das bislang zerstreute und unzugängliche Wissen wurde in dieser einen Sprache zusammengefaßt. Darüberhinaus legten sie riesige öffentliche und private Bibliotheken an. Dieser so zusammengetragene Wissensschatz regte zu neuen Forschungen und Untersuchungen der irdischen Phänomene an. Neue Einblicke in die Gesetze der Natur entstanden.

Nach dem Koran war dies ganz im Sinne Allahs. Wissen wurde nicht in Gegensatz zum Glauben gestellt, sondern als Annäherung an die Schöpfung verstanden, mithin religiös gefordert wie das Gebet. Allah als Unendlicher veränderte den geistigen Horizont und das Abstraktionsvermögen derer, die vorher in der Beschränktheit einer Götzenwelt gelebt hatten. Eine Blüte der Wissenschaften war die Folge, insbesondere der Medizin, der Optik, der Astronomie und der Mathematik.

Christen und Juden ließ man ihren Glauben und ihre eigene Rechtsprechung. Diese Toleranz war ungewöhnlich. Ökonomisch nützlich war diese Regelung für die neuen Herrscher, weil die Nichtmoslems Extrasteuern zu bezahlen hatten. Aber es war für sie auch theologisch gerechtfertigt und geboten. Nicht nur, daß Moslems, Juden und Christen in Abraham ihren gemeinsamen Urvater sahen, das Gottesbild der Juden war von dem der Moslems nicht sehr unterschieden, und Jesus Christus war von Mohammed als bedeutender Prophet gewürdigt worden. So bestand man nur bei den Heiden auf Bekehrung zum Islam.

Die Extremadura unter arabischer Herrschaft

Die Mehrzahl der Bewohner Extremaduras in dieser Zeit bestand aus ehemaligen Christen, die zum Islam übergetreten waren, aber zahlreich blieben auch die ihren christlichen Glauben beibehaltenden Mozaraber. In der Extremadura konvertierten die westgotischen Grundherren rasch zum Islam und blieben so auch in den Spitzen der Gesellschaft. Die Töchter des westgotischen Adels wurden zu bevorzugten Bräuten der maurischen Edelleute. Seit dem dritten nachchristlichen Jahrhundert waren Juden aus Palästina auch in die Städte der Extremadura gelangt. Bedroht und verfolgt von den christlichen Westgoten, war die neue Herrschaft des Islam für sie wie eine Befreiung. Man duldete die Juden nicht nur, man respektierte sie auch. Vor allem im Handel und im Handwerk bildeten sie eine wichtige Schicht im Leben der Städte, wo sie in ihrem eigenen Stadtteil lebten und den Traditionen und Riten ihres Glaubens ungestört folgten.

Die Mauren konnten in der Extremadura auf das römische Bewässerungssystem zurückgreifen, aber sie verbesserten diese Technik noch. Sie lösten die germanischen Besitzstrukturen auf und begannen mit einer intensiven Bewirtschaftung des Landes auf kleinen Parzellen, die verpachtet wurden. Große bewaldete Flächen wurden gerodet. Die Kanalbewässerung der Anbauflächen betrieben die maurischen Bauern als Gemeinschaftsaufgabe. Daneben gab es individuell zu nutzende Brunnenanlagen. Mit Schöpfrädern holte man Grundwasser bis aus 20 m Tiefe. Die Pächter lebten auf ihren Höfen im Lande verstreut. Während die Landbesitzer zumeist in der Stadt Wohnung nahmen. Städtische Zivilisation und ländliches Leben bildeten dabei keinen krassen Gegensatz, sondern befruchteten sich gegenseitig. Mit den neuen Agrartechniken wurden bislang unbekannte Pflanzen angebaut, die die Mauren nach Spanien mitgebracht hatten: Reis, Zuckerrohr, Baumwolle, Zitrone, Banane, Aprikose, Orange, Pfirsich, Melone, Spinat, Blumenkohl, Spargel, Artischocke, Hartweizen. In den Städten florierte das Handwerk. Berühmt waren Schmiedekunst und Lederbearbeitung. Man widmete sich der Pferde- und Schafzucht. Vor allem Baumwolle und Seide wurden produziert. Man verarbeitete den Kork, exportierte Geigen, Sirup und Honig. In der Sierra Morena wurde Silber gefördert. Reichliches Metallgeld stimulierte den Warenverkehr.

Mittelmeerraum. Während 70 Jahren blühen Handel, Landwirtschaft und Handwerk auch in der Córdoba nahegelegenen Extremadura. Viele neue Städte werden gegründet.

1010 Beginn eines Erbfolgekrieges im maurischen Spanien.

1016 Im Verlauf der Bürgerkriegswirren Gründung der Dynastie der *aftasi,* eine Familie berberischer Abkunft in Badajoz.

1031 Endgültiger Zerfall des Kalifats von Córdoba in Klein-Königreiche, sogenannte *taifas.* In Badajoz, der Hauptstadt des Königreichs von *Al-Garb* (das heute noch im Namen der südportugiesischen Algarve deutlich nachklingt) entwickelt sich eine hochstehende geistige Kultur im Zeichen des Islam; insbesondere der Hof von Badajoz wird berühmt als Heimstätte maurischer Poesie.

1085 Toledo fällt in die Hand der kastilischen Könige. Im zersplitterten maurischen Spanien grassiert die Angst. Die vereinigten Christen drohen, das reiche, aber durch Uneinigkeit machtlos gewordene maurische Spanien zu unterwerfen.

1086 Der König von Sevilla ruft die fanatischen Almoraviden aus Marokko zu Hilfe. Diese verschleppen den König, der sie gerufen hat, nach Marrakesch, und übernehmen als ungeliebte Fremdlinge die Macht im ganzen Land. Der letzte Herrscher von Badajoz aus dem Geschlecht der *aftasi* wird mit seinen Söhnen nahe der Alcazaba hingerichtet.

1147 Die auf die Almoraviden folgenden Almohaden erobern große Teile Spaniens von den Christen zurück.

1212 Sieg der vereinigten Christenheere über die Almohaden bei Las Navas de Tolosa. Beginn der Rückeroberung *(Reconquista)* Südspaniens.

1234 Endgültige Eroberung der Extremadura durch christliche Ritter aus León und Kastilien. Es folgen Kämpfe zwischen konkurrierenden Adelsfamilien.

1320 Erscheinungen der Jungfrau von Guadalupe. Alfons XI. gründet ihr zu Ehren das Kloster in Guadalupe.

Zentralisierung des spanischen Staates und Aufstieg zur Weltmacht

1469 Durch die Heirat von Ferdinand V. von Aragón und Isabella I. von Kastilien werden die zwei größten Königreiche Spaniens vereinigt. Ferdinand und Isabella werden auch die ›Katholischen Könige‹ genannt.

Land, Ruhm und Ehre

Die Verheißungen der Reconquista

Die Reconquista (Rückeroberung) begann schon bald nach der Eroberung Spaniens durch die im Islam vereinten Mauren. Die christlichen Hirten und Bauern Kantabriens und Asturiens unter der Führung westgotischer Edelleute bildeten den Kern einer über Jahrhunderte sich zunächst langsam, dann immer rascher ausbreitenden Eroberungs- und Siedlungsbewegung ins Zentrum Spaniens und schließlich nach 500 Jahren auch in den Süden der Iberischen Halbinsel. Die Reconquista war die Wiedereroberung des von den Mauren besetzten Spaniens, sie war im Anfang aber vor allem die langsam vorrückende Besiedlung der zentralen Hochebenen. Das menschenleere Land südlich der küstennahen Gebirge Asturiens wurde mit Kastellen bestückt und erhielt schließlich von daher seinen Namen Kastilien, in Abspaltung vom Königreich León, dann als dessen konkurrierender Gegner und später wiedervereinigt zum Königreich Kastilien-León. Bauern und Hirten wurden ermuntert, das Land, das sie für sich eroberten, zu besiedeln und auch zu verteidigen. Dafür entließ man sie aus der Leibeigenschaft und gab ihnen kommunale Rechte. Während sie immer tiefer ins Zentrum Spaniens vorstießen, erhielten in Anerkennung ihres Kampfes auch niedrigere soziale Schichten die Chance, in den Ritterstand aufzusteigen. Es entstand eine bewegliche, von Tatendrang erfüllte Gesellschaft mit rudimentären demokratischen Prinzipien, die auf ständigen Raumgewinn aus war und individuelles Fortkommen und sozialen Aufstieg zuließ. Von kastilischem Kampfgeist und von Stolz auf die eigene Machtvollkommenheit erfüllte selbständige Ritter ohne große Guthaben ersehnten Ehre, Abenteuer und Beute im lockenden Süden. Sie ließen sich, bevor sie weiter in die Extremadura und schließlich nach Andalusien vorstießen, in Ávila, Segovia und Salamanca nieder.

Ging es in den vorherigen kriegerischen Auseinandersetzungen um nichts anderes als um Raub und Machtgewinnung ohne zugeschriebenen ›höheren‹ Sinn, so änderte sich dies im Laufe des 12. Jh. Dem auf islamischer Seite ausgerufenen ›Heiligen Krieg‹ entsprach der vorher von den Christen verbreitete Kreuzzugsgedanke, den die europäischen Ritter aufgriffen und zur vereinheitlichenden Legitimation ihres räuberischen Tagewerks gemacht hatten. Zogen die englischen, französischen und deutschen Ritter ins Heilige Land, um es vom Joch der Fremdgläubigen zu befreien, so führten die Spanier nun mit französischer Unterstützung einen ›Kreuzzug‹ im eigenen Land.

Nördlich des Kastilischen Scheidegebirges war im Verlauf der Jahrhunderte das eroberte Land an Gefolgsleute der Könige von León und Kastilien verteilt worden, so daß sich dort ein bäuerlicher Klein- und Mittelbesitz mit entsprechender Bewirtschaftung entfalten konnte. Freie Bauern sollten Gewähr für die Verteidigung des eroberten Landes sein. Die Schnelligkeit weiterer Eroberungszüge, aber nun im Süden des Kastilischen Scheidegebirges, auf denen innerhalb weniger Jahre riesige Ländereien in der Extremadura erbeutet wurden, beendete diese Besiedlungspolitik. Es galt nicht mehr die Politik des Festklammerns, sondern der vernachlässigten Erde. Die wenigen seßhaft gebliebenen Bewohner der Extremadura wurden, wenn nicht als Fremdgläubige vertrieben, aus Gründen herrschaftlicher Kontrolle gezwungen, in den Städten zu wohnen. Teilweise versumpften die zerstreut liegenden maurischen Siedlungen, weil das Land menschenleer geworden war und die Kastilier die Be- und Entwässerungstechniken nicht beherrschten oder schlicht mißachteten. Das riesige eroberte Gebiet wurde an den hohen Adel, Ritterorden und die Kirche verteilt.

Das Gesicht der Landschaft wurde aber nicht nur von der neuen Besitzeinteilung geprägt, sondern auch von den wirtschaftlichen Interessen ihrer Eigentümer. Sie ließen die intensive Bodenwirtschaft der Mauren zerfallen und betrieben, mißtrauisch gegenüber Grund und Boden als sicherem Besitz, eine Wirtschaft mit beweglicher Habe. Riesige Schafherden im Besitz der Ritterorden zogen seit dem 13. Jh. durch das menschenleer gewordene Land der Extremadura. Schon 1273 wurde die *mesta* gegründet, ein immer mächtiger werdender Verband der großen Viehzüchter, der über Weiderechte bestimmte und die wenigen verbliebenen Ackerbauern terrorisierte. Die *mesta* wurde erst 1837–43 aufgelöst.

Die neuen Herren des Landes stammten aus Kastilien. Sie waren rauher, härter und sicherlich auch weniger kultiviert als ihre Kampfgenossen aus Aragón, wozu auch das reich entwickelte und expandierende Katalonien gehörte. Diese eroberten den spanischen Süden von Osten aus und erwiesen durchaus Sinn für die agrikulturellen Hinterlassenschaften der Mauren, die sie ausnutzten, statt zu zerstören. Manche maurischen Bewässerungssysteme in der Provinz Valencia funktionieren bis heute. Die Kastilier dagegen nahmen das Land der westlichen Mitte lediglich in Besitz und achteten nicht auf Produktivität.

Bürgerlicher Erwerbsgeist war ihnen fremd, nicht aber der Kampf. So verlief auch nach der Eroberung das Leben in der Extremadura keineswegs friedlich. Noch ein Jahrhundert lang befehdeten sich die verschiedenen Adelsfamilien, die aus León, Kastilien und Galicien stammten und während der Reconquista noch vereint vorgestoßen waren, nun aber, auf ihrem Ritterstatus beharrend, jede eigene Arbeit ablehnten und sich statt dessen jeder für sich nach einträglichem Besitz umsahen. Den vermuteten sie bei ihren jeweiligen Nachbarn. An Kampf und Raub gewöhnt, taten sie, wenig flexibel, das Nächstliegende. Ein unablässiger Kleinkrieg begann in der Extremadura, und die heute noch zu besichtigenden Paläste der Stadt Cáceres zeigen die Wohnsitze des Adels auch tatsächlich als kleine Festungen, wo die gegnerischen Familien einander gleich gegenüber wohnten.

Nicht nur der Gegensatz zwischen den Familien des hohen Adels führte zum Waffengang. Auch der Kleinadel bildete eine aufbegehrende Partei gegen den Hochadel. Dieser wiederum versuchte auf verschiedenen Wegen gegen das noch schwache Königtum Dominanz zu erringen. Die niederen Schichten setzten sich zur Wehr gegen die Willkür der gesamten Adelskaste. Bandenkriege überzogen das Land, und die Legenden vom ›edlen Banditen‹, der für die Entrechteten eintritt, erwärmen seither die Gemüter der Bewohner Extremaduras.

Als 1479 Isabella I. Königin von Kastilien-León wurde, begann für die Extremadura eine Periode der Stabilität durch die gefestigte königliche Macht. Kastilien unter Isabella und Aragón unter Ferdinand vereinigten sich. Die Königin und der König standen für ein geeintes spanisches und christliches Königreich. Die spanische Zentralmacht unterwarf die konkurrierenden und unbotmäßigen Adelsfamilien. Isabella traf in Cáceres Anordnungen, um die Dauerfehden in der Stadt zu beenden und Handel und Wirtschaft durch die Einrichtung von Märkten zu beleben. Außerdem begann nun der zehnjährige Krieg gegen das einzig noch verbliebene islamische Königreich Granada, dessen Eroberung den Rittern wieder zum gemeinsamen Ziel wurde. Als auf Druck der inzwischen gegründeten Inquisition kurz nach der Eroberung Granadas im Jahre 1492 die Juden aus ganz Spanien vertrieben wurden, bedeutete dies auch wirtschaftlich eine schwere Einbuße für die Extremadura. Juden lebten in fast allen Ortschaften des dünn besiedelten Landes, vor allem aber in den größeren Städten wie Trujillo, Plasencia, Cáceres, Badajoz, Mérida, Jerez de los Caballeros und im kleinen Hervás, wo man heute noch durch das eindrucksvolle mittelalterliche Judenviertel spazieren kann.

Isabella I. von Kastilien, Gemälde von Madrazo, 19. Jh.

1479 Isabella I. beendet die Adelskriege in der Extremadura.
1492 Fall Granadas, der letzten islamischen Bastion auf spanischem Boden, Vertreibung der Juden aus ganz Spanien, Entdeckung Amerikas durch Kolumbus.
1516 Krönung des Habsburgers Carlos I. zum König von Spanien
1519 Carlos I. wird als Karl V. deutscher Kaiser

Siglo de Oro – das »goldene Jahrhundert«

1550–1650 Spanien dominiert in Europa und in Amerika. Seine militante Form des Katholizismus zieht auch gegen die humanisti-

schen Freigeister zu Felde. Die strengen Kastilier wähnen sich als Retter des katholischen Europa, das sich ketzerisch abspaltet. Das Kastilische wird zur Weltsprache. Stolz üben sich Wissenschaftler und Poeten darin. Wächst im konkurrierenden England um 1600 mit wachsender Wirtschaft und Macht auch die dortige Kunst, Musik und Literatur, so blüht die spanische Kultur selbstbewußt vor dem Hintergrund einer politisch erstarrenden Großmacht und wirtschaftlicher Verödung. Durch reich gewordene Rückkehrer erleben die Städtchen der Extremadura eine kurze Blüte.
Karl V. dankt 1556 ab und zieht sich nach Yuste zurück, wo er 1558 stirbt. Sein Sohn Philipp II. besteigt den Thron. Die Eroberung Portugals 1580 wird von der Extremadura aus geführt.

Niedergang des spanischen Weltreichs

1609 Unabhängigkeitserklärung der Niederlande

1640–1648 Krieg zwischen Spanien und Portugal. Besonders die umkämpfte Grenzregion Extremadura wird so stark verwüstet, daß sie sich jahrhundertelang davon nicht wieder erholt. Portugal wird unabhängig.

1700 Tod des letzten Habsburgerkönigs Carlos II. Beginn des Spanischen Erbfolgekrieges. Wiederum ist die Extremadura Schlachtfeld. Hunger und Seuchen führen zur Entvölkerung der Städte, Klimakatastrophen zu weiterer nachhaltiger Zerstörung der Landwirtschaft.

1713 Ende des Spanischen Erbfolgekrieges

1714 ›Friede von Utrecht‹. Beginn der Bourbonenherrschaft in Spanien, aber weder das aufgeklärte Denken der Bourbonen noch deren wirtschaftsfördernde Politik erreichen die Extremadura. Spanien verliert Menorca, Gibraltar, Neapel, Sizilien und Sardinien.

Das 19. Jahrhundert

1795 Manuel Godoy, aus der Extremadura stammender mächtiger Minister Karls IV., wird zum ›Friedensfürsten‹ ausgerufen, weil er ein Bündnis mit dem revolutionären Frankreich schließt.

1805	Die spanisch-französische Flotte wird von den Engländern unter Admiral Nelson bei Trafalgar an der andalusischen Atlantikküste geschlagen.
1808	Französische Truppen durchqueren mit Billigung Karls IV. und Godoys Spanien, um in Portugal die gegen England verhängte Kontinentalsperre zu sichern. Aufstand in Aranjuez, der sich gegen Godoy richtet. Karl IV. muß zugunsten seines Sohnes Fernando abdanken. Da Napoleon seine Interessen gefährdet sieht, zwingt er Fernando VII. zur Abdankung zugunsten seines Bruders Joseph. Das spanische Volk erhebt sich gegen die Fremdherrschaft der Franzosen. Der Spanische Unabhängigkeitskrieg beginnt.
1808–1814	Spanischer Unabhängigkeitskrieg. Schauplatz des Krieges ist vor allem die Extremadura, da sie Grenzland zu Portugal ist, dem Bündnispartner Englands. Hier schlagen die Truppen Napoleons besondes massiv und hart zu. Nach sechs Jahren Krieg ist die Extremadura zerstört wie nie zuvor.
1812	Befreiung Madrids. Die Verfassungsgebende Versammlung in Cádiz verkündet eine liberale Verfassung, die die Rechte der Monarchie stark beschneidet.
1813	Argentinien, Kolumbien, Chile, Uruguay und Paraguay erklären sich unabhängig.
1814	Ferdinand VII. erhält von Napoleon die Krone zurück. Restauration der absoluten Monarchie. Verfolgung der Liberalen
1821–24	Unabhängigkeitserklärungen Mexikos, Venezuelas und Perus
1833–1839	1. Karlistenkrieg (Bürgerkrieg zwischen liberalen und konservativen Kräften)
1844	In der Extremadura werden die riesigen Güter der Ritterorden und der Kirche im Laufe des 19. Jh. veräußert. Sie geraten in den Besitz des Adels und des vermögenden Bürgertums in Madrid und Sevilla. Die landwirtschaftliche Anbaufläche wächst auf das Doppelte an und erlaubt nun erstmalig seit vielen Jahrhunderten die Produktion von ausreichend Nahrungsmitteln, aber Landarbeiter und Pächter verlieren dabei ihre in feudalen Verhältnissen immerhin gesicherten traditionellen Rechte. Bauernproteste gegen soziale Verelendung und Unterdrückung erheben sich in der Extremadura und werden von der dafür eigens gegründeten Guardia Civil niedergeschlagen. Die sogenannten ›Kaziken‹, mächtige Lokalgrößen mit Verbindungen zu den Besit-

In den Blättern ›Los Desastres de la Guerra‹ hielt Goya die Grauen des Bürgerkrieges fest

zenden in der Hauptstadt, regieren mit harter Hand und ohne Rechtsgrundsätze ihr jeweiliges Herrschaftsgebiet.

1873–1874 Erste Republik, 2. Karlistenkrieg (bis 1876)

1898 Spanien verliert seine letzten Kolonien (Kuba, Puerto Rico, Philippinen) an die USA.

Das 20. Jahrhundert

1920 König Alfons XIII. bereist Las Hurdes im Norden der Extremadura, den ärmsten und unterentwickeltsten Teil ganz Spaniens. Erstmals spricht man in der Öffentlichkeit von dieser bislang vergessenen Gegend, in der die Menschen hausen, wie man es in Europa nicht mehr für möglich gehalten hat. Eine große Propagandaaktion wird in Gang gesetzt, aber keine wirkliche Hilfe trifft ein.

1923–1930 Diktatur des Generals Primo de Rivera

1931 Die Zweite Spanische Republik wird proklamiert. Die neue republikanische Regierung erläßt ein Gesetz zur Agrarreform, das große Hoffnungen in der Bevölkerung weckt. Doch die Umsetzung verläuft zögerlich. Manche Betroffene in der Extremadura verlangen die sofortige Umsetzung des Gesetzes und gehen teilweise gewaltsam vor. Blutige Auseinandersetzungen zwischen den Landarbeitern und der Guardia Civil folgen.

1933 Von der nachfolgenden konservativen Regierung wird die geplante Reform wieder abgesetzt.

1936 Die Wahlen ergeben einen Sieg der zur Volksfront (Frente Popular) vereinigten Linksparteien, die für ein weitreichendes soziales Reformprogramm eintreten. Putsch des spanischen Militärs unter den Generälen Mola und Franco, unterstützt von der nationalistischen Falange-Bewegung, den Großgrundbesitzern und dem Klerus.

Ein blutiger Bürgerkrieg hat begonnen, der die Extremadura gleich zu Beginn hart trifft, weil durch diese Region der Weg des spanischen Militärs zur Hauptstadt Madrid verläuft. Im August 1936 kommt es zur ›Schlacht von Badajoz‹. Tagelang bombardieren die Nationalen Badajoz, dann gehen die Soldaten gegen die kämpfende Bevölkerung in den Straßen vor. In der Kathedrale sterben die letzten kämpfenden Republikaner in einem Massaker. Es folgen Massenhinrichtungen in der Stierkampfarena. Die Nachrichten über die ›Schlacht von Badajoz‹ dringen über die Grenzen Spaniens hinaus und alarmieren die Weltöffentlichkeit.

1939 Sieg Francos und seiner faschistischen italienischen und nationalsozialistischen deutschen Verbündeten über die Republik und ihre Verteidiger, zu denen auch Internationale Brigaden gehören. Beginn der Franco-Diktatur. Zehntausende Anhänger der Republik werden hingerichtet, in Konzentrationslager verschleppt und zu Zwangsarbeit und Gefängnis verurteilt. Eine halbe Million Menschen wurden im Bürgerkrieg getötet, 400 000 Menschen gehen ins Exil.

1975 Tod Francos. Mit Unterstützung des Königs Juan Carlos I. beginnt die demokratische Erneuerung Spaniens.

1977 Erste demokratische Wahlen seit 1936

1981 Putschversuch von Angehörigen der Guardia Civil und des Militärs. Einrichtung der *Comunidad Autónoma de Extremadura* mit Regierungssitz in Mérida.

1986 Beitritt Spaniens zur Europäischen Gemeinschaft

1992 Spanien feiert das 500. Jahr der Entdeckung Amerikas.

Aufbruch in die Neue Welt – Konquistadoren aus der Extremadura

Kommen werden in späteren Zeiten Jahrhunderte, in welchen Oceanus die Fesseln der Elemente lockern und ein ungeheures Land sich ausbreiten und Tethys neue Erdkreise bloßlegen und unter den Ländern nicht mehr Thule das äußerste sein wird. Seneca (1. Jh.)

1492 war nicht nur das Jahr, in dem Kolumbus im Dienste der spanischen Könige den westlichen Seeweg nach ›Indien‹ entdeckte. Im selben Entdeckungsjahr 1492 wurde auch das islamische Königreich Granada erobert, die ›Reconquista‹ abgeschlossen. Plötzlich gab es für die kampfgewohnten christlichen Ritter in Spanien nichts mehr zu tun. Sie kämpften in der Türkei, in Italien und Frankreich. Aber große Reichtümer gab es dort nicht zu erwerben. Als die Schätze des reichen Granada und der vertriebenen Juden Spaniens verteilt waren, traten gerade jene, die leer ausgegangen und nun arbeitslos waren, zur Fortsetzung des Kreuzzugs im Namen der Katholischen Könige an. Es war kein Zufall, daß hauptsächlich aus den Reihen der verarmten Adelsfamilien der Extremadura die Hauptleute der Konquistadoren stammten, die Lateinamerika eroberten. Sie waren besonders abgehärtet, nicht milde geworden und an Besitz gebunden, sondern durchdrungen von Ehrgeiz und dem Willen, nun auch einmal ihr Glück zu machen, das ihnen zu Hause vorenthalten worden und in Andalusien entwischt war. Kam hinzu, daß Spanien erstmalig vereinigt war und nationaler Stolz, christlicher Missionierungsdrang und das Gefühl des Anbruchs eines neuen Zeitalters eine Welt voller Möglichkeiten öffneten, die nur auf die Kühnheit des Einzelnen wartete, damit er sie ergreife. Den kaum seßhaft gewordenen kastilischen Rittern war die eigene Erde immer schon ärmlich und karg erschienen. Ein abgeschlossener blühender Garten war das Glücksbild des maurischen Spanien, nicht das ihrer Eroberer, deren Verlangen eher unbestimmte Horizonte des Himmels geweckt hatten.

So zogen sie in die Neue Welt, zunächst, um hier als Großgrundbesitzer zu residieren und die Indios zu versklaven, die sie für sich arbeiten ließen. Die Neue Welt, das waren für die ersten Jahre nur die Inseln Haiti und Kuba, die kolonisiert wurden. Aber die *hidalgos* aus Extremadura hielt es nicht lange auf den Besitzungen der karibischen Inseln. Sie verlangten nach beweglicher Habe, vor allem nach Gold. Davon gab es aber bislang viel weniger als erhofft, dafür um so mehr Gerüchte.

Es waren vor allem die ruhelosen Extremeños, die die Initiative zur Entdeckung des amerikanischen Kontinents ergriffen. Vasco Núñez de Balboa aus Jerez de los

Cortés und Pizarro

Sie waren miteinander verwandt. Viele Charakterzüge waren ihnen gemeinsam. Dennoch waren sie grundverschiedene Leute: Pizarro, ein ehemaliger Schweinehirt, dessen nie erlahmende Energie sich aus lebenslang empfundener Kränkung speiste, weil er, als unehelicher Sproß eines *hidalgo*, das Leben eines gemeinen Mannes zu führen hatte; Cortés, ein bekannter Schönredner und gebildeter Don Juan, dessen erste Verletzungen eifersüchtige Ehemänner ihm beigebracht hatten. Pizarro war ein verschlagener Bauer, Analphabet, jahrzehntelang ein einfacher Landsknecht, der sich den Rittern ebenbürtig fühlte, Cortés ein Studienabbrecher und unzufriedener Advokat, der zum instinktsicheren Mann der Tat wurde. Beide erstrebten Dinge, die ihnen nicht in die Wiege gelegt worden waren, beide waren ein Leben lang darauf aus, sich und andern zu beweisen, daß sie Größere waren, als sie in ihrer Kindheit und Jugend einer mißachtenden Umgebung erschienen waren.

Schlauheit und Kühnheit sind Charakterzüge, die Cortés mit Pizarro teilt. Vor allem aber war ihnen die Ausdauer gemeinsam. Cortés ließ erst zahlreiche Expeditionen vorübergehen, ehe er selbst die Initiative ergriff – und dann nicht mehr losließ. Ebenso wie Pizarro, der bereits ein halbes Leben in der Neuen Welt verbracht hatte und zu ansehnlichem Wohlstand gekommen war, ehe er sich mit 50 Jahren, einem Alter, in dem andere schon längst an Ruhestand dachten, in das stra-

Caballeros stieß 1513 erstmals in Mittelamerika über Panama bis zum Pazifischen Ozean vor und bewies damit, daß Amerika tatsächlich ein neuentdeckter Kontinent war. Pedro de Alvarado aus Badajoz eroberte 1524 Guatemala. Francisco de Orellana aus Trujillo erforschte 1541 den Amazonas. Hernando de Soto aus Barcarrota entdeckte 1539 den Mississippi, Pedro de Valdívia aus Villanueva de la Serena eroberte 1541 die Weiten Chiles im Süden des Kontinents und gründete die Hauptstadt Santiago de Chile.

Die berühmtesten Konquistadoren aber sind Hernán Cortés aus Medellín, der 1521 das Aztekenreich in Mexiko eroberte (s. S. 178 f.), und Francisco Pizarro aus Trujillo, der 1533 das gewaltige Imperium der Inkas in Peru zerschlug (s. S. 127 f.).

Damit begann erst der Gold- und Silberstrom zu fließen, der die amerikanischen Schätze mittels spanischer Schiffsladungen nach Euro-

paziöse Abenteuer der Entdeckung und Eroberung Perus stürzte, um einen nie aufgegebenen Traum wahr zu machen. Die Strapazen während der Kämpfe in unbekanntem Gebiet gegen unbekannte Völker, die immer in der Überzahl waren, in aufreibendem Klima, zeitweise ohne Essen und Trinken – dies freiwillig und bewußt auf sich zu nehmen, das war nicht nur der Gier nach Gold geschuldet. Was die Ausdauer in Gang hielt, war die nie befriedigte Sehnsucht nach Anerkennung und nach Ruhm als eine Art säkularisiertem ewigen Leben.

Cortés List, mit der er seine Vorhaben verbarg, um sie gegen alle Widerstände und Feindschaften hindurch verfolgen zu können, machte ihn zu einem großen und bewunderten Politiker. Seine Beherrschung der Gefühle erlaubte es, Konflikte nicht nur von sich abzulenken, sondern sie in seinem Sinne auszunutzen. Das galt für die Parteien innerhalb seiner eigenen Streitmacht wie für die Ausnutzung der Widersprüche zwischen den verschiedenen Indianerstämmen Mexikos. Ohne die Hilfe der von den Azteken unterdrückten Völker Mexikos wäre er mit seiner Eroberung schnell und nachhaltig gescheitert. Ähnlich wie Kolumbus wurde auch Cortés nach seiner Tat vom spanischen König zunächst ehrenvoll empfangen, und ähnlich wie das Leben des Kolumbus endete auch das des Cortés, nach Spanien zurückgekehrt, in großer persönlicher Bitterkeit angesichts der später ausbleibenden königlichen Anerkennung. Er starb nahezu unbeachtet 1547 bei Sevilla.

Der zum spanischen Vizekönig aufgestiegene Francisco Pizarro wurde im peruanischen Lima 1541 ermordet.

pa leitete. Aber das edle Metall, daß die Konquistadoren während des 16. und 17. Jh. nach Spanien schafften (wenn es ihnen nicht gerade wieder von englischen Piraten abgenommen wurde), verschwand kurz nach der Landung in Sevilla in den immer leeren Kassen der unentwegt kriegführenden spanischen Könige. Die Ausbeutung Lateinamerikas führte zu reicher Beute. Die sorgfältige Pflege eigener Agrikultur und eigenen Handwerks schien angesichts dieser Quellen des Reichtums noch überflüssiger zu sein als schon zuvor. Das amerikanische Gold brachte somit zwar den süddeutschen Kaufleuten Reichtum, bei denen der Habsburger Karl V., Kaiser von Deutschland und als Carlos I. König von Spanien, Schuldner war, aber es brachte Armut nach Spanien. Der eigene Lebensraum wurde vernachlässigt und der neugewonnene Reichtum regelrecht verpulvert. Die Extremadura, Geburtsland so vieler Goldsucher, bekam ein paar prächtige

Balboa und seine Leute streiten um Goldgeschenke, Stich von de Bry, 1594

Häuser durch vermögend gewordene Rückkehrer. Die allgemeinen Lebensbedingungen änderten sich dadurch jedoch nicht. Die Extremadura blieb ein armes Land, Land der Eroberer und der Auswanderer.

Hatte die Reconquista im spanischen Mutterland – gerade in der Extremadura – die höherstehende Kultur der Mauren mitsamt der ausgebildeten Bewässerungstechnik für eine fruchtbringende Agrarwirtschaft vernachlässigt und zerstört, so setzte sich diese Haltung in Amerika fort. Die Hochkultur der Inkas beispielsweise, die zwar in ihrem wohlorganisierten Staat weder Rad noch Schießpulver kannten, aber ein kompliziertes großangelegtes Bewässerungssystem auf terrassiertem Gelände eingerichtet hatten, auf dem zahlreiche Früchte und Gemüse gediehen, wurde wie die maurische mißachtet, zertreten, zerstört.

Die spanischen *conquistadores* waren keine Kolonisten, die fremdes Land erhalten oder gar urbar machen und kultivieren wollten. Sie wollten es ausbeuten, und dies ohne bürgerlich-kapitalistisches Kalkül. Im Zeitalter einer beginnenden bürgerlichen Entwicklung, für die durchaus auch der Genuese Kolumbus steht, setzte sich in den Konquistadoren noch einmal feudale Starrheit und Willkür durch, die Geschäft und Handel oder gar Arbeit und Pflege der Natur als ehrlos ansahen, nicht aber Raub und Mord. Die Indios, die sie zum Goldwaschen in den Flüssen oder in den Bergwerken zu Abertausenden in kürzester Zeit sterben ließen, waren Dienstvölker, an deren Erhalt ihnen nichts lag. Wobei zu bedenken bleibt, daß Anführern wie Pizarro, Cortés und anderen zumindest nicht in allen Fällen Anstiftung zu Räuberei und Betrug nachzusagen ist. Sie gründeten Städte, stellten, wenn auch unzureichende, Überlegungen zur Kolonisierung an und waren nicht ausschließlich Zerstörer. Aber sie ließen ihrer wilden Soldateska häufig die Zügel schießen. Das Fußvolk der Konquistadoren nämlich war weniger eine Streitmacht christlichen Glaubens als eine Ansammlung Gestrandeter, von Gaunern und Mördern, eine gierige Meute, die kaum anderes verstand als das Waffenhandwerk und nichts anderes begehrte als schnelle Beute: Schlächter und Vergewaltiger aus der Armee Karls V., von denen einige schon 1521 während der Plünderung Roms brutalste Bedenkenlosigkeit bewiesen hatten.

Intrigen, Verrat, Hinterlist – das gehörte zur Normalität des Gemeinwesens, dem die *conquistadores* angehörten. Die Karten des Glücks wurden neu gemischt, und da hieß es, sich skurpellos Vorteile zu verschaffen und in diesem jungfräulichen Teil der Welt (so sahen es jedenfalls jene, die meinten, mit ihrem Betreten beginne erst die Geschichte dieses Kontinents) ausschließlich den eigenen Trieb zum Zuge kommen zu lassen.

Kunstgeschichte

Die Extremadura war durch die Jahrhunderte ein abgelegenes und armes Land das zwar häufig im Mittelpunkt kriegerischer Auseinandersetzung stand, aber nie Zentrum autochthoner kultureller Entwicklung war. Kunst und Kultur der Region sind mit der römischen, der maurischen und zu Beginn der Neuzeit mit der christlichen Geschichte Kastiliens unmittelbar verknüpft. Dennoch gibt es einige Besonderheiten, die sich der regionalen Eigenart Extremaduras verdanken.

Römische und westgotische Kunst

Mérida war die Hauptstadt Lusitaniens, so wie Córdoba Hauptstadt von Baetica war, beides römische Provinzen auf der Iberischen Halbinsel. Córdoba wuchs als Hauptstadt des Kalifats zur Millionenstadt heran, Mérida hingegen dehnte sich nicht weiter aus. Mérida ist

Mosaik der Casa del Anfiteatro, Mérida

deshalb heute die bedeutendste Schatzkammer römischer Kunst und Architektur auf spanischem Boden.

Mérida verfügte als römische Provinz-Hauptstadt über entsprechend repräsentative Bauten: Theater, Foren und Brücken – die man teils heute noch besichtigen kann –, und sie war natürlich auch Standort von Tempeln und Villen, die man bildnerisch ausschmückte. Dennoch erscheint dem heutigen Betrachter gerade die Architektur der Römer bemerkenswert. Das bezieht sich sowohl auf die großangelegte Konzeption – etwa des Theaters von Mérida und der großen Brücken von Alcántara und Mérida oder die eindrucksvollen Aquädukte – als auch auf die deutlich sichtbare Kunstfertigkeit der Arbeitsweise im Detail. Die Römer legten die Steine so genau berechnet und geformt an- und übereinander, daß sie auf Mörtel verzichten konnten und die Steine sich durch ihre Lage und Form in den Bögen gegenseitig stabilisierten. An der Qualität dieser Arbeit kann man heute noch die römischen Baureste mancher Brücken, Stadtmauern oder Burgkomplexe erkennen, denn weder Westgoten, Mauren noch die späteren Christen legten es darauf an, die Steine derart exakt zu bearbeiten und aufeinanderzusetzen.

Darüber hinaus gibt es im Nationalmuseum für römische Kunst in Mérida vor allem aus dem 1.–4. Jh. n. Chr. zahlreiche Keramiken, Skulpturen und kunstvolle Mosaiken zu sehen, die die Extremadura und insbesondere Mérida als Schatzhaus auch der dekorativen und bildnerischen Kunst ausweisen. Teilweise sind die prachtvollen Mosaikfußböden der in Mérida und Umgebung ausgegrabenen römischen Villen, die zur Besichtigung freigegeben sind, im Original erhalten.

Die Westgoten haben keine eigenen repräsentativen Gebäude hinterlassen. Sie übernahmen in der Regel weitgehend das bereits Vorhandene und schmückten es im eigenen Stil aus. Kapitelle, Pilaster, Kleinreliefs, Säulen und Kanzeln aus frühchristlichen Kirchen zeigen westgotische Dekorationsmuster aus pflanzlichen Motiven und christlichen Symbolen (im Museum für westgotische Kunst in Mérida zu besichtigen).

Kunst der Mauren

Die maurische Zeit hat zwar gewaltige Burganlagen hinterlassen (Badajoz, Mérida, Trujillo), aber wenig Bildnerisches. Der Islam verbot die figürliche Darstellung, da sie als Beleidigung des Schöpfers galt. Zugleich lobte man Allah, indem man bildnerische Gleichnisse seiner göttlichen Unendlichkeit schuf. Daraus entstanden die ornamentalen Dekorationsformen, wie sie uns in Spanien vor allem in Andalusien begegnen. In der Extremadura stoßen wir bei maurischen

Die Mauern der Alcazaba in Badajoz

Bauwerken weniger auf feine Ornamentik als auf wuchtige Festungsmauern und Zisternen. Nur im Archäologischen Museum von Badajoz, eingerichtet auf der alten arabischen Burg und am ehemaligen Ort hochentwickelter maurischer Kulturentfaltung, begegnen wir den wenigen ›Scherben‹ seiner kunstvollen Vergangenheit.

Romanik und Gotik

Als die Extremadura im 13. Jh. von den Christen erobert wurde, begann der Bau christlicher Kirchen im romanischen Stil, wie wir sie in Cáceres, Trujillo, Mérida, Plasencia, Badajoz, Alcántara und Brozas sehen. Zum großen Teil sind sie im Verlauf späterer Jahrhunderte erweitert, umgebaut und mit zusätzlichem Schmuck versehen worden.

Eine große Zahl städtischer Adelssitze ließen die neuen Herren des Landes zwischen dem 13. und 15. Jh. errichten, anfangs durchweg trutzig und abweisend. Im 15. Jh. erhielten die abwehrenden Fassaden einladendes Schmuckwerk. Die Stadtfestungen wurden zu Wohnpalästen.

Die Klöster der Gotik bewahren vor allem in den Kreuzgängen noch maurische Vorbilder in der Verwendung von Hufeisenbögen und arabeskenhafter Linienführung im Mudejar-Stil. Islamische Baumeister unter christlicher Herrschaft, die Mudejaren, gaben diesem Stil ihren Namen. Das schönste Beispiel hierfür ist das Kloster von Guadalupe, dessen Kirchenfassade gotische mit mudejaren Gestaltungselementen verbindet.

Renaissance

Die in Oberitalien und den Niederlanden blühende Renaissance, die an antike Vorbilder wiederanknüpfte, erreichte Ende des 14. Jh. auch Spanien. Aber bei aller Neigung zur Schlichtheit, die den Kastiliern durchaus eigen war – das reiche Dekor wollte man zum Lobe Gottes nicht missen. Anthropozentrische und humanistische Gedanken waren im tiefreligiösen und häufig fanatisch katholischen Spanien die Ausnahme. Außerdem wirkte die überlieferte Tradition maurischer Dekorationskunst weiter. Der veränderte Schönheitssinn der Renaissance war natürlich auch in Spanien nicht ohne Einfluß. Es war immerhin der Stil der neuen Zeit in einem Europa, das keine Nationalstaaten kannte. Außerdem kommunizierten Italiener und Spanier schon deshalb, weil in Neapel ein spanischer Vizekönig Hof hielt, der den gesamten italienischen Süden beherrschte.

Spätgotische Grundformen und maurische Ornamentkunst verbinden sich im Spanien der katholischen Könige Isabella und Ferdinand mit horizontal ausgerichtetem Harmoniestreben der Renaissance zur sogenannten ›Isabellinik‹. Im lange Jahrhunderte portugiesischen

Barockaltar in der Kirche Santa María de la Asunción in Coria

Olivenza treffen wir auf die verwandte ›Manuelinik‹ Portugals. Im Spanien des 16. Jh. wurde die Renaissancearchitektur mit feinsten plastischen Dekorationsarbeiten geschmückt. Man nennt diese filigrane Gestaltungsweise in der Art von Silberschmieden ›plateresk‹ (*platero* = Silberschmied). Das schönste Beispiel in der Extremadura ist hierfür die Fassade der Kathedrale von Plasencia. Dort arbeitete seit 1498 die künstlerische Elite Kastiliens. Aber es gibt auch eindrucksvolle Beispiele für den auf antike Muster und schlichtes Gleichmaß setzenden italienischen Renaissancestil, vor allem manche Adelspaläste von Cáceres, Trujillo, Plasencia und Zafra.

Barock

Zurbarán gehört in die Zeit des spanischen Barock, der Schlichtes und Strenges ebenso kennt wie ausschweifende Dekorationslust. Die meisten Altäre der Kirchen in der Extremadura sind Altäre im prunkvollen Barockstil, der in gewisser Weise an die maurische wie an dieplatereske Dekorationstradition anknüpfen konnte. Die überbordende Ornamentierung hat im 18. Jh. in Spanien einen Meister gefunden, nach dem dieser Stil genannt wurde: Alberto Churriguera. Im Churriguerismus sind zahlreiche Altäre in den Kirchen der Extremadura gestaltet.

Zwei große Maler

Luis de Morales und Francisco de Zurbarán

Ein bedeutender spanischer Maler zwischen Renaissance und Barock, dem Manierismus zugerechnet, ist der 1500 in Badajoz geborene **Luis de Morales**, genannt ›El Divino‹, der Göttliche. Er verbrachte sein gesamtes Leben in der heimatlichen Region, wo er 1586 starb. Trotz dieser lebenslangen Verbundenheit mit der Extremadura war er von der fortgeschrittensten Malkunst Europas inspiriert, die im selbstbewußten Spanien zu Beginn des 16. Jh. von allen Seiten aufgegriffen und in eigener Art weiterentwickelt wurde. Morales' feiner Pinselstrich erinnert an die flämischen Meister des 15. Jh., der erhaben-mysteriöse und zugleich innige Gesichtsausdruck seiner vielbewunderten Madonnenbildnisse erinnert an die Mailänder Schule, die sich im Anschluß an Leonardo da Vinci gebildet hatte.

Nach dem Kreter ›El Greco‹, der bei Tizian in Venedig gelernt hatte und im kastilischen Toledo zum großen Meister der spanischen Malerei im 16. Jh. wurde, zählt Morales zu den bedeutendsten spanischen Malern jener Epoche. Er war ein Künstler, dessen Leben wie das keines andern großen Malers an die Extremadura gebunden war und der dennoch, wenn auch gänzlich im Kontext religiöser Themen und kirchlicher Auftragsvergabe, mit eigenem Ausdruck an der gesamteuropäischen Entdeckung des Menschen mit bildnerischen Mitteln beteiligt war. Im Gegensatz zu den glutvollen Bildern des Visionärs und expressiven Koloristen El Greco zeichnet sich die Malerei von Morales eher durch Sachlichkeit und Genauigkeit aus, verknüpft mit der Darstellung feinster Gefühlsregungen. Er malte nahezu ausschließlich religiöse Motive. In vielen Kirchen der Extremadura sind seine Gemälde zu sehen. In Arroyo de la Luz (s. S. 111) ist das vollständigste Altarwerk aus seiner Hand erhalten. Das Kathedralmuseum in Badajoz (s. S. 208) zeigt zwei seiner besten Werke. Sein berühmtestes Bildwerk ist die »Jungfrau mit dem Kind«, zu besichtigen im Prado von Madrid.

Erst nach dem Tode von Morales begann die wirklich große Epoche spanischer Malerei, die sich in der ersten Hälfte des 17. Jh. eigenständig neben die Malerei der führenden Italiener und Flamen stellte und die erstarrten Traditionen des Manierismus verwarf. Einer der bedeutenden Maler des *Siglo de Oro* war neben Velázquez, Murillo und Ribera der gebürtige Extremeño **Francisco de Zurbarán**. Er wurde 1598 in Fuente de Cantos (25 km südlich von Zafra) geboren. Mit 16 Jahren ging er nach Sevilla, um das Malerhandwerk zu erlernen. So rechnet man ihn auch zu Recht zur berühmten ›Sevillaner Malerschule‹, die sich in ihren bedeutendsten Vertretern allerdings höchst unterschiedlich ausdrückte. Reizvoll ist der Kontrast zwischen dem sanften und lebensvollen Koloristen Murillo, dem gebürtigen Sevillaner, und dem asketischen Zurbarán aus der Extremadura, dessen Bilder nicht lieblich und goldtönend sind, sondern streng und klar. Eine neue realistische Bildsprache und die Ausnutzung von starken Licht-Schatten-Kontrasten zur Erzeugung einer dramatischen Bildwirkung war durch den Italiener Caravaggio in die europäische Malerei eingeführt worden. Diese Malweise beeinflußte auch den jungen Zurbarán. Es arbeiteten zwar nur wenige italienische Maler in Spanien, aber spanische Künstler gingen ins spanisch beherrschte Italien. Aus Neapel brachte der bedeutende spanische Maler José de Ribera italienische Anregungen zurück in seine Heimat.

Nach ersten Erfolgen bereits im Alter von 18 Jahren ging Zurbarán für zehn Jahre nach Llerena (Extremadura). Danach kamen große Aufträge aus der Metropole Sevilla. Sein Freund und Malerkollege Velázquez holte ihn 1634 an den Hof des Königs. Zurbarán wurde Hofmaler in Madrid und vom spanischen König Philipp IV. ist die Äußerung überliefert, Zurbarán sei »Maler des Königs und König der Maler«.

Trotz dieser Wertschätzung blieb Zurbarán aber nur wenige Jahre am Hofe. Mit den geforderten historischen und allegorischen Themen und mit der eigenen Leistung unzufrieden, kehrte er nach Sevilla zurück und malte in den folgenden Jahren seine Meisterwerke: die Mönchsbilder für die Cartuja bei Jerez de la Frontera (1638/39), die heute in den Museen von Sevilla und Cádiz zu sehen sind – und die Mönchsporträts für das Kloster von Guadalupe (s. S. 168 f.). Nach der großen Pestepidemie von Sevilla im Jahr 1649 kehrte er zum spanischen Hof zurück, ohne die frühere Anerkennung zu erreichen. Er starb 1664 arm und fast vergessen.

In der Kunstgeschichte ist Zurbarán als ›Maler der Mönche‹ bekanntgeworden. Da es zumeist Hieronymiten waren, die er porträtierte und deren Kutten traditionell weiß waren, wurde er zum Maler der Farbe ›Weiß‹. Das schlichte Weiß macht ihn bis heute vor allem bei Künstlern und Kunstkennern, für die die Fähigkeit zur Reduktion zum Ausweis wirklicher Meisterschaft gehört, zum hochgeschätzten Maler.

Landleben und Feste

Arbeitslosigkeit und Landflucht

Landwirtschaft zwischen alter Tradition und Modernisierung

Feste im Wechsel der Jahreszeiten

Perspektiven der Gegenwart

Heidnische Bräuche und christliche Symbole vermischen sich in den Frühlingsfesten der Extremadura

Landleben

Da die jungen Männer auf der Suche nach Arbeit vielfach immer noch in die großen Industriezentren Spaniens und Mitteleuropas emigrieren und ihre Familien in den Dörfern zurücklassen, leben vor allem Frauen, Alte und Kinder auf dem Lande.

Dreiviertel des kultivierten Landes ist nach wie vor im Besitz von wenigen Großgrundbesitzern (6 %), die jeweils mehr als 100 ha bewirtschaften. Auf ihren winzigen Parzellen können die kleinen Bauern kaum das Lebensnotwendigste anbauen. Die Jugend verläßt auf der Suche nach besseren Lebensbedingungen die Dörfer.

Weniger als ein Viertel der Extremeños ist erwerbstätig. Die Frauen beherrschen das Haus. Das Leben in den weißgestrichenen niedrigen Häusern scheint unverändert, doch in Wahrheit hat sich vieles gewandelt. Die Welt ist per Television ins Wohnzimmer gedrungen. Die Traditionen des Dorfes bilden nur noch teilweise einen gemeinsamen Rahmen. Auch die rückständige Landwirtschaft, seit Jahrtausenden ohne grundlegenden Wandel, wird nun deutlich anders betrieben. Maschinen ersetzen heute oftmals die einstige mühsame Handarbeit. Viele brachliegenden Flächen wurden kultiviert und Wälder gerodet, um einer intensiven, industriell betriebenen Landwirtschaft Platz zu machen.

Aber noch trifft man auf den Wegen und Weiden die alten naturverbundenen Bauern und Hirten, die gern ein Wort mit dem Fremden wechseln und eine Zeitlang gemeinsam mit ihm dem Wind lauschen. Noch trifft man auch auf Imker und Korkschäler und *cortadores*, die die Steineichen beschneiden, damit sie im Herbst mehr Eicheln tragen. Sorgfältig beachtet man den natürlichen Kreislauf der *dehesa* (s. S. 16).

Diese Welt der Bauern und Hirten, in der die Menschen sich ohne Sentimentalität als Teil der Natur empfinden und nicht ausschließlich als deren Ausbeuter, existiert noch, aber sie ist, wie überall wo sie noch existiert, bedroht. Die Segnungen der Moderne erleichtern ohne Zweifel das harte bisherige Dasein, aber sie bringen auch Zerstörungen mit sich. Intensiv betriebene Landwirtschaft holt auf den ersten Blick mehr aus der Erde heraus als die traditionelle extensive in den *dehesas*. Doch der Boden in der Extremadura ist nun einmal zumeist karg. Und wo er fruchtbar ist wie in der Tierra de Barros, nutzt man ihn schon seit Römerzeiten mit Erfolg auf intensive Weise. Die *dehesa* ist den begrenzten produktiven Möglichkeiten der wenig fruchtbaren, spröden Erde gut angepaßt. Bäume und Weiden festi-

Die Dörfer der Extremadura sind karg, Straßenszene in Hervás

Strom und Wasser für das Armenhaus

Der ›Plan Badajoz‹

1952 wurde im spanischen Oberhaus ein 14-Jahresplan verabschiedet, der sogenannnte ›Plan Badajoz‹. Es war der größte Agrarreformplan in ganz Spanien und zugleich der wichtigste Hebel zur Verbesserung der wirtschaftlichen Situation in der Extremadura. Inzwischen sind 45 Jahre vergangen, ohne daß der Plan vollständig realisiert worden wäre. Dennoch hat er die Extremadura von Grund auf verändert. Straßen und Brücken wurden gebaut, Elektrizität erstmals in die abgelegenen Dörfer gebracht. Durch den Bau von Großstaudämmen im Bereich des mittleren Guadiana verfolgte man mehrere Zwecke zugleich. Zum einen sollten die Frühjahrsüberschwemmungen der fruchtbaren Guadiana-Niederungen verhindert werden, zum andern ein Speicher für den Winterregen geschaffen werden, damit seine Niederschläge in den trockenen Sommermonaten für die Bewässerung der Felder zur Verfügung stehen. Die Uferlandschaften wurden durch ein Netz von Kanälen zum Bewässerungsland verwandelt. In den Bewässerungszonen erhielten arme Bauern und Landarbeiter aus entlegeneren Gebieten der Extremadura eine neue Existenzmöglichkeit. Einzelne Gehöfte und ganze Dörfer wurden in diesem Gebiet neugegründet. Zum ›Plan Badajoz‹ gehörte auch der Ausbau der Infrastruktur durch neue Straßen und Schienenwege und die Förderung der Industrialisierung in der Region. Eine der Voraussetzungen dafür war die Erzeugung von Elektrizität durch den Bau von Stauseen. Sie produzieren heute allerdings vor allem billigen Strom für die spanischen Industriezentren. Allein die Stromgewinnung machte 1985 74 % der gesamten industriellen Produktion im Agrarland Extremadura aus. 1 % des gesamtspanischen Verbrauchs fällt auf die Extremadura, 12 % dagegen beträgt ihr Anteil an der Stromgewinnung.

Die Produktionsausrichtung des kolonisierten Agrarlandes hat sich im Laufe der letzten Jahrzehnte einige Male verändert. Bis 1969 wurde der Anbau von Baumwolle favorisiert, aber der Preisverfall auf dem Weltmarkt führte schon seit 1962 zur sogenannten ›Baumwollkrise‹. Danach spezialisierte man sich auf Zuckerrüben, dann auf Milchviehhaltung, verbunden mit dem Anbau von Mais und anderen Futterpflanzen. In großem Maßstab wurden in den 70er Jahren auch Tomaten angebaut, die von neugegründeten heimischen Konservenfabriken verarbeitet wurden. Aber sie hielten der besseren Qualität der italienischen und Valencianer Konkurrenz nicht stand, vielfach gingen die Tomatenfabriken ebenso wieder ein wie zuvor die Baumwollfabriken. Manche neugegründeten Kolonistendörfer verwaisten. Der ›Plan Badajoz‹ war bis jetzt kein durchschlagender Erfolg. Bis heute wird auch die versprochene Landvergabe von vielen Bauern als unzureichend empfunden. Der Großgrundbesitz dominiert nach wie vor. Neben der Intensivierung der Landwirtschaft und sie begleitender Industrialisierung gehörte auch die Wiederaufforstung von Ödland zum ›Plan Badajoz‹. Dies sollte zum einen die Bodenabschwemmung verhindern, zum andern auch die Holzwirtschaft neu beleben. Bevorzugt wurden Kiefernarten und schnell wachsender Eukalyptus, was sich als schädlich für den Boden und ökonomisch unzureichend erwies. Die Wiederaufforstung betrifft aber nicht nur die Provinz Badajoz, sondern auch die Provinz Cáceres, vor allem die nördlichen Gebirgsgegenden. In entlegenen Gebieten wie Las Hurdes im Norden der Provinz Cáceres, die vor wenigen Jahrzehnten noch völlig baumlos waren, sind inzwischen mehr als 50 % wieder bewaldet. Dies gehört zum ›Plan Cáceres‹, der in den letzten Jahrzehnten umgesetzt wurde. Teil des Planes war auch die Stauung nördlicher Zuflüsse des Tajo und des Tajo selbst. Neuerrichtete Kanalsysteme ermöglichen zum Teil eine Wasserbewirtschaftung der umliegenden Böden.

Nicht nur Wasserkraft, auch das Atomkraftwerk bei Almarez produziert in der Extremadura Strom

gen das Erdreich und verhindern die Austrocknung. Die offenliegende, ungeschützte Erde dagegen ist im Klima der Extremadura schnell ausgelaugt; vor allem an den neu aufgeworfenen Hängen, auf denen vorher Bäume standen, wird der Boden zunächst von der Sonne ausgetrocknet und dann vom Winterregen abgeschwemmt, bis der kahle Fels zum Vorschein kommt.

Geschulte Jungunternehmer und Agrar-Ingenieure aus der Hauptstadt ergreifen neuerdings die Initiative zur Umwandlung der Landschaft. Den untätigen adeligen Besitzern kaufen sie im Bewußtsein bürgerlichen Fortschritts das Land ab. EU-Gelder zur Förderung unterentwickelter Gebiete stehen ausdrücklich für die Extremadura zur Verfügung und befördern die Bodenspekulation. Das hat eine Zugkraft, die auch Bewährtes mitreißt und häufig kurzfristige Effektivität bedenkenlos mit langfristigem Fortschritt gleichsetzt. Die Extremadura ist ins Blickfeld von Akteuren der Agrarindustrie geraten, deren nur auf kurzfristigen Ertrag gerichtetes Denken für das fragile Gleichgewicht der Natur den Sinn und auch das Veranwortungsgefühl verloren hat. Es waren nicht nur die von der Deutschen Lufthansa speziell für die Extremadura gesponserten Kranichschützer und die internationalen Naturschutzverbände, es sind auch manche der selbstbewußt gewordenen Extremeños selbst, die inzwischen nachdrücklich vor einer Entwicklung warnen, die in einem Ausverkauf ihres Landes enden würde.

Wie weit der Modernisierungsprozeß der Landwirtschaft gehen soll, wovon die Menschen der Extremadura leben sollen, welche Arbeit sie ausüben können – all das ist noch offen.

Auch die Regionalregierung der Extremadura hat hierzu kein schlüssiges Konzept. Entschieden wird darüber letztlich in den Planungsbüros von Brüssel und Madrid. In nur wenigen Jahren könnte eine einzigartige und den Bedingungen angepaßt klug genutzte Landschaft zerstört werden.

Die meisten Dörfer der Extremadura sind überaus arm; die Häuser sind schmal, die Räume dunkel, weil die Fenster klein sind, um im Sommer nicht zuviel Hitze hineinzulassen. Aber die Wände sind zumeist in tadellosem Weiß gestrichen, und Blumen zieren die Fenster. Im Norden des Landes sind die Häuser vielfach aus grauen Feldsteinen errichtet, so wie im nördlichen Spanien und in Kastilien. Im Süden herrschen die weißgestrichenen Häuser vor, die unmittelbar an Andalusien erinnern. Ebenso wie dort befinden sich deutlich erkennbar dazwischen die Adelshäuser der *hidalgos*, die im Gegensatz zu den leuchtenden Landarbeiterhäuschen den rohen braungelben Stein zeigen. Das ist sowohl in den Dörfern wie in den Städten der Fall. Der Adel wohnt, von ganz wenigen Ausnahmen abgesehen, in ungeweißten Häusern.

Es lockt die festliche Stadt

Die Städte in der Extremadura sind allesamt Provinzstädte, fernab der Metropolen, ohne Anschluß ans offene Meer oder an einen schiffbaren Strom.

Die traditionellen Feste akzentuieren den Wechsel der Jahreszeiten, verscheuchen den Winter, begrüßen den Frühling, lassen den Sommer genießen und feiern die Zeit nach der Ernte, so wie es auch woanders üblich ist. Dennoch gibt es regionale Besonderheiten. Vor allem im Süden der Provinz Badajoz, von den großen andalusischen Städten Sevilla und Córdoba nur durch die Sierra Morena getrennt, haben sich andalusische Traditionen bewahrt, die auf die dort besonders gepflegte Verwandlung des Alltags zum festlichen Leben zielen. Nicht nur Häuser, Gassen und Plätze strömen andalusisches Leben aus, sondern auch der Geist und die Daseinsweise ihrer Bewohner. Die *Semana Santa*, die Karwoche, ist das berühmteste Fest des spanischen Südens. Und dies gilt nicht nur für die andalusischen Städte, sondern auch für Zafra, Llerena und Jerez de los Caballeros im Süden der Provinz Badajoz mit ihren blumengeschmückten Madonnen und Christusfiguren, die man während der Prozessionen auf den Straßen herumführt. Ebenso gilt dies für die weltlichen Feste. Die *feria* von Sevilla zwei Wochen nach Ostern ist zwar berühmter, aber die herbstliche *feria* in Zafra hat einen besonders guten Ruf, auch deshalb, weil hier alles überschaubarer und regionalgefärbter als in Sevilla selbst ist – und ›Klein Sevilla‹ dennoch jene Atmosphäre vermittelt, die für Sevilla sprichwörtlich geworden ist.

Häufig sind die städtischen Feste mit Messen für landwirtschaftliche Produkte verbunden, aus denen – als Abschlußfest der Markttage – das ausgelassene Treiben ursprünglich entstanden ist. Anfang Mai findet solch ein mehrtägiges Stadtfest in Trujillo statt, zugleich mit der berühmten Käsemesse – eine einmalige Gelegenheit für Feinschmecker, sämtliche Käsespezialitäten der Extremadura kennenzulernen.

Nach dem regnerischen Winter beginnt mit dem Aufblühen der Natur auch die Stierkampfsaison. Jede größere Stadt hat ihre Arena, in der vom Frühjahr bis zum Oktober an den Wochenenden sich nach wie vor die Bevölkerung zum spanischen Nationaltheater des Todes versammelt. Die Extremadura ist ein berühmtes Zuchtgebiet für die besondere Rasse der Kampfstiere, die seit Jahrtausenden schon im Mittelmeergebiet auserwählte Opfertiere waren. Die Regeln der *corrida*, wie sie vor 300 Jahren in Spanien entstanden, gelten noch heute. Ihre kunstvolle Einhaltung und die riskante und elegante Konfrontation der *toreros* mit dem Stier finden unter großer Anteilnahme statt. Die wichtigsten Austragungs-

Semana Santa in Trujillo

orte in Extremadura sind Mérida und Badajoz. In Olivenza pflegt man den Stierkampf zu Pferde.

Für den Musik- und Opernfreund sowie diejenigen, die klassisches (zumeist griechisches oder spanisches) Theater schätzen, ist Mérida mit ihrer Bühne aus römischer Zeit natürlich die Hauptattraktion. Einen Monat im Jahr steht die Stadt im Blickfeld der kulturinteressierten spanischen Öffentlichkeit und langsam wachsend auch eines internationalen Publikums. Das sommerliche Festival, das auch Ballettaufführungen einschließt, zeigt von Ende Juni bis Anfang August jedes Jahr internationale Produktionen mit vielfach großen Interpreten. Sie treten im 2000 Jahre alten römischen Theater auf, das zu den schönsten der Welt gehört. Frühzeitige Flug- und Hotelbuchungen sind anzuraten, denn die kleine Stadt kann die vielen Gäste kaum angemessen unterbringen. Manche Reisebüros bieten ein Gesamtpaket an, das Anfahrt, Besichtigungen und Eintrittskarten einschließt.

Während des sommerlichen Festivals in Mérida finden neuerdings auch begleitende Aufführungen und

Ausstellungen in Cáceres und Badajoz statt. Im Mai gibt es in Alcántara ein kleines Theaterfestival, und ebenfalls Anfang Mai kann man im römischen Theater von Mérida teilweise erstklassige Interpreten des Flamenco erleben. Sie werden vor allem von den *gitanos* gefeiert, die während des für den Nachwuchs gedachten Flamenco-Festivals ihre ureigenste Kunstform hochleben lassen. Die *gitanos* sind in Südspanien seit Ende des 15. Jh. kein fahrendes Volk der ›Zigeuner‹ mehr. Sie sind hier zu Hause, nicht nur in Andalusien, sondern auch in der Umgebung von Badajoz und Mérida. Wer den häufig touristisch verwässerten Flamenco-Aufführungen entrinnen will und an weitgehend unverfälschten traditionellen wie auch neuen Darstellungsformen des Flamenco interessiert ist, sollte die Aufführungen in Mérida nicht versäumen. Es treten Amateure (häufig aus Mérida und Badajoz) und Professionelle auf.

Perspektiven der Gegenwart

Die Extremadura ist immer noch abgelegen, aber die politischen Reformen seit dem Tode Francos im Jahre 1975 führten 1981 zum Autonomiestatus mit eigenem Landesparlament, und damit auch zu wachsendem regionalem Selbstbewußtsein. In den Wahlen von 1982

Klassisches Theater in Mérida

errang die sozialistische Partei die absolute Mehrheit im Parlament. Seitdem wird die Extremadura von der *Partido Socialista Obrero Español* (PSOE) regiert. Hunderttausende arbeitslose Bewohner der Extremadura, fast ein Drittel der Bevölkerung, sind seit den 60er Jahren ausgewandert, ins Baskenland oder in die mitteleuropäischen Wirtschaftszentren. Das eigene Land bot nichts als billigen Strom, der woanders die Maschinen antrieb.

Als Urlaubsziel ist die Extremadura bislang im Ausland völlig unbekannt, gewinnt allerdings schon zunehmend Attraktivität bei den Bewohnern der Hauptstadt Madrid, wo nicht nur Städte wie Trujillo und Cáceres als Wochenendziele, sondern auch die Bergwelt Extremaduras als ›Geheimtip‹ für einen kurzen Sommerurlaub gelten.

Für das 500. Jubiläumsjahr der Entdeckung Amerikas durch Ko-

lumbus sind nicht nur in Andalusien, Kastilien und Katalonien große Straßenbauprojekte in Gang gesetzt worden. Auch in der Extremadura sind die Straßen verbreitert und verbessert worden. In den Dörfern sieht man neuerdings weniger verfallende als im Um- oder Neubau begriffene Häuser. Dennoch findet man hier eher als irgendwo sonst das ›alte Spanien‹.

Wie überall, so sagt man auch in Spanien den Bewohnern der verschiedenen Regionen bestimmte Charakterzüge nach. Die Katalanen gelten als fleißig und geschäftstüchtig, die Kastilier als streng und abweisend, die Andalusier als leichtlebig. Die Extremeños, wie könnte es anders sein, gelten als – zurückgeblieben. Sie sind es ja auch. Sie sind zumindest langsamer und ernster als die lebhaften Andalusier, auch mißtrauischer und wortkarger. Nur langsam wächst das Bewußtsein des eigenen Wertes. Und ist dieser längst gewiß, weil es kaum eine Familie der Extremadura gibt, deren Söhne und Töchter sich nicht in der Welt umsehen mußten und dort keineswegs ständig ›zurückblieben‹, so beginnt erst in der gegenwärtigen Zeit das Bewußtsein für den Wert der eigenen Landschaft und Kultur zu wachsen.

Eine bedeutende Rolle spielt in diesem Zusammenhang die Gründung von Universitätsfakultäten und Kollegs in Badajoz und Cáceres Ende der 60er und Anfang der 70er Jahre, die der berühmten Universität von Salamanca zugeordnet sind. Von den örtlichen Lehrstätten gehen seither wichtige Impulse für ein regionales Selbstbewußtsein aus. Die Tatsache, daß die Provinzen nicht mehr von Madrid aus regiert und verwaltet werden, sondern von den Parlamenten der *Communidades Autónomas* selbst, ist vielleicht der wichtigste Faktor einer Veränderung hin zu einer eigenständigen Entwicklung, die das Wohl des eigenen Landes und seiner Bewohner im Auge hat.

Unterwegs in der Extremadura

Hirten, die Scharen von Merinos führen
in die fruchtbare Extremadura
wandernde Herden, die den Staub
der Wege beschatten
und ihre Sonne vergolden.
Antonio Machado (1875–1939)

Das Herz der Extremadura

Mérida

Vor den Toren Méridas: römische Stauseen und ein römisches Bad

Cáceres

Ritterburgen rund um Cáceres

Trujillo

Plaza Santa María in Cáceres, im Vordergrund die Figur des Hl. Pedro von Alcántara

Das Herz der Extremadura

Die drei charaktervollsten Städte der Extremadura mit einmaliger atmosphärischer Dichte: Nirgendwo in Spanien tritt die römische Geschichte so anschaulich und eindrucksvoll zutage wie in Mérida, keine andere spanische Stadt kann wie Cáceres eine vollständig erhaltene mittelalterliche Ritterstadt ihr eigen nennen. Trujillo ist einzigartig als Stadt der Konquistadoren. Ausflüge in das Umland führen zu weiteren römischen Bauwerken, in burgbekrönte Dörfer und in die Berge um Montánchez.

Das spanische Rom – Mérida

Die alte römische Metropole, vor 2000 Jahren Hauptstadt von Lusitanien, ist seit 1981 wieder Hauptstadt – Kapitale der *Comunidad Autónoma Extremadura.* In alten Klöstern und Stadtpalästen sind nun die Regierungs- und Verwaltungsbüros eingerichtet. Mérida ist zentral und inmitten einer landwirtschaftlich reichen Gegend gelegen. Dennoch ist die verhältnismäßig kleine Hauptstadt kaum ausgedehnter als zu Römerzeiten und hat mit 54 000 Einwohnern wenig mehr als vor 2000 Jahren.

Für den Besucher ist das angenehm. Er kennt die Stadt schon nach wenigen Stunden und kann im Stadtbezirk alles Sehenswerte zu Fuß erreichen. Mérida ist bei aller Lebendigkeit eine Hauptstadt mit dem unangestrengten Charme des Dörflich-Provinziellen, anders als das moderne Badajoz, anders auch als das strikt in alte und neue Stadt geteilte Cáceres. Ihre Lage und Struktur verleihen der Stadt etwas Zwangloses und Friedfertiges. Am Rande des Flusses lagernd, ist sie keine Festung, von der aus die Gegend kontrolliert und beherrscht wird. Sie ist eine Brückenstadt. Hier kreuzen sich die Wege, hier kann man Handel treiben oder aber sich in den Niederungen zur Ruhe setzen und sich unterhalten oder unterhalten lassen – wie die Veteranen des Augustus. Diese Beschaulichkeit hat sich Mérida bis heute bewahrt.

Imposant ist das Stadtbild von Mérida auf den ersten Blick nicht, ganz anders als das wehrhafte Trujillo oder Cáceres. Das Spektakuläre – die römischen Bauten – hält sich vorerst verborgen. Die freundlichen und zurückhaltenden Bewohner wissen noch nicht recht, ob sie lieber in der Abgeschiedenheit verharren sollen oder stolz darauf hinweisen, worauf man in ihrer Stadt im Überfluß trifft: die römische Zivilisation von ihrer glänzendsten Seite. Das heutige Mérida mitsamt seinen Bewohnern steht auf römischen Häusern und Straßen. Sind auch manche Privatiers in ihren Kellern als Schatzgräber tätig, so wird dies nach außen hin strikt geleugnet, die Funde werden verheimlicht, fürchtet man doch, daß das öffentliche Interesse womöglich zum Abriß der eigenen Wohnung führen könnte, um eine römische Villa oder einen Tempel wiederauferstehen zu lassen. Daß die alten Steine so ungewöhnlich sein sollen und von den fremden Gästen mit Ehrfurcht und Bewunderung in Augenschein genommen werden, ist noch eine relativ neue Erfahrung.

Mérida ist heute als Hauptstadt seiner großen Zeit vor 2000 Jahren näher als der bitterarmen Zeit vor 100 Jahren, als die ›Stadt‹ weniger als 12 000 Einwohner zählte und ein vergessener Ort war.

Betrachten wir zunächst die Stadt selbst, bevor wir uns den zen-

Das römische Theater in Mérida

tralen Kultstätten und großartigen Theaterbauten, dem Höhepunkt der Besichtigung Méridas nähern. Wir beginnen unseren Rundgang beim ältesten Teil der Besiedlung aus dem ersten vorchristlichen Jahrhundert.

Spaziergang durch Mérida

Mérida war eine Brückenstadt. Die **römische Brücke** über den römischen Ana, von den Arabern Guadiana genannt, war die Lebensader der Stadt, ihre Verbindung zur übrigen Welt und ihr ökonomisch und strategisch wichtigstes Bauwerk. Sie war mit 792 m die längste der antiken Welt. Ihre Breite betrug 4,50 m und ihre Höhe zum mittleren Niveau der Wasserfläche 12 m. Noch heute wirkt die über 2000 Jahre alte massive Brücke, aus Granitblöcken erbaut, solide und elegant zugleich (Abb. S. 20). Sie führt nicht in einem Schub über den Fluß, sondern setzt etwa in der Mitte des Guadiana mit einer leichten Senkung auf der Insel ab, zu der von der Brücke aus ein Damm führt, ein früher Versuch der Flußregulierung an jener Stelle, wo man auch Reste einer Mole für die Flußschiffahrt gefunden hat. Der Guadiana wird von insgesamt 60 Bögen überspannt. Seit dem 1. Jh. v. Chr. bis in unsere Zeit hat die Brücke den gesamten Verkehr über den Fluß getragen. Seit 1992 ist sie den Fußgängern vorbehalten. Eine neue Brücke, ›Brücke der Autonomie‹ genannt, nimmt der römischen die Last des Autoverkehrs.

Natürlich hat die römische Brücke als Ganze im Laufe der Zeit gelitten. Kriege haben vor ihr nicht haltgemacht. Während des Spanischen Bürgerkriegs sprengten Republikaner sie in der Höhe des 23. Bogens, um die Soldaten Francos aufzuhalten. Man hat sie aber immer wieder geflickt und die zerstörten Teile so rekonstruiert, daß ihre Schönheit weitgehend bewahrt wurde und uns die Brücke als einheitliches Bild erscheint. Bei genauerer Betrachtung bemerkt man indes Unterschiede. Vom Stadtbezirk aus gesehen bilden die ersten zehn Pfeiler und Bögen der aufeinander abgestimmten Granitblöcke die besterhaltenen Bauteile. Sie sind eindeutig und vollständig römisches Original. Der eindrucksvollste Blick auf die gesamte Brücke ist von der am Flußrand direkt neben der Brücke erbauten arabischen Burg aus möglich, von den Mauern der Alcazaba.

Die **Alcazaba** wurde auf den Grundmauern einer römischen Befestigung in der ersten Hälfte des 9. Jh. vom Emir Córdobas, Abd ar-Rahman II., erbaut, der den wichtigen Flußübergang sichern wollte.

Wir durchstreifen im Innern der Ummauerung, die ein Viereck von 132 × 137 m umfaßt, ein archäologisch bedeutsames Gelände, das längst noch nicht vollständig ausgehoben worden ist. Reste römischer Fußbodenmosaiken sind zu sehen. Die schönsten und größten

Plaza de España

Mosaiken sind heute im Museum für römische Kunst aufbewahrt. In der Mitte des Areals befindet sich der Eingang zu einer **Zisterne,** die man über eine Treppe erreicht und die wahrscheinlich noch aus römischer Zeit stammt. Der Wasserspiegel befindet sich auf der Höhe des Guadiana. Den Eingang zur Zisterne schmücken westgotische Pfeiler und Türstürze. In einem Teil der ehemaligen Alcazaba richtete der Orden der Santiago-Ritter im 16. Jh. ein Kloster ein. Heute ist dort der Sitz des Kulturministeriums der Extremadura.

Unmittelbar in der Nähe von Alcazaba und Kloster befindet sich die **Plaza de España,** Mittelpunkt des heutigen Mérida und Ausgangspunkt für einen Gang durch die Stadt. Hier beginnt das Geschäftsviertel von Mérida mit seiner Fußgängerzone und kleinen Märkten. Bevor man aufbricht, um am Rande der Stadt den großen Aquädukt aufzusuchen, kann man sich hier in aller Ruhe zu einer Kaffeepause niederlassen, umgeben vom Lärm und der Lebendigkeit des städtischen Zentrums. Die Nordseite des Platzes wird von der Fassade eines **Adelspalastes** im spanischen Renaissancestil eingenommen (heute Hotel). Ein Springbrunnen und Palmen sorgen für Kühle und Schatten.

Wir biegen unmittelbar von der Plaza de España linker Hand in eine kleine Straße nordwärts. Wir kommen am **Museum für westgotische Kunst** vorbei, das in einer ehemaligen Kapelle eingerichtet ist und Fragmente westgotischer Bauwerke mit den charakteristischen Kreuz-, Stern-, Blumen- und Muscheldekors ausstellt (Di–Sa 10–14, 16–18 Uhr, So 10–14 Uhr, Mo und feiertags geschlossen). Hinter dem Museum biegen wir rechts ab, dann wieder links, und stehen vor dem imposanten sogenannten **Trajansbogen.**

Das fast 15 m hohe und 2000 Jahre alte Bauwerk, das die umliegenden Häuser weit überragte, ist ein freistehender Bogen, der sich durch die eigene Schwere hält. Das Rätsel seiner Funktion ist ungelöst. Auch sein Name nach dem römische Kaiser Trajan gibt keinen An-

haltspunkt, denn das Bauwerk bestand längst, ehe es Trajan zu Ehren benannt wurde.

Hinter dem Trajansbogen befand sich das *Forum provincial,* das für die gesamte Provinz zuständig war. Möglicherweise war der Trajansbogen hierfür ein monumentaler Eingangsbogen, der diesen Bereich vom angrenzenden Stadtbezirk schied.

Wir biegen nun rechts ab und stoßen auf einen kleinen Platz, an dem sich in einem ehemaligen Kloster, von den Jesuiten im 17. Jh. gegründet, der großzügig eingerichtete **Parador** von Mérida befindet, ein in jeder Beziehung empfehlenswerter Aufenthaltsort: Die Lage ist günstig, die Räume sind angenehm und die Küche (einschließlich freundlicher Bedienung) mit landestypischen Gerichten ist empfehlenswert. (Das Auto kann in der Tiefgarage des Hotels geparkt werden.)

Einige 100 m weiter in Richtung Norden, vorbei an Neubauten, kommen wir zum **Acueducto de los Milagros** (›Wunderaquädukt‹).

Wasser war die Lebensgrundlage jeder Stadt. Und wir wissen, daß die Römer große Anstrengungen unternahmen, um die großzügige Versorgung einer Stadt zu gewährleisten. Nicht nur zum Trinken wurde das Wasser benötigt, sondern auch für das von den Römern kultivierte Badevergnügen. Zwei Stauseen in der Nähe bildeten die Reservoirs, von denen aus Aquädukte das Wasser in die Stadt trugen. Von beiden sind noch Reste erhalten. Sie stammen aus dem 1. Jh. Besonders sehenswert ist der Aquädukt ›Los Milagros‹, der ursprünglich 12 km lang war und in

Acueducto de los Milagros

Serpentinenform vom 4 km entfernten Proserpina-See das Wasser in die Stadt beförderte. 1 km lange Reste am Rande Méridas sind noch erhalten. In großer Höhe überquert der Aquädukt den Río Albarregas, ein faszinierendes Bild von Leichtigkeit und Eleganz. An dieser Stelle stehen noch 38 Pfeiler, die Mehrzahl durch dreifache Bögen miteinander verbunden. Die höchste Stelle beträgt 25 m. Die Pfeiler sind 3 × 3 m dick, ein Zementkern ist mit Ziegel- und Granitsteinschichten umgeben.

Wir betreten die **römische Brücke** über den Albarregas, schlicht ›El Puente‹ genannt und einstmals Teil der Via de la Plata. Heute ist die guterhaltene Brücke noch den Fußgängern zugänglich. Die im 1. Jh. errichtete Brücke ist 145 m lang und ruht auf vier Bögen von 5 m Durchmesser. Von hier aus blicken wir auf die gesamte Front des Aquädukts. Auf den höchsten Pfeilern haben Störche ihre Nester gebaut. Das schlanke Bauwerk war schon zur Gründerzeit Méridas der Stolz seiner Bewohner.

Auf dem Weg zum zweiten Aquädukt, dem Acueducto ›San Lazaro‹, gehen wir über die Brücke zurück und folgen dann der Calle Marquésa de Pinares in westlicher Richtung. Unterwegs kommen wir an der **Basilica de Santa Eulália** vorbei, einer Kirche zu Ehren der Stadtheiligen Méridas, die hier 303 unter Diokletian als Märtyrerin verbrannt wurde. Der **›Horno de Santa Eulália‹**, ein angrenzendes Bethaus, so benannt nach dem Ofen, in dem das Mädchen sterben mußte, wurde im 16. Jh. erbaut. Einzelne Bauelemente entnahm man den Ruinen des römischen Mars-Tempels. Die dahinterliegende Kirche mit einem romanischen Portal wurde im 13. Jh. errichtet. Einige Säulen und Kapitelle im Innern der Kirche stammen aus einer frühchristlichen Kapelle, die zwischen dem 4. und 7. Jh. n. Chr. an dieser Stelle stand.

Vom **Aquädukt ›San Lazaro‹,** einige 100 m östlich am Stadtrand, jenseits der Bahnlinie, sind lediglich drei Pfeiler erhalten. Teile des Bauwerks sind in einem später gebauten Aquädukt aus dem 16. Jh. verwendet worden, der sich zum großen Teil erhalten hat. Dennoch lohnt allein der Anblick der drei Pfeiler des römischen Originals, weil man an ihnen die Konstruktionsweise besonders gut erkennen kann. Auf dem granitenen Säulensockel erheben sich die Träger aus jeweils vier Schichten Granitstein, die mit vier Schichten Ziegelstein abwechseln. Der Aquädukt ›San Lazaro‹ erreichte eine Höhe von 16 m, war aber wesentlich länger als ›Los Milagros‹. Er transportierte das Wasser vom Stausee Cornalvo, der 16 km von Mérida entfernt liegt.

Ganz in der Nähe des Aquädukts ›San Lazaro‹ befindet sich der **römische Zirkus,** der außerhalb der antiken Stadt angesiedelt war und auch heute noch am Rande der Innenstadt liegt.

Der 433 m lange und 120 m breite Zirkus besaß zwischen sechs und neun Sitzreihen, die heute mit Gras überwachsen sind. 30 000 Zuschauer fanden hier einmal Platz. Zusammen mit dem nahegelegenen Amphitheater und dem Theater bildete der Zirkus einen gewaltigen Bezirk für Aufführungen und öffentliche Veranstaltungen, in dem Raum für die gesamte Stadtbevökerung war. Heute wirkt der Zirkus wie ein vernachlässigter Fußballplatz. Dennoch bedarf es nur wenig Phantasie, um sich die römischen Wagenrennen vorzustellen, die hier stattfanden. Es sind noch die Stellen erkennbar, an denen Obelisken und Statuen standen. Das Feld wird durch eine ursprünglich 1 m hohe und 250 m lange *spina* geteilt. Um diese Mittelmauer fuhren die Gespanne ihre Rennen. An der Westseite befanden sich Schranken von 4 m Breite – breit genug, um Vierergespanne für die Wagenrennen durchzulassen, wie sie auf den Mosaiken im Museum dargestellt sind.

Auf unserem Spaziergang umkreisen wir den Bezirk der alten römischen Stadt, und es wird dabei deutlich, daß auch das moderne Mérida sich weitgehend auf den antiken Siedlungskern beschränkt. Der Zirkus befand sich außerhalb, der Theaterbezirk zwar am Stadtrand, aber noch innerhalb der Stadtmauern. Abgetrennt vom Zirkusgelände liegen einige 100 m davon entfernt das Amphitheater und das römische Theater von Mérida. Die Besichtigung des Theaterbezirks bildet für den Besucher des römischen Mérida den Höhepunkt.

Unmittelbar in der Nähe der beiden Theater befinden sich Reste einer römischen Villa und das neuerbaute Museum für römische Kunst, in dem all jene Skulpturen, Mosaiken, Grabsteine, Porträts, Münzen und Vasen gesammelt sind, die aus den Ausgrabungsstätten des Theaterbezirks, des Zirkus, der römischen Villen und Tempel geborgen werden konnten. Vom Zirkus aus gehen wir einige hundert Meter in südlicher Richtung, um zunächst gegenüber vom Museumseingang den Theaterbezirk zu betreten. Lin-

Brot und Spiele

Panem et circensis – Brot und Spiele: das sei es, was das römische Volk verlange, schrieb der Schriftsteller Juvenal. Zirkus und Amphitheater erfüllten dieses Begehren.

Die zirzensischen Spiele waren – wie die olympischen Spiele der Griechen – kultischen Ursprungs. Pferdewettrennen, für die der Zirkus in erster Linie diente, wurden zu Ehren des Gottes Consus schon seit Romulus Zeiten abgehalten. Die späteren, aus Stein gebauten Rennbahnen in länglichem Oval wurden nach dem griechischen Muster des Hippodromos in Byzanz angelegt. Der *circus* war in der Mitte durch eine Mauer *(spina)* geteilt, an deren Enden zwei Spitzsäulen als Wendemarken standen.

Die Grundform der Amphitheater hatte man den italienischen Marktplätzen abgeschaut, die ein längliches Rechteck bildeten. Anläßlich von Leichenfeiern veranstaltete man dort schon in der Frühzeit römischer Herrschaft Fechtkämpfe. Im Laufe des 1. Jh. v. Chr. entstanden eigens hierfür aus Holz gezimmerte Zuschauerränge, die an den Platzecken abgerundet wurden. Erst seit der Zeit des Augustus verwandte man Stein. Die Besucher auf den unteren und mittleren Sitzreihen betraten das Theater durch Portale und überwölbte Gänge im Innern. Die obersten Plätze waren nur von außen über Freitreppen erreichbar.

Gladiatorenkämpfe, Tierhatzen und zuweilen auch imitierte Seeschlachten fanden ihr Publikum.

ker Hand befindet sich das Amphitheater.

Das **Amphitheater** (wörtlich übersetzt ›Zwei-Theater‹, weil durch die elliptische Form die Zuschauer im Gegensatz zum Theater mit frontaler Bühne das Geschehen von zwei Seiten aus verfolgen konnten) war noch zu Beginn dieses Jahrhunderts eine Abfallhalde. Im 18. Jh. hatte man den Granit aus den Sitzreihen herausgesprengt. Erst 1910 begannen die ersten Ausgrabungen, die bis zum Beginn des Bürgerkriegs 1936 andauerten.

Das im Vergleich zum Amphitheater von Itálica (bei Sevilla) kleine Bauwerk wurde im Jahre 8 v. Chr. fertiggestellt; seine Fassade glich der des römischen Kolosseums. Es bot 15 000 Zuschauern Platz, die den Gladiatorenkämpfen und Tierhatzen folgten, welche in der Arena ausgetragen wurden. Die unteren Sitzreihen sind noch relativ gut erhalten. Es gab 16 überwölbte Eingänge unterhalb der Sitzreihen, durch die man heute noch teilweise hindurchgehen kann. Im Südwesten befand sich der Haupteingang und die Haupttribüne. Rechts und links der Gänge lagen Zellen für die Gladiatoren und Verurteilten, die in der Arena kämpfen mußten. Innerhalb des Eingangsbogens sind noch die Öffnungen für die Fütterung der hinter den Mauern eingesperrten Tiere zu erkennen. Auf der Nordostseite saß der Leiter der Spiele. Zur Zeit Trajans (1./2. Jh.) wurde das Amphitheater mit Wandfresken und Mosaiken geschmückt, die heute im Museum für römische Kunst ausgestellt sind. Nur durch eine Straße vom Amphitheater getrennt ist das römische Theater, eine Sehenswürdigkeit ersten Ranges.

Römisches Theater

Beim Bau ihrer Theater orientierten sich die Römer an griechischen Grundformen: dem halbkreisförmigen Zuschauerraum *(theatron)*, dem runden Chorraum *(orchestra)* sowie der Bühnenhausfassade *(skene)*. Der Chorraum wurde von den Römern halbiert. Hier saßen in ihren Sesseln die hohen Beamten der Provinz. Der nach hinten ansteigende Zuschauerraum für das gemeine Volk blieb dem griechischen Vorbild treu, mußte aber nicht mehr an einen Hügel anlehnen, sondern stand frei im Raum, was erst die von den Römern für die Unterbauten entwickelte Gewölbetechnik erlaubte. Außerdem fügten die römischen Baumeister den niedrigen Bühnenaufbauten, die bei den griechischen Theatern zumeist in das Panorama der dahinterliegenden Landschaft eingebettet waren, eine mehrstöckige Bühnenwand hinzu, die den Theaterraum stärker nach innen abgrenzte. Sie wurde mit Säulen, Nischen und Statuen dekoriert. Handlungsort der Schauspieler war nicht mehr in der *orchestra,* die Bühne lag nun vor der *skene,* dem Bühnenhaus. Die Theater wurden zunächst aus Holz gebaut, Prototyp des aus Steinen errichteten römischen Theaters war das 15 v. Chr. unter Augustus entstandene Marcellus-Theater in Rom.

Das römische Theater von Mérida ist mit seinen Marmorsäulen und granitenen Gewölben so gut erhalten wie nur wenige des ehemaligen Römischen Reiches. In Spanien ist es einmalig, in Europa nur vergleichbar mit dem römischen Theater von Orange in der Provence.

Die Akustik des Theaters von Mérida, das nach den Gesichtspunkten des Architekten Vitruv erbaut wurde, ist hervorragend. Nach eineinhalb Jahrtausenden Ruhe sind Bühne und Zuschauerraum heute wieder belebt. Das Theater ist der Hauptaufführungsort für Opern, Konzerte und klassisches Theater in der gesamten Extremadura. Es bietet Platz für 5500 Zuschauer. Im Frühjahr treten hier

Bühnenhausfassade

junge Flamenco-Interpreten auf. Im Sommer jeden Jahres finden von Ende Juni bis Anfang August die Sommerfestspiele statt.

Vor 1910 stand hier anstelle des jetzigen Zuschauerraums und der Theaterbühne ein mit Kichererbsen bepflanztes Feld. Der Theaterraum war mit Unrat und Erde aufgefüllt bis zur jetzigen ersten Etage. Die zweite Etage des Bühnenhauses war mitsamt den oberen Säulen herabgestürzt und wurde während der Restaurierung wiederaufgerichtet. Beendet wurden die Restaurierungsarbeiten erst in den Jahren 1960 bis 1970.

Bis auf die dritte Säule von rechts und die dritte Säule von links, die beide nicht aus einem Stück bestehen, sind sämtliche Säulen des 17 m hohen und 7 m breiten **Bühnenhauses** original römisch. Der blauschimmernde Marmor stammt aus Portugal. Den kunstvollen Fries haben wahrscheinlich griechische Skulpteure angefertigt. Hoch oben fand man neben lateinischen auch griechische Inschriften. Die Skulpturen im Bühnenhaus sind Kopien, die Originale stehen heute im Museum. Drei Kaiserfiguren sind zu sehen, mit abnehmbaren Köpfen, wie es üblich war. Wenn der Kaiser starb, wurde der alten Figur einfach ein neuer Kopf aufgesetzt.

Die mythologischen Hauptfiguren Lusitaniens, das ein friedlich blühendes Agrarland geworden

Ceres

Der Zauber des Theaters

Das Römische Theater von Mérida ist heute wieder, wie schon vor 2000 Jahren, unbestrittener glanzvoller Mittelpunkt des kulturellen Lebens in der Extremadura. Das Frühe hat in dieser Architektur nicht einmal anflugsweise den Charakter des Primitiven. Stilvoll und elegant drückt das Theater die Höhe seiner Zeit aus – und lehrt die heutigen Zeitgenossen Bescheidenheit und Bewunderung.

Ein romantischer Sinn mag an der Ruinenhaftigkeit als solcher Gefallen finden, in der das vergangene Alte in die Moderne ragt, bezeichnender aber ist der Eindruck, daß das Theater von Mérida, wenn natürlich auch gezaust vom Lauf der Zeit, ungewöhnlich gut erhalten und in großer Würde dasteht. Nicht Verfall kommt einem in den Sinn, sondern das Wunder altersloser Schönheit, die dieses großzügige Bühnenhaus mit seinen bläulich schimmernden Säulen ausströmt.

Das Theatergebäude selbst bietet dem Besucher schon ohne jede Kulisse und Aufführung eine Vorstellung. Im prickelnden Gefühl zeitverknüpfender Authentizität rückt uns der Gedanke nahe, daß auf dieser Bühne schon vor 2000 Jahren die Schauspieler agierten und im Halbrund das Publikum saß, um sich dem inszenierten Rausch der Phantasie hinzugeben und im Spiegel des schauspielernden Gegenübers über der Menschen Schicksal zu weinen oder zu lachen.

Waren die heiligen Orte der antiken Welt durchweg als Wohnstätten der Götter gedacht und gab es auch in früherer Zeit schon beschwörende Nachahmungen göttlichen Tuns, aus denen theatralische Kulte geboren wurden, das antike Theater rückte den Menschen immer mehr ins Zentrum, auch wenn Götterfiguren weiterhin Hauptrollen zugestanden wurden. Das Theater brachte den Menschen ins Spiel. Die *personae* (lat.: Masken/Rollen) der Schauspieler zeigten dem Menschen im Publikum, wer und wie vielschichtig er war. Die Menschen befreiten sich von den unsichtbaren Dämonen und Ängsten, indem sie ihnen Gestalt und Stimme gaben. Menschliche Unvollkommenheit wurde in ihrer Darstellung zumindest momentweise erlöst. Der Ort des Theaters ist bis heute wie der heilige Raum der Götter von profaner Wirklichkeit abgegrenzt. Auf ihm wird zwar das Los einzelner Menschen gezeigt, in der offenbaren Universalität menschlicher Verstrickung aber auch überschritten. Es transzendiert den Ort und die alltägliche Zeit. Daran hat sich nur wenig geändert. Das Theater verzaubert noch immer.

war, sind auch im Bühnenhaus präsent. Sie beziehen sich auf den Jahreswechsel und die Fruchtbarkeit: die Göttin der Fruchtbarkeit und des Getreides, Ceres, und ihre Tochter, Proserpina, die von Pluto in die Unterwelt entführt wurde. Die Trauer der Ceres um den Verlust der Tochter bewirkt die Winterzeit, jedes Frühjahr kehrt Proserpina zu ihrer Mutter zurück, und das Leben beginnt wieder neu. Im zweiten Stock des Bühnenhauses, unter dem Sims, hat man einige ›Früchte des Lebens‹, die in Mérida gediehen, verewigt. Man kann in der kunstvollen Verzierung Spargelköpfe erkennen und im Fries des ersten Stockwerks Steineichenblätter und Eicheln.

Die **Bühne** selbst ist 60 m lang. Davor, zwischen Bühne und *orchestra,* öffnen sich Nischen für die Musiker. Die *orchestra* war der Ehrenplatz der örtlichen Würdenträger. Auf der unteren Sitzreihe saßen die Vertreter des Ritterstandes, darüber Priester und Kaufleute, ganz oben das einfache Volk und die Frauen.

In der Bühnenmitte stand ein Altar (heute im Museum), auf dem vor jeder Vorstellung Kräuter verbrannt wurden, um die Musen anzurufen. Vom Forum aus schob man ein geschmücktes Schiff auf Rädern mit der Figur des Bacchus ins Zentrum des Theaters. Man spielte mehrere Stücke hintereinander, von morgens bis abends. Das Theater war Treffpunkt und Aufenthaltsort von 6000 Bürgern. Auf den Rängen und in den Gängen herrschte unentwegtes Treiben. Man aß, trank und diskutierte im Theater. Der Geräuschpegel war hoch, besonders wenn eine der zahlreichen Possen gegeben wurde. Beliebt waren auch Pantomimen mit Gesangsbegleitung.

Auf dem linken Torbogen zwischen Bühnenraum und Zuschauerrängen befindet sich eine Inschrift, die das Alter des Theaters gut bestimmt. Es ist darin die Rede vom dritten Jahr in der Zeit Agrippas, also 16 v. Chr. Allerdings bestand das Theater damals noch aus Holz, sein steinernes Kleid erhielt das Gebäude im 2. Jh., während der Herrschaft Kaiser Hadrians. Im 4. Jh. wurde es unter Konstantin restauriert.

Hinter dem Bühnenhaus befinden sich ausgedehnte **Ruheräume und Bäder** für die Schauspieler. Man kann das unterste Geschoß, wo Holzfeuer zur Erhitzung des Fußbodens angezündet wurden, vom darüberliegenden Geschoß gut unterscheiden, wo das Wasser verdampfte oder aber in kleinen Badetrögen gesammelt wurde. Ein Ruheraum (der einzig überdachte im Ausgrabungsfeld) ist mit Mosaiken und römischen Wandmalereien dekoriert. Nur die unteren Teile der Figuren sind heute noch erkennbar: Man sieht Sandalenträger, nackte Füße und die Bocksfüße des Gottes Pan.

Etwas oberhalb des Bäderbezirks befanden sich die Wasserleitungen, Abwasserkanäle sowie die

Latrinen, deren aneinandergereihte Sitzplätze man noch erkennen kann. Direkt nebendran lag eine römische Straße, etwa in Kellerbodenhöhe der Häuser des heutigen Mérida.

In unmittelbarer Nähe des Bäderbezirks hinter dem Theater stand ein Peristyl, ein von Säulen umgebener Umgang mit geneigtem Dach, von dem aus Wasser in dafür ausgehobene Gräben fiel, die aus porösem Stein bestanden, der die Feuchtigkeit wieder an die Ziergartenfläche im Inneren abgab. Solche Hauskonstruktionen mit genau berechneter Materialwirkung hat der ›Vater der Architektur‹, Vitruv, 31 v. Chr. in seinem hellenistische Quellen zusammenfassenden Werk »De architectura« bis zur Herstellung des Mörtels bis ins Detail genau beschrieben. Seine Grundsätze sind nicht nur bei der Konstruktion des Theaters, sondern auch bei den anderen Gebäuden der römischen Stadt Mérida zur Anwendung gekommen.

Die Säulengänge waren Treffpunkt, Lesesaal und Ausbildungsstätte der Intellektuellen. Man las und disputierte im Gehen; die Mönche haben später mit ihren Klosterkreuzgängen an griechisch-römische Tradition angeknüpft: Man war äußerlich geschützt, begrenzt und durch Gleichmaß beruhigt, dadurch auf Geistiges konzentriert, zugleich bewegt und in frischer Luft, was geistigen Mief fern- und Herz und Verstand für Inspiration offenhielt.

In der Flucht vom Zentrum des Theaters befindet sich am Ende des Ruhebezirks ein **Heiligtum.** Es zeigt die Statue Kaiser Oktavians (Augustus) aus Carrara-Marmor. Die Nischen enthielten Figuren von Priestern.

Beim Verlassen des Ruhebezirks sehen wir an einer Mauer direkt am Wegesrand besonders gut ein grundlegendes römisches Baumaterial: große, flache, rote Ziegelsteine. Auf einem der Ziegel hat sich ein römischer Bauarbeiter mit einem Zeichen verewigt, auf einem andern findet man einen kindlichen Sandaleneindruck, hinterlassen vor etwa 2000 Jahren.

Dem Eingang zum Theaterbezirk schräg gegenüber befindet sich hinter dem Parkplatz das sehenswerte Ruinenfeld der **›Casa del Anfiteatro‹**, einer römischen Villa.

Die großzügige römische Villa, zwischen dem 3. und 4. Jh. erbaut, wurde erst vor einigen Jahren 2 m tief unter einer westgotischen Grabstätte entdeckt. Am Rande des Grabungsfeldes liegen noch zahlreiche Steine, die man dort erst einmal lagert, ohne sie bislang genauer erforscht zu haben. Das Haus mit Bädern, zahlreichen Zimmern, Atrium und Peristyl ist so weitflächig, daß einige Historiker annehmen, es müsse sich hierbei um zumindest zwei Wohnsitze gehandelt haben. Gleich zu Beginn des Grabungsfeldes befinden sich linker Hand in der Nähe der Wasserleitung, die vom Aquädukt ›San Lazaro‹ gespeist wurde, Reste eines rö-

Die städtische Villa

Man betrat das Haus durch das Vestibül, das ursprünglich einen vorgelagerten Platz bezeichnete. Durch einen Flur gelangte man ins Atrium, dem nach oben offenen Bezirk im Innern des Hauses mit eingesenktem Dach. Je ein Wohnflügel erstreckte sich rechts und links des Atriums. Dahinter lag das Peristyl, ein säulengeschmückter Umgang, der einen Ziergarten umschloß. An seinen Seiten befanden sich Speiseraum, Gästezimmer und Bäder. Den rückwärtigen Abschluß bildete ein Salon. Die Aborte waren an das Abwasserkanalsystem angeschlossen, eine Frischwasserrinne gab Gelegenheit zum Händewaschen. Nur die großen Häuser hatten Anschluß an die öffentlichen Wasserleitungen. Das von den Dächern des Atriums abfließende Regenwasser wurde in einem Bassin unterhalb des Fußbodens gesammelt. Nicht nur die Bäder (einschließlich Sauna), sondern das gesamte Haus wurde zentral beheizt. Die Fußböden lagen auf einem Netz von Tonröhren und Ziegelsockeln. Durch die Hohlräume zog erhitzte Luft. Ein Ofen befand sich in einem besonderen Raum oder außerhalb des Hauses. Schornsteinschächte, in die Außenwände des Hauses eingebaut, heizten die Räume zusätzlich mit. Die reichen Patrizier konnten es sich somit auch leisten, Fenster großzügig zu verglasen.

Die Sklaven lebten mit der römischen Familie in einem Haus. Sie dienten als Ärzte, Lehrer, Sekretäre, Gärtner, Köche und Diener. Sie besaßen eigene Räume. War das Personal zahlreich, bewohnten sie die Zimmer um das Atrium herum, während die Herrschaften sich in die hinteren Räume zurückzogen.

mischen Bades und der Fußbodenheizung (Bögen aus Ziegelstein im Untergeschoß). Kleine Baderäume für laues und warmes Wasser und Becken, die kaltes Wasser zur Abkühlung enthielten, sind noch erkennbar. Die Fußböden einiger der ehemaligen Wohnräume sind mit Mosaiken bedeckt. Man vermutet einen ehemaligen Speiseraum dort, wo Speisefische dargestellt sind (s. Abb. S. 38). Eindrucksvoll sind zwei Mosaiken in einem Raum, der als Schlafzimmer gilt: Das eine zeigt Venus und Cupido, das andere, umrankt von Weinreben, drei traubenzerstampfende Männer und den in Krüge abfließenden Saft. Außerdem befinden sich auf dem Gelände noch Reste von Fresken im pompejischen Stil.

Museum für römische Kunst

1975 feierte Mérida sein 2000jähriges Bestehen. Damals wurde der Bau des *Museo Nacional de Arte Romano* beschlossen. 1981 begann man mit den Arbeiten nach dem Entwurf des spanischen Architekten Rafael Moneo Vallés. 1986 wurden die Ausstellungsräume in unmittelbarer Nähe des römischen Theaters eröffnet. Es ist in jeder Beziehung ein großartiges Museum, das allein schon den Besuch der Extremadura rechtfertigt. Zunächst ist es ein gelungenes Beispiel moderner Architektur, die sich inspirieren läßt vom Gegenstand und der Bedeutung dessen, was sie beherbergen soll. Das Kunstmuseum ist aus flachen braun-gelben Ziegeln gebaut, die im Format an römische Ziegel erinnern. Im unteren Teil des Gebäudes hat man Teile des Aquädukts, der hier hindurch führte, stehen gelassen, neben Grabstätten ebenso Reste der römischen Straßenbepflasterung und Teile des Stadtviertels, das von Kunsthandwerkern bewohnt war. Ein Raum, ›Basilika‹ genannt, zeigt frühchristliche Malerei aus dem 3. Jh. Durch diesen Bereich (die sogenannte Krypta) findet jede volle Stunde eine offizielle Führung statt. Außerdem gelangt man durch den Gang der Krypta in das Gelände der beiden römischen Theater, so daß man deren Besichtigung entweder an Anfang oder Schluß des Museumsbesuchs stellen sollte. (Öffnungszeiten Di–Sa 10–14, 16–18 Uhr Winter, 10–14, 17–19 Uhr Sommer, So und feiertags 10–14 Uhr, Mo geschlossen)

Die **Haupthalle** des Museums ist durch neun hochgeschwungene Bögen unterteilt, die die Form des Trajansbogen in der Stadt (s. S. 63) nachahmen. Natürliches Licht fällt in die großzügig geschnittenen Räume. In den Räumen links und rechts der Halle sind die Ausstellungsobjekte nach thematischen Aspekten gegliedert, die von der Einrichtung der repräsentativen und privaten Häuser über Bestattungsformen, religiöse Kulte bis hin zu Alltagsgegenständen ein komplexes Bild des Lebens zur Zeit der Römer vermitteln.

Die ersten drei Säle bergen Originalstücke aus dem Theaterbezirk: Skulpturen und Gesims der Bühne, Mosaiken und Wandmalereien aus dem Zirkus, dem Amphitheater und einer römischen Villa.

Die Skulpturen links der Haupthalle stammten vom Ende des ersten nachchristlichen Jahrhunderts und zeigen den Gott der Unterwelt, Pluto, und die sitzende Ceres, außerdem eine kopflose Kaiserfigur in Soldatenrüstung.

Auf der rechten Seite des *ersten Saales* befinden sich Stücke aus dem Bezirk des Amphitheaters und des Zirkus, darunter ein Bronzepferd und ein Mosaik, das einen mit Netz und Dreizack bewaffneten Gladiator im Kampf gegen Tiger und Wildschwein zeigt. Ein großes Mosaik aus dem 1. Jh. (teilweise im 4. Jh. restauriert) themati-

Haupthalle des Museums für römische Kunst

siert die vier Jahreszeiten. Ihre allegorischen Figuren und Namen sind in die ornamentale Umrandung des Mittelfeldes eingefügt: *Autumnus* (Herbst), *Hestas* (Sommer), *Viranus* (Frühling) und *Hibernus* (Winter). In der Mitte wird eine Wildschweinjagd dargestellt. Das Mosaik stammt aus der römischen Villa ›Las Tiendas‹ bei Mérida. Es ragt bis in den zweiten Stock.

Eine Platte mit Inschriften stammt aus dem 4. Jh. n. Chr. und bezieht sich auf die Restaurierung des Zirkus.

Saal II zeigt verschiedene Gegenstände aus den kleinen Tempeln, die sich in der Nähe des Theaterbezirks befanden, außerdem Schauspielermasken aus bemaltem Ton und aus Bronze sowie kleine Skulpturen römischer Kaiser und

Kaiserinnen. Hier befinden sich auch der Kopf des Augustus und die Skulpturen der Priestergestalten vom Oktavian-Heiligtum hinter der Theaterbühne (s. S. 72). Das Augustus-Porträt aus Carrara-Marmor gilt als eines der schönsten der Iberischen Halbinsel. Ein Säulenrelief bildet eine tanzende Mänade ab.

Saal III zeigt architektonische Fragmente des Theaters, außerdem eine Sonnenuhr, die sich in der Mitte des Säulengangs des Theaters befand.

Saal IV und V sind den Zeugnissen der römischen Religion gewidmet, die sich einesteils auf die griechische Mythologie bezog, aber auch autochthone iberisch-keltische Kulte und verschiedene Mysterienreligionen des östlichen Mittelmeerraums aufnahm (s. S. 72).

Ein großes Schwarz-weiß-Mosaik bedeckt die Wand bis hoch ins zweite Stockwerk. In seiner runden Mitte werden Philosophen im Gespräch gezeigt. In den überbrükkenden Feldern zwischen ihnen und den Darstellungen der Jahreszeiten in den Ecken befinden sich die Musen. Am unteren Rand des Hauptfeldes steht ein Pegasus. Der gesamte äußere Saum ist mit Szenen vom Nil bebildert. Man sieht Boote und Krokodile und viele kleine Männer mit erigiertem Penis, die närrisch herumtoben und Faxen machen.

Eine Mithras-Statue aus dem 2. Jh. n. Chr., die von einigen auch als Chronos identifiziert wird, ist von einer Schlange umwickelt, dem

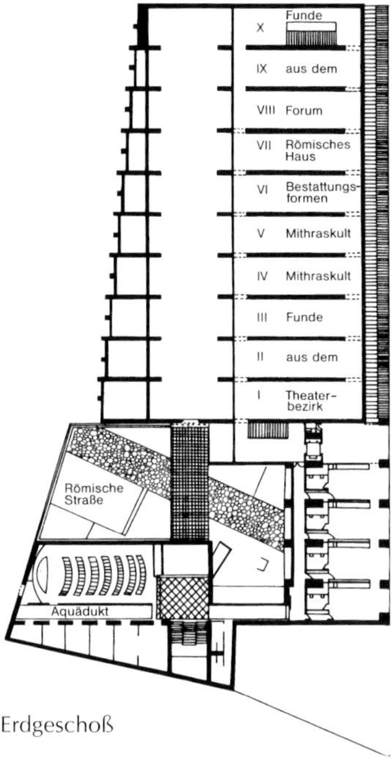

Erdgeschoß

symbolischen Tierzeichen jährlicher Erneuerung. Auf der Brust der Götterfigur in Menschengestalt sitzt ein Löwenkopf, neben dem linken Fuß der Kopf eines Steinbocks – Hinweis auf die schicksalsbestimmende Geburtskonstellation im Zeichen des Steinbocks.

Während uns die männliche Figur in starrer, gefesselter Haltung begegnet, sehen wir die Göttin Isis (ebenfalls 2. Jh.) in souveräner anmutiger Bewegung.

Eine Granitsäule stammt aus dem Tempel der Diana aus dem 1. Jh., der in der Nähe des Forums

Östliche Gottheiten im Westen

Mithras und Isis

Während der Zeit des römischen Imperiums, das Kleinasien und Nordafrika einschloß, vermischten sich vielfach regionale Traditionen mit originär-römischen Vorstellungen. Handelsverkehr und Abwanderung machten auch zunächst fremde östliche Religionen in entlegenen Gebieten des Westens heimisch.

Dabei wurden häufig die alten Götter unter neuem Namen verehrt. Die offensichtlichen Parallelen zwischen den verschiedenen Religionen erleichterten dies. So gab es im Mittelmeerraum seit langem die große Muttergöttin Demeter, vor allem auf Sizilien beheimatet. In Westasien wurde die große Mutter unter dem Namen Kybele verehrt, die mit dem Wechsel der Jahreszeiten in Verbindung gebracht wurde, und das hieß immer: mit Tod und Auferstehung, mit dem Sterben des alten Jahres und seiner Wiedergeburt als göttliches Kind. Die griechisch-römische Mythologie von Ceres, Pluto und Proserpina bezieht sich, wenn auch anders erzählt, auf dasselbe Thema. Die alten Muttergottheiten lebten im späten christlichen Mittelalter in der Verehrung der Muttergottes Maria wieder auf.

Im 1. Jh. gelangte aus Persien der Mithras-Kult in den Mittelmeerraum und verbreitete sich vor allem unter Soldaten und Händlern. Er berührte sich vielfach mit dem noch jungen Christentum – und einer Tradition, die noch heute in Spanien lebendig ist: dem Stieropfer. In Mérida befand sich ein wichtiges Mithras-Heiligtum, aus dem nicht nur die im Museum ausgestellten Mithrasfiguren selbst stammen, sondern auch verwandte andere Götterfiguren. Der Gott Mithras stand für das Licht, das Leben und die Erlösung und gegen die Mächte der Dunkelheit. Seine große Erlösungstat war es, einen Stier zu fangen, zu töten und im Blut des Tieres die Menschheit mit Fruchtbarkeit zu segnen. Zentrale Darstellungen aus den heiligen Orten und Versammlungsräumen seiner Anhänger zeigen Mithras, wie er den Stier tötet. Er selbst fährt gen Himmel, dessen Sternkonstellationen den Mithras-Anhängern zum Gegenstand zahlreicher astrologischer Interpretationen wurde. Den Gläubigen erschien das irdische Leben nur als Probezeit. Moralisches Tun und Weisheit entscheide darüber, wer nach dem körperlichen Tod der Menschen Oberhand über ihre Seelen behalte, die Mächte des Lichts oder die der Dunkelheit.

Die Göttin Isis war ursprünglich die Göttin des Nils in Ägypten, somit Herrin über Tod und Leben, wie es der Wechsel der Jahreszeiten, die Zeiten des Wachstums und des Absterbens alljährlich den Menschen offenbarten. Mit ihr waren Auferstehungshoffnungen und das Versprechen auf ewiges Leben verknüpft. Sie wurde im gesamten römischen Reich verehrt. Bis nach Belgien und England hinauf galt Isis in römischer Zeit als All-Gottheit, von der alle andern abstammten. Zur Unsterblichkeit gelangte man im Isis-Kult durch Initiationsriten, in denen der Schmerz eine zentrale Rolle spielte: Askese, Kasteiung, Meditation führten bis an die Grenze des Todes, um von dort die göttliche Offenbarung, das Licht der Erkenntnis, zu erfahren. Eine strenge, die Kastration praktizierende Priesterschaft stand dem Kult vor.

Für die Römer war das Christentum lange Zeit nichts anderes als eine besondere Form der Mysterienreligion aus dem Osten, die sich in ihren Ritualen (Initiationen, Erlösung, heiliges Abendmahl, Aussicht auf ewiges Leben) kaum von den anderen unterschied. Dennoch gab es entscheidende Differenzen im Glauben und in der Soziallehre: Die Christen verehrten keinen reinen Kultheros, sondern eine historische Gestalt, der Schwerpunkt ihrer Lehre lag nicht in der Erkenntnis (gnosis), sondern in der tätigen Liebe. Und ihre Kultgemeinschaft schloß niemanden aus, weder nach Rasse, noch nach Geschlecht, noch nach sozialem Stand.

stand, das im Zentrum von Mérida rekonstruiert worden ist. Inschriften zeugen nicht nur von Mithras, sondern auch von wenig bekannten lokalen Gottheiten keltisch-iberischer Tradition, außerdem vom Heiligtum der Proserpina. Die hier ausgestellte Inschrift fand man im 18. Jh. im gleichnamigen See nahe der Stadt. Ein Relief schildert die Arbeiten des Herkules, der auf der Iberischen Halbinsel als Städtegründer und mythologische Hauptfigur menschlicher Zivilisationsarbeit verehrt wurde. Kleine Skulpturen aus Marmor und Bronze verkörpern die Liebesgöttin Venus.

Eine große nackte Venus–Skulptur befindet sich links in Saal V. Ihr zu Füßen reitet eine kleine Erosfigur auf einem Delphin, der schon in der Antike als besonders kluges und sensibles Tier bekannt war. Die Liebesgöttin gehörte ebenso zum Mithras-Heiligtum wie die nebenstehende Merkur-Figur. Der Götterbote und Gott der Diebe und Händler wird gezeigt, wie er seinem rastlosen Leben eine Ruhepause gönnt. Ebenfalls zum Komplex der Mithras-Kultstätten gehört eine halbnackte liegende männliche Figur, die für eine Darstellung des Gottes Oceanos gehalten wird (wie die beiden andern großen Skulpturen aus dem 2. Jh.).

Aus dem Portal-Fries des ehemaligen Mars-Tempels stammen die Darstellungen des Waffenhandwerks. Im Bezirk des Diana-Tempels fand man einen androgynen Kopf (2. Jh.), der durch die Aufhebung der Geschlechtlichkeit Vollkommenheit anzeigen sollte und als Schutzpatron Méridas galt. Aus dem 4. Jh. stammt ein Mosaik, das die Ankunft des Gottes Bacchus mit seinem Gefolge auf der Insel Naxos schildert. Er trifft dort auf die schlafende, von Theseus verlassene Ariadne, die er zu seiner Frauen machen wird.

Saal VI ist den verschiedenen Bestattungsformen der Römer gewidmet. Die Leichen wurden begraben, aber auch verbrannt. Grabsteine und Urnen kann man besichtigen, teilweise mit den Porträts der Verstorbenen und eingravierten Grabsprüchen. Ein großer Sarg ist durch die Aushöhlung eines Marmorblocks entstanden und bot nicht nur für die Leiche Platz, sondern überdies für zahlreiche Beigaben, die den Toten auf seiner Reise durch die Unterwelt begleiten, schützen und ihm helfen sollten.

Saal VII ist dem römischen Wohnhaus gewidmet. Man hat in Mérida nur wenig Ruinen einfacher römischer Häuser gefunden. Sie sind in die Bebauung der heutigen Stadt aufgegangen. Einige große Häuser am Stadtrand sind hingegen ausgegraben worden. Die Funde aus römischen Privathäusern stammen aus dem 1. bis 4. Jh.: links ein Brunnenbecken, dessen Seitenrelief Szenen eines Bacchanals zeigt, ein Mosaik, das den Raub Europas durch Zeus illustriert, der sich in einen Stier verwandelt hat (2. Jh.); rechts befindet sich die Rekonstruktion eines römischen Raumes, die aus Elementen verschiedener in Mérida gefundener römischer Häuser des 4. Jh. zusammengesetzt wurde, darunter ein Fenstergitter, Fußbodenmosaiken und Fresken mit Jagdszenen, deren sehr genaue Pferdedarstellungen in der Bewegung gut getroffen sind; außerdem Wandmalereien mit Darstellungen circensischer Wagenrennen.

Den Abschluß des Erdgeschosses bilden die folgenden Säle **VIII bis X.** Sie zeigen Skulpturen und (teilweise restaurierte) Reste aus dem Forum der Stadt Mérida (aus dem 1. Jh.). Eindrucksvoll ist das Relief eines Baumes, in dessen Krone Vögel sitzen und durch dessen Wurzelwerk sich eine Schlange windet.

In Mérida gab es zwei Foren, eines für den Status der Kolonie, ein anderes für die Hauptstadt der Provinz. Das Forum für die Belange der Provinz lag jenseits des Trajansbogens in der Nähe des heutigen Paradors, das Forum der Stadt in der Nähe des Diana-Tempels. Über den hohen korinthischen Säulen war der Giebel mit Marmorplatten, Reliefs und Götterhäuptern geschmückt. Sie sind in Originalhöhe an der Abschlußmauer des großen

Museumssaales angebracht. Die Porträtbüsten von Jupiter und Medusa ragen besonders hervor, Jupiter, der mächtige Göttervater, der das Imperium schützen sollte, Medusa, die furchterregende Gorgo, deren Anblick allein schon der Sage nach die Menschen versteinert. Indem man ihr grauenerregendes Haupt darstellte, vergegenständlichte man die Angst vor dem Unheil und versuchte zugleich ihre dämonische Macht abzuwehren. Die strähnige Haarpracht des gar nicht häßlichen Medusenhauptes entpuppt sich erst bei näherem Hinsehen als Schlangengewimmel.

Ein mächtiger Stierkopf, immer wiederkehrendes Motiv göttlicher Kraft und Potenz im Mittelmeerraum, bildete einstmals den Schlußstein eines Torbogens. Die großen stehenden Marmorfiguren beeindrucken durch den kunstvoll dargestellten Faltenwurf der Togen.

In einer Vitrine werden Schmuck und Werkzeuge des täglichen Gebrauchs gezeigt, die aus Bronze hergestellt wurden und einen Hinweis auf die Gewohnheiten des täglichen Lebens geben.

Gegenstände des täglichen Gebrauchs werden weiterhin im **ersten Stockwerk** gezeigt, das man über eine Treppe vom Saal X erreicht.

Dieser Ausstellungsteil beginnt mit der Keramik im Saal IX bis VII, in Saal VI werden Grabsteine und Utensilien der Feuerbestattung gezeigt. Es folgen in Saal V Werkzeuge und Kleinkunst, die aus Knochen geschnitzt wurden. Saal IV zeigt eine Sammlung römischer Glaskunst. Zum Abschluß (Saal III und II) wird die Münzsammlung vorgeführt. Außerdem sind hier Goldschmiedearbeiten ausgestellt.

Die Keramiksammlung beginnt in **Saal IX** mit einfachem Gebrauchsgeschirr für Tisch und Küche, für die Verbrennung von Kräutern zu religiösen Zwecken und zur Aromatisierung der häuslichen Luft. **Saal VIII** zeigt kunstreich ornamentiertes Luxusgeschirr, teilweise aus bekannten Werkstätten Italiens. So steht das Zeichen T. S. I. für *Terra Sigillata Italica,* was auf die berühmten Werkstätten aus der Gegend von Arezzo hinweist. Ebenfalls in einer italienischen Werkstatt hergestellt wurde ein Tellerfragment, das im Relief die Geschichte von Amor und Psyche schildert (Mitte des 1. Jh. v. Chr.). Aus dem 1. Jh. n. Chr. stammen Keramiken aus Südfrankreich, das von Cäsar erobert worden war und wo nun von den Römern hergerichtete Handwerksstätten im großen Stil produzierten und mit ihren Waren Handel bis nach Mérida trieben. Seit der Mitte des 1. Jh. begann die Produktion von *Terra Sigillata Hispanica (T. S. H.),* Keramik aus Spanien; sie dauerte bis ins 5. Jh. an. Zentrum der Keramikproduktion war das Ebrobecken. Kleine, vor allem weibliche Votivfiguren aus dem 1. und 2. Jh. sind zumeist in Werkstätten von Mérida entstanden. Die tönernen Kleingötter waren ursprünglich bemalt.

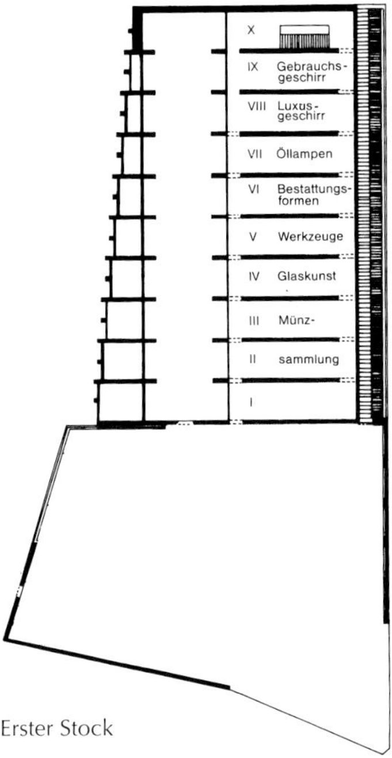

Erster Stock

Ein kleines, aber reiches Gestaltungsfeld boten die in **Saal VII** ausgestellten Öllämpchen aus gebranntem Ton, auf denen Porträts oder ganze Figuren im Relief dargestellt sind.

Die Öllämpchen dienten sowohl religiösen Zwecken wie der häuslichen Beleuchtung. Die Entwicklung ihrer Grundform kann man an den ausgestellten Objekten in einer Vitrine gut verfolgen: Aus dem 1. Jh. n. Chr. stammen die Lämpchen, die wie Delphine geformt sind. Im 2. Jh. heben sich die schneckenförmigen Formen heraus, im 3. Jh. die Diskusform und differenzierte Einritzungen bis hin zur Dekoration zu Beginn des 4. Jh., die vom Christentum inspiriert ist. Eine äußerst seltene Lampe zeigt vier Spitzen. Sie stammt aus späterer Zeit, wie auch jene Henkelfragmente, die Tierköpfe darstellen.

Weitere Sammlungen bestehen aus afrikanischer, italienischer und einheimischer Keramik aus dem 1. und 2. Jh. n. Chr.

Eine weitere Vitrine zeigt die Vielzahl der Motive, mit denen die Oberfläche der Lampen geschmückt war, vor allem mythologische Themen: Figuren aus der griechischen und östlichen Götterwelt, Jagdszenen, erotische Darstellungen, Pflanzen und Tiere.

In **Saal IV** sind Glasarbeiten von erstaunlicher Güte ausgestellt. Glasprodukte kannte man seit 1500 v. Chr., aber es dauerte noch lange, bis man eine Technik entwickelte, die hohe Kunstfertigkeit mit fabrikmäßiger Herstellung verbinden konnte. In der Zeit des Augustus wanderten syrische Glasbläser, die Spezialisten jener Zeit, zunächst nach Rom aus, später auch in die entfernte Provinz Lusitania mit ihrer Hauptstadt Mérida.

Eine Vitrine zeigt das Handwerkszeug der Glasbläser und Exponate aus Glaskunst-Werkstätten Méridas.

Einzelne vollständig erhaltene Glasarbeiten gehören zu den besonders seltenen Schätzen des Museums: eine Trinkschale aus dem 1.

Jh., eine mit geometrischen Mustern versehene, gehenkelte Schale aus dem 4. Jh. und ein zweikegeliger Napf mit einem schlangenförmigen Griff, für den man im gesamten ehemaligen Römischen Reich nur noch ein vergleichbares Objekt in Rumänien gefunden hat (Mitte des 1. Jh., aus Syrien stammend).

Die Säle III und II beherbergen eine reiche Münzsammlung, zum großen Teil aus den Werkstätten Méridas mit zahlreichen Architektur-Abbildungen und Kaiserporträts. Pult Nr. 1 zeigt die ältesten in Mérida hergestellten Silbermünzen (Konsular-Dinare). Die sogenannten spanisch-römischen Prägungen wurden mit Erlaubnis der Zentralregierung in den Hauptstädten der Provinzen hergestellt und dienten auch als eine Art Propaganda für die neuen römischen Wohnsitze.

Die Pulte 2 bis 6 enthalten in chronologischer Folge Münzen aus dem 1. bis 4. Jh., die von der römischen Zentrale ausgegeben wurden. Ihnen sind die bekannten Namen der römischen Kaiser aus jener Epoche aufgeprägt. Das höchste Niveau der Prägekunst wurde in der Zeit Trajans und Hadrians erreicht. Beide spanisch-stämmigen Kaiser sind auf Münzen porträtiert; Inschriften erinnern an ihre militärischen Siege in Germanien und Dalmatien. Pult 3 versammelt Münzen aus zwei Kaiserdynastien: Antoninos (138–192) und Severus (193–235), Pult 4 vom letzten Sproß der Severus-Familie, Alexander. In der Sammlung auf Pult 5 kann man die Auswirkungen der ökonomischen Krise im 3. Jh. an den Münzen selbst erkennen, denen minderwertiges Metall beigemischt wurde. Andererseits erreichten durch die Währungsreform Diokletians im Jahre 305 neue großformatige Bronzemünzen den Markt.

An Pult 6 kann man nachvollziehen, daß die Währungsreform Diokletians nicht durchschlug und von seinen Nachfolgern in der konstantinischen Dynastie minderwertige kleine Bronzemünzen in Umlauf gebracht wurden. Ausdrucksvolle Porträts verschwinden zugunsten schematischer Darstellungen. Mythologische Themen werden durch christliche Motive ersetzt oder spielen auf militärische Siege gegen die ›Barbaren‹ an.

Saal II zeigt Produkte der Münze in Mérida, beginnend mit der Gründung der Stadt 25 v. Chr. Caesar Augustus ist das Hauptmotiv, im Profil von rechts oder links, außerdem sehr häufig der ummauerte Torbogen der Stadt.

Im **zweiten Stock** des Museums informiert **Saal I** über die städtische Verwaltung Méridas. Die erste städtebauliche Maßnahme diente der Wasserversorgung. So stand der Bau der Staumauern an den stadtnahen Seen und der Aquädukte zur Versorgung mit Wasser an erster Stelle der öffentlichen Bauten. Das letzte Ausstellungsstück in diesem Saal bildet das reich dekorierte Mosaik aus der römischen Villa

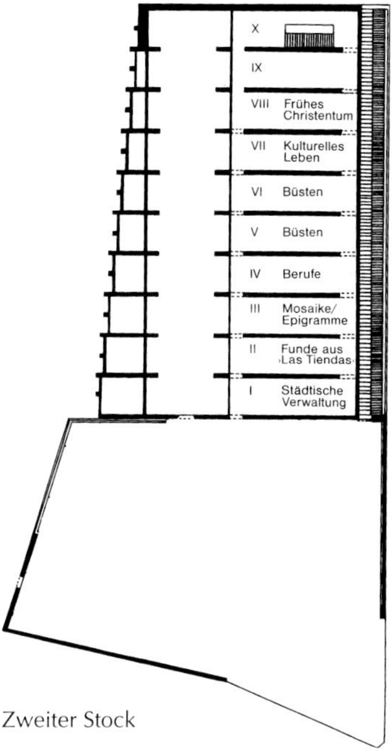

Zweiter Stock

›Las Tiendas‹, das wir schon vom Erdgeschoß aus in Augenschein nehmen konnten.

Saal II zeigt weitere Mosaiken und Reliefs aus ›Las Tiendas‹, der Wohnstätte eines Latifundienbesitzers. Das kolonisierte Land lag in den Händen nur weniger Familien. Insgesamt waren mehr als 20 000 km^2 landwirtschaftlich genutztes Gebiet.

Eine Familie, der neben der Landvilla normalerweise noch ein Stadthaus gehörte, besaß in der Regel einige 100 ha Landes. Landwirtschaftliche Produkte waren vor allem Getreide, Wein und Öl. Man sieht große tönerne Aufbewahrungsgefäße und Amphoren zum Transport von Wein.

Seit ihrer Gründung war Mérida eine ›internationale‹ Stadt. Nicht nur die römischen Veteranen, für die die Stadt gebaut wurde und die hier ansässig wurden, waren Emigranten. Die neue Metropole lockte auch Händler aus Palästina, Syrien und Marokko an, die in Mérida ihren Wohnsitz nahmen. Die Namen auf den in **Saal III** ausgestellten Mosaiken und Epigrammen dokumentieren dies ebenso wie die Zeugnisse von Bewohnern, die in andere entfernte Gegenden des Römischen Reichs wegzogen – nach Köln, nach Karthago oder nach Chester (Großbritannien).

Saal IV ist den Berufen der Kolonie gewidmet, häufig auf Grabsteinen dokumentiert. In einer Stadt der Veteranen war dies natürlich zumeist der Soldatenberuf. Ein Grabrelief zeigt den Schankwirt bei der Arbeit. Außerdem kann man das komplette Instrumentarium eines römischen Chirurgen besichtigen.

Saal V und VI beherbergen römische Porträtbüsten. Handelte es sich in Saal II des Erdgeschosses um Mitglieder der kaiserlichen Familie, so werden im Unterschied dazu hier die Bildnisse bürgerlicher Personen ausgestellt, in Saal V zahlreiche Frauenporträts, außerdem eine völlig erhaltene Frauenfigur. Die Büsten – manche von ihnen Meisterwerke des römischen

Realismus und psychologischer Darstellungskunst – sind in chronologischer Reihenfolge aufgestellt, beginnend mit dem 1. Jh. v. Chr.

Saal VI zeigt Männerköpfe. Ebenso wie für die Reihe der Frauenporträts gilt auch hier, daß der eindrucksvolle harte Realismus der frühen Jahre in den Werken der späteren Jahrhunderte gemildert wird. Weiche Linienführung löst die aggressive Kontur ab.

Saal VII exponiert Objekte verschiedenster Art, die auf das kulturelle und künstlerische Leben in Augusta Emerita anspielen: Musen und Philosophen, auf Grabsteinen und einem Mosaik (»Sieben griechische Philosophen«) dargestellt.

Saal VIII bildet den Abschluß des Rundgangs durch das Museum. Die ersten schriftlichen Spuren einer christlichen Gemeinde in Augusta Emerita stammen aus dem 3. Jh., der Zeit der Verfolgung durch Diokletian. Im Zentrum steht das Martyrium der Heiligen Eulalia, die zur Stadtheiligen der frühchristlichen Gemeinde wurde.

Zwei große Mosaiken aus dem 4. Jh. verknüpfen die römischen Wagenrennen mit dem Triumph des Christentums. Mit der Peitsche in der einen, dem Palmenzweig zum Zeichen des Sieges in der anderen Hand, begegnen uns der Heilige Marcian und der Heilige Paulus als Lenker einer Quadriga.

Im Museum sahen wir die Skulpturen, die dem Mithras-Kult dienten. Wir wissen, daß es in Mérida nicht nur für die römischen Götter Tempel gab, sondern auch für zahlreiche andere, die aus dem Orient stammten. Auf dem Ausgrabungsgelände im Süden der Stadt vermutet man eine ganze Reihe von Tempeln, die Mithras geweiht gewesen sein sollen. Bisher aber ist nur wenig ausgegraben worden, was dies bestätigt. Hingegen hat man 1964 eher zufällig bei Grabungen im eingezäunten Gelände nahe der Stierkampfarena eine römische Villa entdeckt und freigelegt. Sie wurde **›Casa del Mitraeo‹** genannt, ohne daß ein direkter Bezug zum Mithras-Kult bestünde.

Frauenkopf, 2 Jh. n. Chr.

Im Mittelpunkt des Hauses befindet sich ein Atrium. Säulen umgeben ein Wasserbecken. Die Fußböden der angrenzenden Räume sind zumeist von geometrischen Mosaiken bedeckt. In einem von ihnen ist in die Mitte wie ein Medaillon die Darstellung des geflügelten Eros mit einer Taube eingefügt. Besonders interessant und ästhetisch reizvoll ist ein **überdachtes großes Fußbodenmosaik**, das den Kosmos in allegorischen Figuren darstellt. Sie sind in ihrer Bewegung, in den Schattierungen und Farbnuancen ihrer zumeist nackten menschlichen Körper von schillernder Ausdruckskraft; die gezeigten Szenen stecken voller Ironie und Bedeutung. In sich versunken, den Betrachter anblickend, ihren Partner musternd, ergreifend, begehrend – eine Vielzahl an Beziehungen enthält dieses kosmische Verwirrspiel. Ins Bild eingefügte lateinische Bezeichnungen kennzeichnen die jeweilige allegorische Figur. Der Mond kehrt uns seinen geschwungenen Rücken zu, das Gesicht hat er der Mondsichel zugewandt. Die Sonne mit einem Strahlenkranz um den Kopf blickt uns offen an. Das bärtige *chaos* hält sich lächelnd im Hintergrund. Die großen Flüsse Nil und Euphrat treten ebenso als mächtige Figuren auf wie die Jahreszeiten und wie Blitz und Donner. Der Wind Zephir trifft auf den Nebel, der ihn umhüllt. Die Wolke *(NVBS)* als wohlgestaltete Frau wird vom Wind *(NOTUS)* um die Hüfte gefaßt und weggetragen. Der Schnee schläft als weißes Mädchen in den Armen des Berges. Ein erstaunlicher Bildteppich, auf dem mittels Poesie und Witz kosmische Gewalt und Größe menschliche Gestalt angenommen haben.

Wir setzen unsern Spaziergang fort, indem wir uns Richtung Norden wenden, und entweder die

Der Hl. Marcian lenkt eine Quadriga

Calle Oviedo oder Calle Calderón de la Barca in Richtung Innenstadt entlanggehen, um kurz vor der Plaza de España rechts in die Calle Sagasta einzubiegen. Nach wenigen Metern stoßen wir linker Hand in der Calle Santa Catalina auf den **Diana-Tempel** mit jeweils sechs Säulen in der vorderen Doppelreihe und elf zum großen Teil erhaltenen Säulen an den Seiten. Der Tempel ist 32 m lang, die Säulen ragen über 10 m hoch. Seit 1972 hat man ihn gründlich restauriert. Ehemals war er in die Wände eines Adelspalastes eingemauert, aus dem man ihn nun wieder herausgeschält hat. An einem seitlichen Säulenzwischenraum hat man einen Teil der Renaissancefassade des Gebäudes, das den Tempel gewissermaßen in seinen eigenen Mauern konserviert hat, stehenlassen. Ob dieser Tempel tatsächlich der Jagdgöttin Diana geweiht war, weiß man nicht sicher.

Nur wenige Schritte vom Diana-Tempel entfernt befand sich das städtische **Forum**, wo man mit Ausgrabungen begonnen hat und inzwischen dabei ist, den wichtigen Platz zu rekonstruieren. Es zeigt sich hier auch deutlich die Problematik dieses Engagements für die Bewohner Méridas. Sie leben und wohnen auf dem Grund der ehemaligen römischen Stadt. Wollte man alles ausgraben, müßte man sie verjagen.

Oficina de Información Turística: Calle Pedro María Plano, direkt

›Haus des Schinkens‹

neben dem römischen Theater, ✆ 9 24-31 53 53

Züge: RENFE, Calle Cardero, ✆ 9 24-31 81 09; Zugverbindungen nach Badajoz, Zafra, Villanueva de la Serena, Cáceres, Plasencia, Salamanca, Madrid, Lissabon, Sevilla und Córdoba

Busse: Estación de Autobuses, Avenida de la Libertad, ✆ 9 24-37 14 04; Busse in alle Richtungen, Provinz und Langstrecke

Unterkünfte: **** Parador Vía de la Plata, Plaza de la Constitución 3, ✆ 9 24-31 38 00, DZ 16 000 Pst.; *** Emperatriz, Plaza de España 19, ✆ 9 24-31 31 11, DZ um 8000 Pst., zentral gelegen, Renaissancepalast aus dem 16. Jh.; ** Cervantes, Calle Camilo José Cela 8, ✆ 9 24-31 49 61, DZ 7000–8000 Pst.; Hostal Guadiana, Plaza de Santa Clara, ✆ 9 24-31 32 00

Campingplatz: Carretera NV Madrid-Portugal, Km. 336,6, ✆ 9 24 -30 34 53, 240 Pers., ganzjährig geöffnet

Restaurants: Restaurant im Parador (s. unter Unterkünfte), hervorragende landestypische Küche im ehemaligen Franziskanerkloster aus dem 16. Jh.; Nicolas, Felix Valverde Lillo 13, ✆ 9 24-31 96 10, zentral gelegen, Sonntagabend geschlossen; Rufino, Plaza de Santa Clara 2, ✆ 9 24-30 19 30, Familienbetrieb mit solider Küche, So geschlossen

Feste und Festivals: 15. Mai: Romería de San Isidro; Ende Juni–Anfang August: Festival des klassischen Theaters; 1.–5. September: Feria; 10. Dezember: Tag der Stadtpatronin, der Hl. Eulalia; Februar: Karneval

In der Umgebung von Mérida

Römische Stauseen: Embalse de Proserpina und Cornalvo

Mit einer Fahrt zum **Embalse de Proserpina** verbinden wir einen landschaftlich reizvollen Ausflug mit der Besichtigung historisch interessanter Bauwerke. Man nehme kurz hinter dem nördlichen Ausgang der Stadt die C 537 in Richtung Montijo. Nach wenigen 100 m biegt rechts eine kleine Straße zum See ab. Der Stausee, heute ein beliebter Badeplatz mit einfachen Bars und Restaurants am Rande, ist ein Werk der Römer. Von hier aus bezog der Aquädukt ›Los Milagros‹ sein Wasser. Der 426 m lange und 8 m hohe Staudamm aus schwarzem Granit ist 2000 Jahre alt. Hauptsächlich wurde das in der Umgebung in Kanälen aufgefangene Regenwasser hier gesammelt.

Den Namen ›Proserpina‹ erhielt der künstliche See erst im 19. Jh., als man eine Inschrift fand, aus der man schließen kann, daß hier ein Kult zu Ehren der Unterweltsgöttin stattfand. Der düstere Granit der Umgebung und das sich schwarz spiegelnde Wasser legen den Eingang zum Hades durchaus nahe. Dennoch sollte man das Badevergnügen nicht scheuen. An den Wochenenden wird es hier sehr lebendig, denn für die Bewohner Méridas gibt es keinen günstiger gelegenen Badeplatz als diesen.

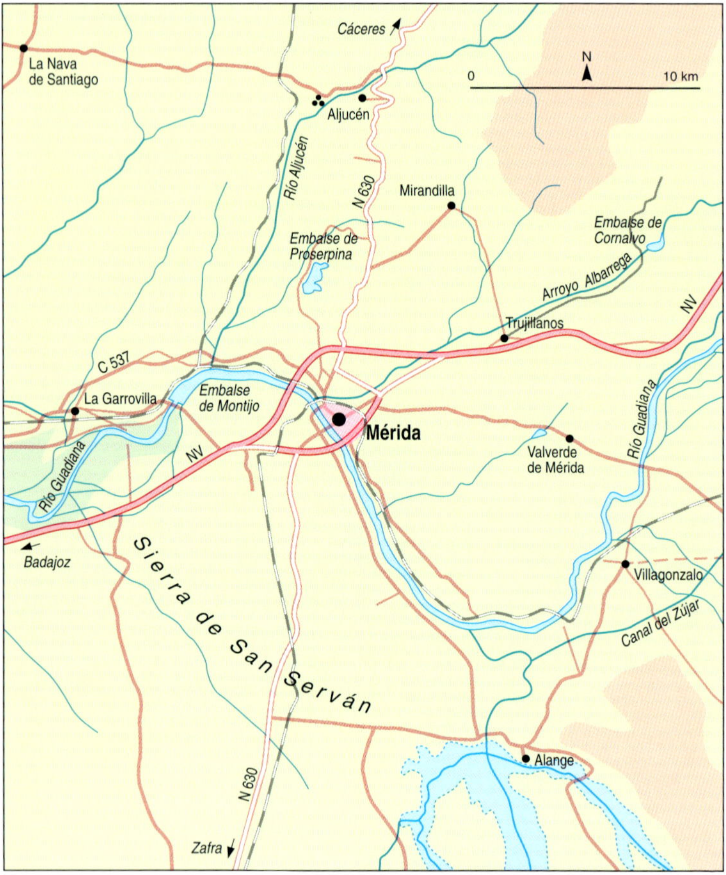

Umgebung von Mérida

Der ehemals wichtigste Wasserlieferant Méridas, der **Embalse de Cornalvo,** gehört seit wenigen Jahren zum – neben Monfragüe – zweiten Naturschutzgebiet der Extremadura. Man fahre von Mérida 7 km in östlicher Richtung (NV) bis Trujillanos und biege links ab in eine kleine Straße. Sie führt direkt bis zu einem Stauwehr bzw. noch einige Kilometer weiter bis zu einem zweiten Damm inmitten des Naturschutzgebiets, wo die Straße endet. (Auch hier befand sich ehemals ein römischer Damm und Wasserkanal).

Das Betreten des 12 000 ha großen Naturschutzgebiets erfordert die Genehmigung der Junta de Extremadura, einzuholen bei der Agencia de Medio Ambiente in Mérida. Baden und Angeln (mit eingeholter Erlaubnis) an der vom Damm aus gesehen linken Seeseite ist erlaubt; außerdem kann man unweit des Ufers auf einer Wiese picknicken.

Ohne weiteres möglich ist ein empfehlenswerter **Spaziergang um den See von Cornalvo** (ca. 1 Stunde). Man geht zunächst über den 220 m langen und 18 m hohen Damm und folgt dann dem Rundweg um den See. Der Damm ist fast 2000 Jahre alt und steht seit 1912 unter Denkmalschutz. Von einem 20 m hohen Turm, der im Wasser steht, wurde der Wasserstand reguliert. Über eine Brücke ist er mit dem Stauwehr verbunden. An der Basis des Turms befindet sich ein 25 m langer Abflußstollen aus Steinquadern, der durchs Wasser und die Staumauer hindurchführt. Dort war der Ausgangspunkt für den Aquädukt ›San Lazaro‹, der das Wasser über 15 km weit bis nach Mérida transportierte. Der See erfüllt seine alte Funktion bis heute, wenn auch nicht mehr für Mérida. Drei Dörfer der Umgebung werden noch mit seinem Wasser versorgt.

Rund um den See trifft man auf verschiedene Vegetationsformen. Auf granithaltigem oder Schieferboden wächst unterhalb der Stein- und Korkeichen mittelmeerisches Buschwerk, das ursprünglich den ganzen Süden Spaniens bis ins Zentrum hinein bedeckte, bevor das Land gerodet wurde, um Weideland zu schaffen. Neben Korkeichen gedeihen in Ufernähe Ulmen, Eschen und verschiedene Weidenarten. Im Frühjahr blühen Zistrosen in unterschiedlichen Farben; vor der dörrenden Sonne schützen sie ihre Blätter durch klebrige Öle. Auch Orchideen, Wolfsmilchgewächse, Oleander und rotes Heidekraut sind hier heimisch. Im See tummeln sich neun verschiedene Fischarten, darunter Black-Bass, Karpfen und der exklusiv im Cornalvo-See beheimatete Jarabugo. Fischotter finden hier reichlich Nahrung. Unter den Amphibien ist die Geburtshelferkröte bemerkenswert, die nur in der Extremadura existiert und in Cornalvo ihren größten Bestand hat. Im Naturschutzgebiet leben vom Aussterben bedrohte Wildkatzen.

Die Vogelwelt ist reich vertreten. Die umliegenden Wiesen dienen Kranichen als Winterquartier. Störche besiedeln die Baumkronen; Naturschützer mußten manche brüchigen Stämme zusätzlich stützen, damit sie nicht unter den bis zu 300 kg schweren Nestern zusammenbrechen. Unter den Raubvögeln ist der schwarze Milan besonders zahlreich vertreten; Kaiseradler, Schwarzstorch und Mönchsgeier leben hier in nur wenigen Paaren.

Etwa 30 km nordwestlich von Mérida steht inmitten von Korkeichen auf dem Prado de Lácara ein großes keltisches Steingrab: die **Dolmen von Lácara**. Man fahre 17 km nördlich (N 630) bis Aljucén, dann links die Landstraße in Richtung La Nava de Santiago.

Ein römisches Bad – Alange

18 km südlich von Mérida befand sich das antike römische Heilbad Alange in 345 m Höhe über dem Meeresspiegel. Auf dem Granitfelsen sieht man heute noch die Ruinen der alten Festung, die im 2. Jh. von den Römern erbaut worden war und im 9. Jh. von Berbern hartnäckig gegen die Truppen des Emirs von Córdoba verteidigt wurde. Neben einem 5 m hohen quadratischen Turm und einigen Mauerresten sind noch die Zisternen aus maurischen Zeiten zu erkennen.

Alange ist heute ein anerkanntes Heilbad. Die Kuranlagen stehen genau an der Stelle der alten römischen Thermen. Zwei römische Originalbäder sind erhalten geblieben und in den Betrieb integriert worden. Im zentralen Innenhof des Badehauses steht ein am Ort gefundener beschrifteter Stein aus dem 3. Jh. Er ist der Göttin Juno geweiht, zum Dank für die Heilung einer jungen Römerin durch das Wasser von Alange.

1826 wurde anstelle des römischen Bades eine moderne Anlage erbaut. Inzwischen gibt es neben 26 Einzelbädern 8 Schwimmbäder. Heilende Wirkung hat die natürliche Radioaktivität und chemische Zusammensetzung des Wassers auf Erkrankungen des Nervensystems, des Bewegungsapparats, der Atmung, des Kreislaufs, auf Allergien sowie spezielle Frauenbeschwerden.

Unterhalb der steil ansteigenden Straßen liegt das Ufer eines vor wenigen Jahren entstandenen dreiarmigen und langgezogenen Stausees. Direkt am Ort bestehen bescheidene Bade- und Wassersportmöglichkeiten.

Busse: Vom Busbahnhof in der Avenida de la Libertad in Mérida fahren Busse mehrmals täglich nach *Alange*.

Unterkünfte: *Alange:* ** Varinia Serena, Calle Baños 63, ✆ 9 24-36 53 05, DZ 6000–7000 Pst.; * Macías, Avda. de Juan Carlos I. 11, ✆ 9 24-36 50 11, DZ 8000 Pst., Hotel in historischem Gebäude und malerischer Lage; Hostal La Cordobesa, Calle Nueva 8, ✆ 9 24-36 53 23, DZ 3570 Pst.

Camingplatz: *Lago de Proserpina:* kleiner Campingplatz direkt am See, ✆ 9 24-31 32 36, 90 Pers., geöffnet vom 1. 5.–15. 9.

Naturschutzgebiet: *Cornalvo:* Erlaubnis für das Betreten des Naturschutzgebietes außerhalb der unmittelbaren Umgebung des Stausees erhält man in Mérida bei der Junta de Extremadura, Agencia de Medio Ambiente, Calle Santa Eulália 30, ✆ 9 24-38 54 11.

Stadt der Reconquista – Cáceres

Cáceres ist die Hauptstadt der gleichnamigen Nordprovinz von Extremadura und zählt ca. 70 000 Einwohner. Gegenüber dem hektisch-modernen Badajoz, dem verträumten Trujillo und dem kleinstädtisch-verschlafenen Mérida scheint Cáceres die lebendigste Stadt der Extremadura zu sein. Ein großzügig angelegter *paseo* in der Innenstadt zeigt die selbstbewußte Modernität einer großen Stadt mit emsiger Geschäftswelt. Die zahlreichen Studenten auf den Straßen verbreiten eine Atmosphäre regen geistigen Lebens. An der Nahtstelle zwischen Moderne und Mittelalter, zugleich dem Zentrum der Stadt, auf der Plaza Mayor, stehen wir einer andern Welt direkt gegenüber und wähnen uns in alten Tagen, von 15 Türmen umgeben, im Innern strenge Wehrbauten, hochgereckte Kirchenspitzen und stolze Stadtpaläste, von engen Gassen durchschnitten und gelichtet von zahlreichen Plätzen, auf deren Pflaster die berittenen Krieger der Reconquista besser vorstellbar sind als in jeder Theaterkulisse – das ist der besondere Reiz von Cáceres.

Cáceres ist beides: lebendige Gegenwart des modernen Spaniens und konserviertes Mittelalter der Reconquista. Den Reiz dieses Kontrasts erfährt der Besucher unmittelbar im Nebeneinander der unterschiedlichen städtebaulichen Formen. Dabei stellen auch die sozialen Welten der Vergangenheit im farblichen Kontrast ihre Eigenheit deutlich zur Schau: die Welt des Adels mit ihren strengen, wehrhaften Fassaden in der Farbe des Steins, die Welt der kleinen Leute, der Handwerker und Händler, die außerhalb der ummauerten Ritterstadt ihr Quartier hatten, in traditionellem Weiß.

Bester Ausgangspunkt für eine Besichtigung ist die **Plaza Mayor**, der großzügig geschnittene, an drei Seiten von Arkaden gesäumte Hauptplatz der Stadt. Die Plaza war Marktplatz und Festplatz, Austragungsort für Stierkämpfe, Schauplatz für Prozessionen und festliche Theaterspiele. 1577 errichtete man die Arkadengänge, im 18. Jh. wurden den Fenstern in den Obergeschossen Balkone angehängt, die man anläßlich öffentlicher Veranstaltungen mieten konnte. Auch heute ist die Plaza Treff- und Sammelpunkt, sowie Ausgangspunkt für den Weg ins Geschäftsviertel, in die Bars und Restaurants – und in die monumentale Altstadt, die seit 1986 unter dem Schutz der UNESCO steht. Eine Längsseite des Platzes wird von der Stadtmauer, den Türmen und Toren der Altstadt von Cáceres eingenommen.

Geschichte

Auf der Spitze des Altstadtgeländes, das sich den Hügel hinaufzieht, hatte sich eine kelto-iberi-

sche Festung befunden, als etwa im Jahre 30 v. Chr. die Römer hier ihr *Norba Caesarina* gründeten, nahe einem älteren und früh aufgegebenen militärischen Stützpunkt namens *Castra Caecilia*, das schon 79/78 v. Chr. in der Nähe gegründet worden war (heute an der Landstraße nach Torrejón el Rubio). Aus einem Ort, wo die Fruchtbarkeitsgöttin Ceres verehrt wurde, entstand schließlich die Stadt Cáceres.

Im 6. Jh. wurde das römische Cáceres ebenso wie Mérida im Krieg zwischen den Westgotenführern Leovilgildo und Hermenegildo weitgehend zerstört. Als 130 Jahre später die Mauren das Land besiedelten, spielte daher Cáceres zu-

Plaza Mayor

nächst kaum eine Rolle. Dies änderte sich erst durch die Almoraviden aus Marokko, die zu Beginn des 12. Jh. der schwindenden Macht des Islam in Spanien und den aus dem Norden drohenden Christen neue Befestigungen entgegensetzten. Sie errichteten auf den römischen Fundamenten der alten Stadtmauern ihre heute noch mächtigen Lehmmauern und Türme und gründeten Cáceres neu, das sie *Qazris* nannten und das der heutigen Ausdehnung der Altstadt entsprach. Es dauerte nicht lange, bis die begehrlichen christlichen Ritter aus dem Norden den Angriff wagten. 1166 gelang die erste christliche Eroberung, 1170 die zweite unter dem König Fernando II. von León. Hierbei tat sich eine Gruppe von Rittern besonders hervor, die sich fortan ›Brüder von Cáceres‹ nannte und sich sowohl als Mönche wie als Krieger verstand. Die ›Brüder‹ machten Santiago zu ihrem Schutzheiligen, nahmen das Schwert als Emblem und begründeten in Cáceres den Santiago-Ritterorden.

1173 berannten die überlegenen Almohaden die Stadt der Santiago-Ritter und brachten Cáceres für einige Jahrzehnte wieder in islamische Hand. Die Almohaden verstärkten die durch die Almoraviden errichteten Befestigungen. Die starken arabischen Stadtmauern, wie sie noch heute die Altstadt sichtbar umgrenzen, stammen weitgehend aus der Zeit der Almohadenherrschaft. 1229, am 23. April, dem Vorabend des Heiligen Georg und Feiertag des heutigen Cáceres, zog schließlich König Alfons IX. von León in die Stadt ein und verhalf damit der Reconquista in Cáceres endgültig zum Sieg.

Spaziergang durch die Altstadt

Ausgangspunkt ist die Plaza Mayor, deren eine Längsseite durch die alte Stadtmauer begrenzt ist. Ihr sind einige Wehrtürme vorgelagert, darunter das heutige Wahrzeichen der Stadt – die **Torre de Bujaco**, die zu den ältesten Türmen gehört. Als die Almoraviden 1173 Cáceres stürmten, war dieser Turm die letzte Bastion der Santiago-Ritter, die nach ihrer Gefangennahme hingerichtet wurden. Anführer der Almoraviden war Abu Yacub. Von ihm hat der Turm seinen Namen.

Der mächtige Turm steht auf römischen Fundamenten, ist aus Bruchsteinen erbaut, wie alle maurischen Türme rechteckig und an den Kanten durch Granitsteine verstärkt. Auf seiner Plattform befinden sich Schießscharten und von Pyramiden gekrönte Mauerzacken. Der Turm erlebte zahlreiche Umbauten, bevor 1963 seine ursprüngliche Gestalt restauriert wurde. Die Turmausladung ist neueren Datums.

Neben der Torre de Bujaco befindet sich die **Ermita de la Paz**, eine Friedenskapelle aus dem 18. Jh. Wir gehen die Treppe hinauf (rechts davon befindet sich das Tourismusbüro) durch das **Stadttor ›Arco de la Estrella‹** (Sternbogen) hindurch, das 1726 von Churriguera entworfen wurde. Es sollte für die Durchfahrt von Fuhrwerken zum nahegelegenen Palast der Toledo-Moctezuma Platz schaffen.

Palacio de los Moctezuma

Ein Wappen vereinigt das Kastell von Kastilien und den Löwen von León mit dem Waffenwappen der Stadt Cáceres.

Links hinter dem Eingangsbogen führt der Weg zum großzügig angelegten **Palacio de los Toledo-Moctezuma**, der aus dem 16. Jh. stammt. Der exotische Name des letzten Aztekenherrschers Moctezuma weckt Neugier auf den Begründer dieses Hauses. Tatsächlich war der Großvater des Erbauers Soldat und Eroberer Mexikos unter

Hernán Cortés gewesen und hatte die Prinzessin Tecuixpo Ixlaxochtl, Tochter Moctezumas II., geheiratet. In Juan Cano de Saavedra y Moctezuma, dem Gründer des Palastes, floß das Blut der spanischen Konquistadoren und der Aztekenherrscher zusammen (heute staatliches Archiv und Ausstellungsräume).

Im Innern des Gebäudes, das einen schönen Renaissance-Innenhof besitzt, befinden sich zahlreiche Fresken. Neben römischen Imperatoren zeigen sie Porträts, die möglicherweise die königlichen Azteken-Vorfahren Mexikos darstellen sollen.

Gehen wir entlang der Stadtmauer weiter in Richtung Plaza Socorro, können wir Reste der römischen Grundmauer am Festungswall entdecken. An der **Torre de los Espaderos** biegen wir rechts in die Calle Tiendas. Sie führt zur Plaza Santa María, wo wir linker Hand auf den **Palast der Carvajal** stoßen.

Der Palast wurde in der zweiten Hälfte des 15. Jh. erbaut, brannte im vorigen Jahrhundert aus und wurde daher jahrzehntelang ›verbranntes Haus‹ genannt. Zwischen 1960 und 1970 wurde der Palast restauriert und ist seit 1985 Sitz der Tourismusbehörde. Zugleich dient er als Gästehaus der Stadt. Der Turm, der beim Bau des Palastes stehengelassen wurde, ist im 12. Jh. – an der Rundform erkennbar – von Christen erbaut worden.

Den Palast kann man besichtigen (tägl. 10–14 Uhr). Nur wenige Teile sind nach dem Brand gerettet

Arco de la Estrella

Cáceres

worden. Dazu gehört in der oberen Etage ein Zimmer mit Kamin, in dem sich jetzt eine Bibliothek befindet. Seine Holzdecke ist noch im Original erhalten. In den Fluren des ersten Stockwerks wechselt alle zwei Monate eine Bilderausstellung, die ihre Exponate aus dem Madrider Prado bezieht.

Trotz der nicht getreuen Innenausstattung ist der Besuch des Palastes empfehlenswert. Die Räume sind zwar heute durchweg im Stil des vergangenen Jahrhunderts eingerichtet, aber ihre Anlage gibt uns Auskunft über die Art des Wohnens in einem Stadtpalast aus dem 15. Jh. Wir treten zunächst in einen Vorraum, dann in den Innenhof. Von hier aus gelangt man in die oberen Räume und den Garten hinter dem Haus. Der Brunnen, den man jetzt im Garten vorfindet, stand ursprünglich in der Mitte des Innenhofes. In der oberen Etage des Innenhofes befanden sich Wasserspeier. Die Bepflasterung des Hofes war zur Mitte hin geneigt. Das Regenwasser floß ins Untergeschoß ab, wo es gesammelt wurde. Die Räume des Erdgeschosses galten dem geselligen Leben. Hier befanden sich Küche und Salon. Im oberen Stockwerk lag der Privatbereich mit Schlafräumen und Studierzimmer. Der in den Stadtpalast schon im 15. Jh. eingefügte, 300 Jahre ältere mittelalterliche **Rundturm** birgt ebenfalls verschiedene Räume. Der unterste Raum ist eine Privatkapelle mit Wandmalereien, die Szenen aus dem Leben Jesu darstellen. Überall im Haus begegnen wir neben dem Wappen von Kastilien (Kastell) und León (Löwe) dem Wappen der Carvajal-Familie

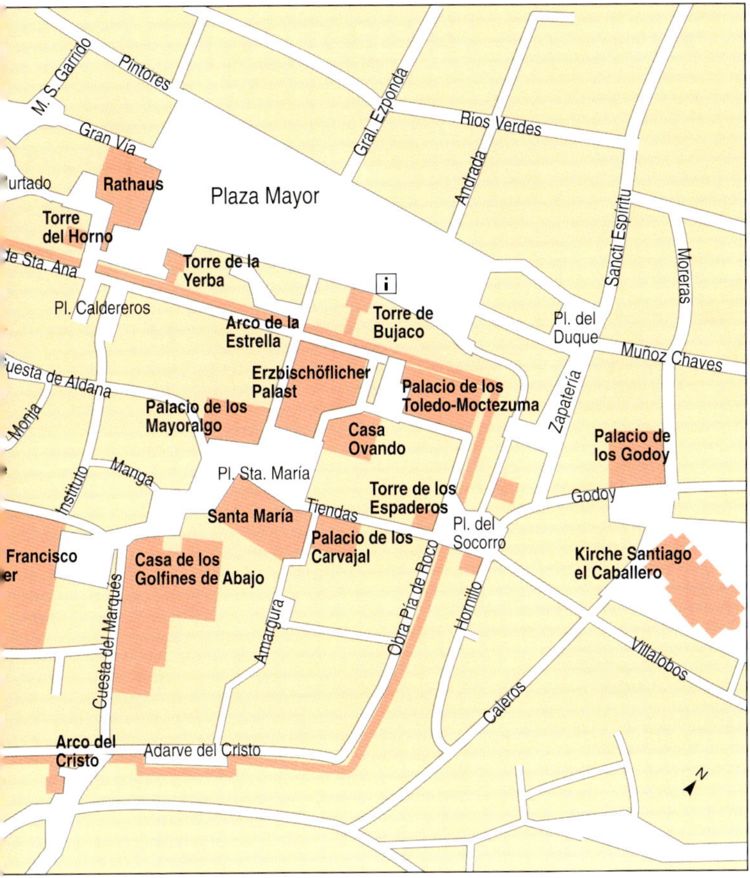

– besonders deutlich hier in der Kapelle und an der Eingangsfassade des Palastes.

Die Adelsfamilie, deren Namen in Cáceres heute weit verbreitet ist, stand im 14. Jh. im Streit mit König Fernando IV. Sie wurde des Mordes an einem Ritter und Freund des Königs beschuldigt. Zwei Brüder Carvajal wurden daraufhin zum Tode verurteilt. Sie beteuerten ihre Unschuld und sagten voraus, daß der König ihnen nach 30 Tagen in den Tod nachfolgen werde. Dies geschah tatsächlich, auf welche Weise auch immer. Jedenfalls nahm die

Familie Carvajal dieses ›Gottesurteil‹ als Unschuldsbeweis für ihre Angehörigen. Sie beschlossen zum Zeichen ewiger Trauer für die unschuldig Hingerichteten ihr Wappen mit einer roten und einer schwarzen Schärpe auf goldenem Grund zu schmücken, so geschehen im Jahr 1313.

Der Palast der Carvajal befindet sich unmittelbar an der Plaza Santa María, an die eine Vielzahl interessanter Stadtpaläste aus dem 16. Jh. grenzt. Mittelpunkt des Platzes ist die Kathedrale Santa María von Cáceres, genauer gesagt, die Kon-Kathedrale von Coria-Cáceres, zu der sie 1957 ernannt worden ist. Der eigentliche Bischofssitz der Region ist nämlich Coria, da aber Cáceres weltlicher Regierungssitz wurde, wollte auch die geistliche Macht nicht abseits stehen. Der Bischof selbst residierte lange vorher schon in Cáceres, auch wenn sein offizieller Sitz Coria war. Der **Bischofspalast**, ein Renaissancegebäude aus dem Jahre 1587, liegt gegenüber der Kirche.

Die **Kathedrale Santa María** wurde Ende des 13. Jh. gebaut, als der gotische Stil auch in Spanien nicht mehr unbekannt war. Dennoch handelt es sich hier um einen spätromanischen Bau mit nur wenigen dekorativen Anklängen an die himmelwärtsstrebende Gotik.

Der Turm der Kirche ist ein Werk der Renaissance, ebenso wie der Hauptaltar, der Mitte des 16. Jh. aus Zedernholz geschnitzt wurde. Seine Schöpfer sind unbekannte Künstler geblieben, auch wenn man ihre Namen weiß: Roque Balduque und Guillén Ferrant. Sie besaßen nicht einmal eine eigene Werkstatt, sondern mußten die einzelnen Teile des Altars an unterschiedlichen Orten fertigen. Es scheint auch ihr einziges großes Werk gewesen zu sein, auf jeden Fall ein Meisterwerk bildnerischer Schnitzkunst der Renaissance in Spanien.

Der Altar schildert auf drei Etagen über der untenstehenden Reihe von Aposteln die Geschichte Marias und die Passionsgeschichte, außerdem zeigt er den Heiligen Santiago, der als Schutzheiliger Spaniens zum Begründer des Ritterordens von Cáceres wurde, und den Schutzheiligen der Stadt, den ebenfalls streitbaren Heiligen Georg, zu dessen Ehrentag Cáceres von den Christen erobert worden war. Der Legende nach griff der Heilige Santiago in der Schlacht von Clavijo auf der Seite der Christen gegen die Mauren ein. Santiago wurde zum ›Maurentöter‹. Wir sehen seine Aktion auf der linken Bildtafel des ersten Geschosses. Auf der rechten Außenseite kämpft der Heilige Georg gegen den Drachen. In der Mitte halblinks wird die Hochzeit des Heiligen Joachim mit der Heiligen Anna geschildert, in der Mitte halbrechts die Geburt Marias. Das Stockwerk darüber zeigt von links nach rechts die Anbetung der Hirten, Mariä Verkündigung, Beschneidung Christi und die Heiligen Drei Könige.

Die obersten Bildtafeln sind der Passionsgeschichte gewidmet: Geißelung Christi, Sturz unter dem Kreuz auf der linken Altarhälfte, Kreuzabnahme und Auferstehung auf der rechten Seite.

Die Bildsprache ist je nach Thema der einzelnen Felder unterschiedlich und beweist das reiche Ausdrucksvermögen der Künstler: Die Schlachtszenen sind durch krassen Realismus gekennzeichnet, einfühlsam und sanft dagegen werden die Hochzeit von Joachim und Anna sowie Mariä Verkündigung dargestellt.

Alle Bildtafeln sind von Säulen seitlich und von Architraven horizontal voneinander getrennt. Der zwischen den Bildfeldern liegende Mittelteil durchbricht die strenge Gliederung durch übergreifende Bögen, die im Kontrast zum Gleichmaß der Seitenteile in aufsteigender Bewegung begriffen zu sein scheinen, die schließlich wie eine empordrängende Säule aus der architektonischen Ordnung ausbricht,

Blick auf den Turm der Kathedrale

in deren Mitte durchstößt und den gesamten Altarkörper überragend, schließlich von einem Tempeldach gekrönt wird, unter dem Maria zum Himmel fährt. Da die ruhige Epik der Bildtafeln und die horizontale Gliederung der Architektonik aber weiterhin den Eindruck des Ganzen prägen, wird auch der dramatische Höhendrang des schmalen Mittelfeldes im Gesamtbild wieder gemildert. Es bleibt der Eindruck eines befestigten und geordneten Weltgebäudes, durchwirkt von einer sanft aufsteigenden Bewegung.

An der Plaza Santa María neben dem Erzbischöflichen Palast gegenüber vom Eingang zur Kathedrale befindet sich die 1519 erbaute **Casa Ovando** mit platereskem Portal. Hernando de Ovando, Begründer des Hauses, war der Bruder des (nach Kolumbus) ersten Gouverneurs von Hispaniola (Haiti), der viele Extremeños dazu brachte, in die ›Neue Welt‹ zu ziehen. Die Insel Haiti war die erste spanische Kolonie in Amerika und Ausgangspunkt für alle weiteren Eroberungen, zunächst der Inseln, dann des Festlandes.

Der Casa Ovando gegenüber befindet sich der **Palacio de Mayoralgo**. Er gehörte einem der ältesten Adelsgeschlechter der Stadt, wurde im 14./15. Jh. erbaut und in den Jahren 1534/38 mit einer Fassade versehen. Die Grundform der durch eine Säule zweigeteilten zierlichen Fenster ist maurisch, die Verzierung gotisch und die Bögen typisch für die Renaissance. Während des Spanischen Bürgerkriegs wurde das Gebäude durch Bombenwürfe stark beschädigt und mußte restauriert werden. Daneben steht der kleine **Palast von Morarga** aus dem 16. Jh.

Wir gehen am Kirchturm von Santa María an der Skulptur des Heiligen Pedro von Alcántara vorbei und stoßen auf ein **ehemaliges Kloster**, heute Sitz der Provinzregierung, das seine Fassade, die in der Tat ›aufgesetzt‹ wirkt, erst 1965 bekommen hat. (Sie stammt aus dem im 18. Jh. aufgelösten Seminar der Jesuiten am Stadtrand.)

Nur wenige Schritte seitlich dahinter stoßen wir auf einen der bemerkenswertesten Adelspaläste von Cáceres. Es ist die **Casa de los Golfines de Abajo** an der Plazuela de San Jorge. *Abajo* heißt ›unten‹. Wir befinden uns im unteren Teil der Altstadt. Weiter oben liegt der Palacio de los Golfines de Arriba, Residenz einer andern Adelsfamilie gleichen Namens. (*Arriba* heißt oben und bezeichnet den Standort auf dem Ortshügel.)

Bemerkenswert ist die Casa de los Golfines de Abajo, weil sie mit ihren Türmen und hohen Mauern Ausdruck der alten Wehrhaftigkeit ist, die alle Gebäude der Altstadt noch zu Beginn des 15. Jh., Entstehungszeit dieses Gebäudes, als kleine Festungen erscheinen ließ. Damals kämpften die Familien untereinander. Über 30 Geschlechtertürme konnte man in der Stadt zählen, die Übersicht, Verteidigungsfähigkeit und damit Sicherheit voreinander gewährleisten sollten. Erst seit 1479, als auf Veranlassung von Isabella der Katholischen die Türme abgerissen werden mußten und der interne Streit der Parteien in der Stadt durch die erstarkte königliche Zentralgewalt geschlichtet wurde, wandelten sich die Festungen der Stadt zu Wohnhäusern, auf denen man nun auch nach außen hin, gemäß dem veränderten äußeren Betragen, diverse Verzierungen anbrachte. So wurden gegen Ende des 15. Jh. aus der Eingangsfront der Festung eine plateresk geschmückte Fassade und aus den Schießscharten der ›Golfines de Abajo‹ dekorative Verzierungen im isabellinischen Stil.

An der Plazuela de San Jorge

Die Namensgeschichte der Golfines mag ein weiteres Licht auf jenen ›Prozeß der Zivilisation‹ lenken, der uns heute den Adel als vornehm und edel denken läßt. *Golfo* heißt nichts anderes als ›Straßenräuber‹. So muß man sich wohl den Ursprung manchen Adels denken. Überraschend ist nur, daß dieser Name nicht durch einen andern ausgetauscht wurde, der die Herkunft sorgsam verschleierte. In der Frühzeit waren die Mitglieder dieser Familie, die eine Lilie in ihrem Wappen trugen, als Königstreue bekannt, die dafür belohnt wurden, daß sie Mordaufträge durchführten. Aus dem Clan der Straßenräuber wuchs schließlich in Gestalt des Sancho de Paredes Golfín Ende des 15. Jh. der Kammerherr der Katholischen Königin Isabella hervor. Er war in dieser Stellung der erste

Vertraute der Herrscherin über das vereinigte großmächtige Spanien.

Die Plazuela de San Jorge, benannt nach dem Schutzpatron der Stadt, dem Heiligen Georg, wird von der **Kirche San Francisco Javier** überragt und der **Residenz der Jesuiten**, die 1755 neben der Kirche eine Schule einrichteten. Die Jesuiten selbst hielten sich hier jedoch nur kurze Zeit auf. Zwölf Jahre später wurden sie von den Bourbonen des Landes verwiesen. Ihr Gebäude diente weiterhin als Unterrichtsanstalt. Heute ist darin ein Studentinnen-Wohnheim untergebracht. Die Residenz der Jesuiten aus der späten Barockzeit ist in ihrem schlichten Stil der strengen Umgebung gut angepaßt, ungewöhnlich für die Jesuiten, die Liebhaber üppiger Dekorationskunst waren. Wir finden diese dafür im Innern der Kirche.

Von der Plazuela de San Jorge führt links eine kleine Gasse hinunter zur Stadtmauer, die Calle Cuesta del Marqués, in die wir für einen kleinen Abstecher innerhalb des Stadtrundgangs einbiegen. Ziel ist das einzig erhaltene Tor aus Römerzeiten und das alte jüdische Viertel innerhalb der Ummauerung.

Auf dem Wege liegt ein winziges Privatmuseum, die **Casa Museo Arabe – Yusuf al-Burch**. Der jetzige Besitzer hat durch eigene Ausgrabungen in seinem Haus, durch Restauration und Rekonstruktion, durch brennende Kräuter, orientalische Vorhänge, Kissen und Dekoration versucht, die Atmosphäre eines ›arabischen‹ Hauses, das es wohl einmal war, für den Besucher wiederherzustellen.

Wir stoßen auf das römische Tor aus dem 1. Jh., **Arco del Cristo** genannt, und befinden uns im Stadtteil San Antonio, dem alten **Judenviertel** von Cáceres, in der dörflichen Enge weißgetünchter Häuser atmosphärisch deutlich abgegrenzt von den stolzen und abweisenden erdfarbenen Ritterresidenzen in der Nähe. An Stelle der **Kirche San Antonio** stand ehemals die Synagoge. Ein zweites neueres Judenviertel entstand außerhalb der Stadtmauern. 1492 wurden auf Druck des Großinquisitors und auf Anweisung der Katholischen Könige Isabella und Ferdinand alle Juden aus Spanien verjagt. 1200 Jahre lang war hier ihre Heimat gewesen.

Vom Judenviertel nahe der Stadtmauer schlagen wir den Weg wieder hügelaufwärts Richtung Zentrum ein, um kurz darauf zur Plaza de las Veletas zu gelangen, zum Platz der Windfahnen. Dort betreten wir in der **Casa de las Veletas** das **Archäologische Museum** von Cáceres, eingerichtet in einem Gebäude mit wechselvoller Geschichte. Hier stand einst das maurische Alcázar. 1477 entstand der jetzige Adelspalast, der im 18. Jh. umgebaut wurde. Seit den 20er Jahren unseres Jahrhunderts dient das Haus als Museum. 1976 ist es gründlich renoviert und neu eingerichtet worden.

Wasserspeicher, Casa de las Veletas

Das Kellergeschoß des Museums birgt eine der großen Attraktionen von Cáceres: den **Wasserspeicher** *(aljibe)* des Alcázar aus dem 12. Jh., eine weite, 13,4 × 9,9 m große Halle, die von den Almoraviden angelegt wurde und vollständig erhalten blieb. Auf vier Arkaden ruhen fünf Halbtonnengewölbe. Hufeisenbögen werden durch Säulen aus römischen Fundstätten gestützt; eine eckige Säule ist westgotischen Ursprungs. Das gesammelte Regenwasser wird durch eine 30 cm dicke Mörtelschicht gehalten. Zur Reinhaltung des Wassers benutzte man schwefelhaltige Stoffe, die die Verfärbung der Wände verursachten.

Im Erdgeschoß des Museums sind prähistorische Funde zu sehen, die ebenso wie die römischen Ausstellungsstücke aus Cáceres und der Umgebung stammen (vor allem aus Cáparra). Bemerkenswert ist die reiche Sammlung römischer Münzen.

Das obere Stockwerk zeigt Keramik, Webstühle, Spinnräder, traditionelle Werkzeuge und Trachten der Region (Di–So 9.30–14.30 Uhr, Mo geschlossen).

Gegenüber vom Museumsgebäude Casa de las Veletas steht die **Casa de la Cigüeña**, das ›Storchenhaus‹ (*cigüeña* = Storch). Es ist nicht das einzige in Cáceres, das Storchenfamilien beherbergt, aber es ist das einzige, das seinen Wehrturm behalten durfte, wie die Verfügung aus dem Jahre 1476 bestimmt, die den Abriß der Wehrtürme in Cáceres verordnete. Anhand dieses erhaltenen zinnenbewehrten Turms können wir uns ein Bild des frühen Cáceres mit seinen einstmals über 30 Wehrtürmen machen. Der Inhaber des Privilegs war ein hoher Offizier aus der Armee Isabellas der Katholischen mit Namen Ovando gewesen, der damals berühmt war und den Beinamen ›Capitán von Cáceres‹ trug. Heute ist in der Casa de la Cigüeña die oberste Militärbehörde der Provinz Cáceres untergebracht.

Hinter der Casa de la Cigüeña stoßen wir auf die **Plaza de San Mateo** mit der **Matthäus-Kirche** aus dem 16. Jh. und zwei sehenswerten Stadtpalästen. Rechts steht die **Casa del Sol** mit ihrem einprägsamen Sonnenwappen, dem Emblem der Familie der Solis. Darüber ist der Helm der Ordensritter von Alcántara erkennbar. Das Haus selbst, im 14. Jh. erbaut, war ursprünglich als Festung angelegt; im 15. Jh. wagte man die Auflockerung der festen Frontfassade durch den Anbau eines Balkons.

Einige Schritte weiter stoßen wir auf die **Casa de los Saavedra** aus dem 14. Jh. und die **Torre de la Plata**. Der Turm bekam statt seiner Zinnen, die abgeschlagen werden mußten, ein zusätzliches Stockwerk.

Wir überqueren die Plaza de San Mateo und biegen in die Calle San Pablo. Am Ende der Straße treffen wir auf den **Palacio de los Pereros** aus dem 15. und 16. Jh., der einen schönen Innenhof im Renaissancestil besitzt. Über dem für Cáceres typischen Portal aus Keilsteinen befindet sich zwischen den beiden Fenstern das Familienwappen: ein Birnbaum samt Wurzeln (heute Institut der Universität Cáceres).

Wir folgen ein kurzes Stück der Stadtmauer, um dann rechts in die Calle Ancha einzubiegen. Im alten **Palast der Torreorgaz** ist heute der Parador von Cáceres eingerichtet. Das renovierte Gebäude mit Innenhof und Garten ist ein vorzüglicher Aufenthaltsort für den Gast, der die mittelalterliche Atmosphäre der Ritterstadt mit den Annehmlichkeiten unserer Zeit genießen möchte.

Wir betreten wieder die Plaza de San Mateo, überqueren sie und gehen die Calle Orellana entlang bis zur Querstraße Cuesta de Aldana. Dort stoßen wir auf das einzige **Haus im Mudejar-Stil**. Das obere Stockwerk besteht aus Ziegeln und ist mit Kantstellungen dekoriert. Das arabische Ajimez-Fenster ist zwar als zweigliedrige Fensterform in der gesamten Altstadt von Cáceres verbreitet, nicht aber mit Bögen aus Ziegelstein. Das Mudejar-Haus stammt aus dem 14. Jh. Wir biegen links ab und stoßen nach wenigen Metern auf den **Palacio de los Golfines de Arriba**, der sich von den anderen Stadtpalästen besonders durch die Anzahl seiner fünf Türme unterscheidet. Eine Sondergenehmigung aus dem Jahre 1506 erlaubte sogar, daß ein Turm die Nachbarhäuser überragte. In diesem Haus residierten die Katholischen Könige Isabella und Ferdinand während ihrer Aufenthalte in Cáceres. In den ersten Tagen des Spanischen Bürgerkriegs befand sich in diesem Gebäude das Hauptquartier General Francos. Hier beschlossen die aufständischen Generäle, Franco zum Staatschef zu proklamieren. Und Franco selbst versprach vom Balkon aus der versammelten Menge die Wiedereinführung der Monarchie (woran er später als Diktator nicht mehr dachte).

Von der Plaza de Santa Ana aus sind die zahlreichen Türme zu erreichen, die zur Stadtbefestigung gehören und aus dem 12. Jh. stammen. Wir gehen durch einen Torbogen hindurch, der 1758 kunstvoll im Mudejar-Stil mit einem Ziegelsteingewölbe rekonstruiert worden ist. Wir befinden uns jetzt außerhalb der Stadtmauer und können uns einige Türme aus der Nähe ansehen. Die **Torre del Postigo**, auf kelto-iberischen Burgruinen erbaut, zeigt unterhalb der almohadischen Lehmmauern römische Quadersteine.

Zwischen der **Torre del Horno** und der **Torre de la Yerba** in Richtung Plaza Mayor befand sich seit dem 14. Jh. ein **Forum** der Stadt Cáceres. Hier pflegte man sich zu versammeln, um Belange der Stadt zu erörtern oder öffentlich Gericht zu halten.

Später stand hier das Rathaus und danach ein Marktgebäude. 1930 sprengte man mit ihm auch Teile der Stadtmauer, um Platz für eine große Markthalle zu schaffen. Diese wurde 1970 ihrerseits abgerissen. Man rekonstruierte den Foro de los Balbos mitsamt der Stadtmauer neu als offenen Platz und schmückte ihn mit einer Viehtränke aus dem Jahre 1577 (mit dem Wappen Philipps II.) und einer marmornen Ceres-Figur, die im linken Arm ein Füllhorn hält. Gegenüber steht das **Rathaus von Cáceres** aus dem Jahre 1869. Es bildet eine Front zur Plaza Mayor.

Auf der Plaza Mayor und in ihren Nebenstraßen entdecken wir genügend Beispiele dafür, daß nicht nur innerhalb der Ummauerung eine interessante Architektur zu finden ist.

Ein kleiner abschließender Spaziergang sollte uns über die Plaza Mayor noch zum sehenswerten Palacio Godoy führen.

Außerhalb der Stadtmauern

Wir gehen nach rechts zur Plaza del Duque mit dem **Palacio del Duque de Abrantes** und dann durch das ›Zapatería‹ genannte alte Handwerkerviertel, wo die Schuhmacher (span. *zapatero*) lebten und arbeiteten.

Von der Zapatería biegt links die Calle Godoy ab, nach jenem Francisco de Godoy benannt, dessen Palast aus dem 16. Jh. sich hier befindet. Francisco de Godoy war einer jener legendären Eroberer Amerikas, die als reiche Männer in ihre Heimat zurückkehrten, um dort das Leben eines Edelmannes zu führen und ein großes Haus zu bauen. Godoy war sowohl Mitkämpfer von Francisco Pizarro gewesen wie von dessen späterem Widersacher Almagro, den Hernando Pizarro, verräterischer Bruder und Schwiegersohn Francisco Pizarros, töten ließ (um dafür später 20 Jahre lang in spanischer Festungshaft zu sitzen) und dessen Leute wiederum Francisco Pizarro in Lima ermordeten. Francisco de Godoy war einer der wenigen, die in diesem mörderischen Konflikt innerhalb der Konquistadorenschar nicht nur mit dem Leben davonkamen, sondern es auch zu Wohlstand brachte. 1549, nach seiner Rückkehr aus Peru, ließ er den **Palacio de Godoy** bauen, der zu den prachtvollsten von Cáceres gehört. Bemerkenswert ist der Eckbalkon im manieristischen Stil, geschmückt mit pausbäckigen Engeln und mythologischen Figuren. Im Innern befindet sich einer der schönsten Renaissancehöfe von Cáceres (heute Kultur- und Bildungsbehörde).

Schräg gegenüber vom Palacio de Godoy erhebt sich auf der Plaza Santiago die Kirche **Santiago de los Caballeros**. Sie wurde zwischen 1546 und 1570 an Stelle einer Kirche aus dem 12. Jh. erbaut, deren Spuren an eingemauerten Bögen an der Außenwand, an den Portalen und unteren Mauerteilen noch erkennbar sind.

1557 beauftragte man den berühmten Bildhauer Alonso de Berruguete, dessen Meisterwerke im Chor der Kathedrale von Toledo zu bewundern sind, mit der Schaffung eines Flügelaltars in der Capilla Mayor. Berruguete starb vier Jahre später, ohne das Werk vollendet zu haben. Dennoch ist es, trotz deutlicher Unterschiede in der künstlerischen Qualität der geschnitzten Bildtafeln, zumindest eine sehenswerte Arbeit seiner Werkstatt. Aus Berruguetes Meisterhand stammen wahrscheinlich die linke untere Bildtafel, die die Heiligen Drei Könige zeigt, und die rechte untere, die die Stigmatisierung des Heiligen Franziskus darstellt. Die übrigen Bildtafeln, einschließlich der mittleren mit dem Heiligen Santiago, der als Ritter in die Schlacht gegen die Mauren eingreift, haben nicht jene mitreißende Dynamik und den lebendigen körperhaften Ausdruck, die die Werke des Michelangelo-Schülers Berruguete kennzeichnen.

Von der Plaza Santiago gehe man weiter die Calle de Caleros (Kalkbrennerstraße) entlang oder die Calle de Villalobos. Beide Straßen bewahren noch die Atmosphäre des alten Handwerkerviertels, das sich einst unterhalb der Stadtmauern von Cáceres erstreckte.

Auf den großzügig mit Blumen und Bäumen geschmückten Paseo der Neustadt von Cáceres gelangen wir, wenn wir uns in entgegengesetzter Richtung zur Plaza Mayor zurückbewegen, durch die Fußgängerzone der Calle de Los Pintores (Malergasse) hindurchschlendern, um dann auf die Calle San

Pedro zu stoßen, die zum Paseo führt.

Oficina de Información Turística: Plaza Mayor 30, ✆ 9 27-24 63 47 und Palacio de los Carvajal, Calle Amargura 1, ✆ 9 27-25 55 97

Züge: RENFE, Avda. de Alemania, ✆ 9 27-23 50 61; Zugverbindungen nach Lissabon, Madrid, Salamanca, Plasencia, Badajoz, Mérida, Córdoba und Sevilla

Busse: Busbahnhof an der Carretera Gijón-Sevilla, ✆ 927–24 59 50 oder 24 59 54; Busse in alle Richtungen, Provinz und Langstrecke

Unterkünfte: ****Parador, Calle Ancha 6, ✆ 9 27-21 17 59, inmitten der monumentalen Altstadt im Palacio de los Torreorgaz, DZ 13 500 Pst.; ****Melia Cáceres, Plaza de San Juan 11, ✆ 9 27-21 58 00, in einem Stadtpalast des 17. Jh., DZ 13 125 Pst.; *Los Naranjos, Alfonso IX. 12, ✆ 9 27-24 35 08, DZ 4500–5150 Pst.; Hostal Hernán Cortés, Travesía Hernán Cortés 6, ✆ 9 27-24 34 88, DZ 4150 Pst.

Campingplatz: N-630, Km. 549, 6 (gegenüber Poligono »Las Capellanías«), ✆ 9 27-23 04 03, 360 Pers., ganzjährig geöffnet

Restaurants: Atrio, Avda. de Espana 30, ✆ 9 27-24 29 28, sonntagabends geschlossen, beste Küche von Cáceres; El Figón de Eustaquio, Plaza de San Juan 14, ✆ 9 27-24 81 94, traditionelle Gerichte, viele einheimische Gäste; Medieval, Calle Orellana 1, ✆ 9 27-24 54 58, solide Küche inmitten der Altstadt; Restaurant im Parador (s. o.)

Feste und Festivals: Februar: Karneval; 2. Februar: Romería de las Candelas, Wallfahrt zur Kapelle San Blas an der Straße nach Trujillo; Ostern: Semana Santa mit Osterprozessionen; 23. April: Fiesta de San Jorge, Schutzpatron der Stadt; 1. Sonntag im Mai: Virgen de la Montaña; letzte Maiwoche: Feria und Fest des Heiligen Ferdinand; zweite Juniwoche: Theaterfestival; letzte Septemberwoche: Vieh- und Landwirtschaftsmesse; 1. November: Romería de Todos los Santos

Ausflüge in die Umgebung von Cáceres

Alcántara

Auf dem Weg von Cáceres nach Alcántara (s. Karte S.114) lohnt sich der Besuch des kleinen **Garrovillas** (an der C 552) mit seiner sehenswerten arkadengesäumten Plaza de la Constitución.

Die **Brücke von Alcántara** wird von manchen als schönstes römisches Monument in Spanien bezeichnet. Sie liegt am Westrand der Extremadura und überquert in sechs Bögen den Tajo. In römischer Zeit, als Südportugal noch mit der Extremadura zusammen zur Provinz Lusitania gehörte, war der Flußübergang an dieser Stelle zentral gelegen. Er machte den Weg für den Handel zwischen Norden und Süden frei. Die von elf Städten finanzierte und aus Granitsteinen erbaute Brücke wurde im Jahre 103

Garrovillas

eingeweiht; einen Ort in unmittelbarer Nähe gab es damals nicht. Über dem mittleren Pfeiler errichtete man auf der Brücke einen Bogen zu Ehren Kaiser Trajans. Er ist restauriert worden und zeigt heute Inschriften zu Ehren Karls V. und Isabellas II. Nach der römischen Brücke über den Guadiana bei Mérida war die Brücke von Alcántara über den Tajo die zweite wichtige Verkehrsader zur Erschließung des Nordens. Erstreckt sich die vielfach geflickte, vergleichsweise flache, in der Mitte des breiten Guadiana auf einer Insel absetzende und in geradezu epischer Länge sich hinziehende römische Brücke von Mérida zwischen seichten besiedelten Ufern, so überquert die Brücke von Alcántara dagegen den zwischen Granitfelsen tief und dunkel fließenden Tajo in einem kurzen dramatischen Dreisprung. Die Brücke ist 150 m lang, 8 m breit und 70 m hoch. Seit 1900 Jahren trägt sie ohne Ermüdungserscheinungen den Verkehr über den Tajo.

An andern römischen Brücken der Extremadura erblickt man durchaus die Spuren der Zeit, die Brücke von Alcántara scheint dagegen auf wundersame Weise alterslos. In ihrer zweckgebundenen Eleganz ist sie ein vollkommenes Monument. Der Wertschätzung ihrer Schönheit verdankt dieses strategisch wichtige Bauwerk sogar seinen Erhalt in den vielen kriegerischen Jahrhunderten – zumindest in einem überlieferten Fall: Als Alfons V. von Portugal Ende des 15. Jh. im Krieg gegen Ferdinand und Isabella von Spanien die Brükke überqueren mußte, aber wußte, daß Isabella die Brücke deswegen hätte zerstören lassen, ließ er sie wissen, daß er nicht über die Brükke gehen würde, damit der Bau erhalten bliebe.

Umkämpft war die Brücke vor allem in den jahrhundertelangen Auseinandersetzungen zwischen Mauren und den von Norden eindringenden kastilischen Rittern und Räuberbanden. Der Name Alcántara rührt von der arabischen Bezeichnung ›Brücke des Schwerts‹. Zur Wacht der Brücke wurde die Burg und die Stadt Alcántara südlich des Flußufers von den Mauren gegründet. Die christliche Wiedereroberung der Gebiete nördlich des Tajo begann im Nordwesten der Extremadura, und Alcántara, schon seit 1213 in christlicher Hand, war für den weiteren Fortgang nach Süden ein wichtiges Pfand. Die christlichen Ritter gründeten hier kurz nach der Eroberung den berühmten Alcántara-Orden.

Ein kleiner, 1860 restaurierter **römischer Tempel** steht an der Nordseite des Flußübergangs. Wendet man sich westlich, führt ein Pfad über die Felsen am Tajo entlang, den man als Spazierweg be-

Die römische Brücke von Alcántara

nutzen kann. Im Westen sieht man den riesigen Staudamm von Alcántara, der 1970 für die Entstehung des größten Stausees Europas sorgte: den **Embalse de Alcántara.**

Auf der Südseite der Brücke befindet sich ein kleiner Ruhe- und Parkplatz. Von ihm aus führt ein gepflasterter Weg in die auf einem Hügel thronende Stadt **Alcántara.**

Schlägt man von der römischen Brücke aus den linken Fußweg ein, kommt man kurz hinter den Resten der alten Stadtmauer am Kloster von Las Monjas Comendadoras vorbei, dem ersten Tempel der Alcántara-Ritter. Nur wenige Schritte weiter stoßen wir auf einen Platz, auf dem hintereinander zwei Kirchen stehen. San Pedro wurde im 17. Jh. auf den Grundmauern des Geburtshauses des Heiligen Pedro von Alcántara errichtet. Der Franziskaner war einer der großen Mystiker Spaniens im 16. Jh. und wird ›Apostel der Extremadura‹ genannt. Sein Standbild, von Navarro Gabeldón 1975 geschaffen, steht zwischen der ihm geweihten Kirche und der Kirche Santa María de Almodóvar. Sie wurde auf den Fundamenten einer maurischen Moschee im 13. Jh. im romanischen Stil erbaut. In der Sakristei befinden sich Gemälde von Luis de Morales. Gegenüber von San Pedro erblikken wir den ältesten Adelspalast von Alcántara, die Casa de los Bariantes-Maldonado.

Einige hundert Meter geradeaus erhebt sich linker Hand über einem steil abfallenden Hang das Kloster San Benito, Sitz des Alcántara-Ordens. Es wurde 1505 im plateresken Stil erbaut. Hinter der Klosterkirche La Concepción befindet sich ein schöner Kreuzgang. Drei Galerien im italienischen Renaissancestil sind den Klostermauern von außen vorgestellt und bilden ein schwerelos erscheinendes Bühnenhaus für das angrenzende Freilichttheater. Der gute Ruf der Klosterküche von San Benito hat zu Beginn des 19. Jh. französische Soldaten dazu verführt, klösterliche Rezepte für die Zubereitung von Fasan und Rebhuhn als Spezialität ›à la Alcántara‹ in die französische Küche einzuführen.

Durchqueren wir vom Kloster aus den ruhigen Ort in südlicher Richtung, treffen wir nach wenigen Metern schon auf einige Stadtpaläste aus dem 16. und 17. Jh. Hinter ihnen führt zwischen Gärten der Fußweg in einem Bogen zum Ausgangspunkt an der römischen Brücke zurück. Auf dem Rückweg sehen wir etwas entfernt Teile der alten Ummauerung und Burganlage auf dem Hügel südlich der Stadt. Auf dem Plateau der alten Ordensfestung, die 1810 von den Franzosen zerstört wurde, haben sich nur wenige Mauerreste und ein Turm erhalten.

Auf dem Rückweg nach Cáceres liegt an der C 523 **Brozas.** Der kleine Ort ist Sitz vieler Adelspaläste und besitzt mit Santa María la Mayor de la Asunción eine der schönsten Pfarrkirchen der oberen Extremadura. Das Portal verbindet seine romanische Grundform auf harmonische Weise mit den gotischen Fialen an der Seite und dekorativen plateresken Elementen der spanischen Renaissance.

Nur wenige Kilometer weiter erreicht man **Arroyo de la Luz.** Die Kirche La Asunción enthält einen plateresken Hochaltar mit 20 Gemälden von Luis de Morales, die zu seinen besten Werken gehören.

Oficina de Información Turística: *Alcántara:* Avda. de Mérida 21, ✆ 9 27-39 08 63

Unterkünfte: *Alcántara:* Hostal Kantara al Saif, Carretera de Portugal s/n, ✆ 9 27-39 09 78, DZ 4000–6000 Pst.; *Brozas:* Hostal La Posada, Plaza Obando, ✆ 9 27-39 50 19, DZ 3500 Pst.

Campingplatz: *Alcántara:* Finca los Cabezos, ✆ 9 27-39 01 27, 240 Pers., ganzjährig geöffnet

Restaurants: *Alcántara:* Gundin, Plaza de Portugal, ✆ 9 27-39 01 43; *Brozas:* Santa María, Calle Santa Maria 5, ✆ 9 27-39 53 38

Feste und Festivals: *Alcántara:* 1. Augustwoche: Festival des klassischen Theaters; *Garrovillas:* August: San Roque, Stierkämpfe

In den einsamen Westen von Cáceres

In **Malpartida de Cáceres,** 12 km westlich von Cáceres gelegen, hat der deutsche Künstler Wolf Vostell auf dem Gelände der Finca de los Barruecos das Museo Vostell eingerichtet. Große Installationen aus Zivilisationsabfall entfalten in dieser ländlichen Umgebung eine merkwürdige Wirkung: Die Symbole der Zivilisation erscheinen darin wie archäologische Fundstücke.

Setzen wir unsere Fahrt über die N 521 in Richtung Valencia de Alcántara fort, gelangen wir dort, wo die Straße den Río Salor überquert, zu einer verwitterten **römischen Brücke.** Wir befinden uns in der von Stein- und Korkeichen bewachsenen, menschenleeren Sierra de San Pedro, die ein ausgedehntes wildreiches Jagdgebiet ist. Die einzige größere Ortschaft der Umgebung ist **Valencia de Alcántara** mit 7300 Einwohnern. Besiedelt war das heute verlassene Gebiet indes schon in grauer Vorzeit. Über 50 Dolmen, die in der Nähe von Valencia de Alcántara gefunden wurden, zeugen davon. Die Gassen mit ihren weißgestrichenen Häuserwänden und gelbbraunen Portalen strömen eine farbige südspanische Atmosphäre aus. In der Kirche Nuestra Señora del Rocamador aus dem 16. Jh. befindet sich neben dem großen Morales-Gemälde »Die Heilige Jungfrau mit den beiden Heiligen Johannes« ein merkwürdiger barocker Altar aus dem 18. Jh. aus der Schule Churrigueras. Zum Katholizismus in der Extremadura und in Spanien gehören eben auch Süßlich–Semtimentales und die ex-

treme Verschmelzung verschiedenster Dekorationselemente auf kleinem Raum. Ganz verloren im glänzenden Dekor des Hochaltars hängt in dessen Mitte ein gekrümmter Christus am Kreuz, angeblich ein Werk des großen Alonso de Berruguete aus dem 16. Jh.

Oficina de Información Turística: *Valencia de Alcantara:* Calle Hernán Cortés, ✆ 9 27-58 23 91

Züge: 1 × tägl. Zugverbindung nach *Valencia de Alcántara:* ab Cáceres 17.18 Uhr / an Valencia de Alcántara 18.45 Uhr. Nach Cáceres fährt täglich ein Zug: ab Valencia de Al-

Landschaft bei Malpartida de Cáceres

cantra 15.01 Uhr / an Cáceres 16.22 Uhr. Einziger Halt auf der Strecke in *San Vicente de Alcántara.*

Unterkünfte: *Arroyo de la Luz:* Hostal Divino Morales, Carretera de Alcántara 119, ✆ 9 27-27 02 57, DZ 6000–7000 Pst.; *Valencia de Alcántara:* *Ibérica, Pl. José Antonio 10, ✆ 9 27-58 01 50, DZ 3500 Pst.; Hostal El Clavo, Calle Ramón y Cajal 4, ✆ 927-58 02 68, DZ 3400 Pst.; Hostal Nairobi, Calle Hernán Cortés 9, ✆ 9 27-58 01 36, 2975–3850 Pst.

Ritterburgen im mittleren Westen

Es gibt in der gesamten Extremadura über 70 mittelalterliche Burgen. Die meisten wurden während des spanischen Unabhängigkeitskrieges Anfang des 19. Jh. von den Franzosen zerstört. Einige von ihnen sind aber noch vollständig erhalten oder gut restauriert worden und beherrschen stolz und konkurrenzlos ihre Umgebung. Zusammen mit andern bildeten sie eine strategische Frontlinie der Reconquista. Dabei spielten im Westen der Extremadura auch der portugiesisch-kastilische Konflikt mit hinein. Nach der Reconquista stritten die Königreiche von León und Portugal mit Waffengewalt um die eroberte Extremadura. In diesem Zusammenhang entstand auch eine der mächtigsten Burganlagen der Extremadura, die vollständig erhalten ist: das **Kastell von Alburquerque.** Es wurde von einem illegitimen Sohn des portugiesischen Königs 1314 gegründet und geriet nach langer Belagerung Mitte des 14. Jh. in den Besitz des kastilischen Königs. Die Burg thront auf einem mächtigen Granitfelsen über der Stadt. Spaziert man um die äußere Burgmauer herum, entdeckt man in steiler Höhe verschiedene Eingänge. Innerhalb der äußeren Burgmauer stehen noch Häuser und Gassen aus mittelalterlicher Zeit und eine romanische Kapelle aus dem 13. Jh. Zur eigentlichen Festungsanlage gelangt man durch ein Tor mit geziegeltem Bogen. Türme und zinnenbewehrte Mauern der kompakten Burganlage sind begehbar. In Gebäuden des ehemaligen Waffenhofes befindet sich heute eine Jugendherberge.

Etwa 12 km nördlich von Alburquerque nahe der BA 500 befindet sich inmitten der lichten Wälder der Ebene eine der schönsten

Umgebung von Cáceres

Burgen der Extremadura: **Castillo de Piedrabuena** (›schöner Stein‹). Man beachte ein kleines Hinweisschild an der Straße, öffne das Tor zum Privatweg (›Camino privado‹) und nehme den linken oder rechten Weg durch das Weidegebiet. Nach knapp 2 km stoßen wir auf die Burg, die von einem Wall großräumig umgeben ist, im Innern noch einmal geschützt von einer zinnenbewehrten Mauer, an deren vier Ecken sich Rundtürme nach außen wölben. Sie umschließen einen großen Festungsturm und das palastähnliche Hauptgebäude aus dem 13. Jh., dessen Fassade im 16. Jh. durch eine Galerie, Terrassen, Balustraden und Rundbögen aufgelockert worden ist. Das Gebäude liegt um einen mit plateresken Säulen geschmückten Innenhof, der der Öffentlichkeit zur Zeit leider nicht zugänglich ist, da das Gebäude bewohnt wird.

Nordöstlich von Alburquerque führt eine Stichstraße in südlicher Richtung zur **Burg von Azagala** (auf

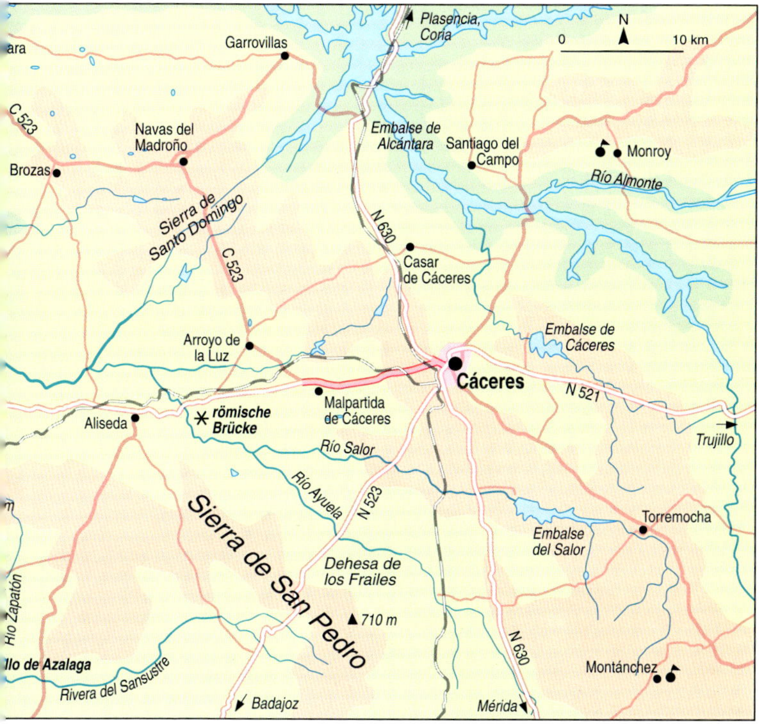

vielen Straßenkarten nicht eingezeichnet). Allein schon der Blick, den sie in die umgebende Landschaft bietet, lohnt den Ausflug dorthin. Die Burg erhebt sich auf einem Hügel, von dem man auf die Weiden und Wälder ringsum herabsehen kann. Der erst jüngst entstandene Stausee Villar del Rey hat sich unterhalb der Anhöhe vielfingrig in den südlichen Tälern ausgebreitet. Die Burganlage besteht aus mehreren Gebäuden innerhalb einer Ummauerung und wurde im 13. Jh. noch vor der Reconquista von Badajoz errichtet. Sie bildete damals den südlichen Vorposten der Christen gegen die Mauren. Dennoch war sie nie Objekt kriegerischer Konflikte. Azagala besaß einen guten Ruf als eine Art Stätte der Gelehrsamkeit. Hier wurden von den Mitgliedern des Ordens von Alcántara Dispute um das rechte ritterliche Verhalten ausgefochten.

Jugendherberge: *Alburquerque:* Castillo de Luna, ✆ 9 27-40 00 41

Balkon der Extremadura – Montánchez

Inmitten der bis zu 1000 m hohen Berge, die sich unvermittelt auf der Ebene zwischen Mérida, Cáceres und Trujillo auftürmen, liegt das Örtchen **Montánchez.** Sein mildes Klima wird ebenso gerühmt wie der hier hergestellte luftgetrocknete Schinken, den man an Ort und Stelle erwerben kann. Enge Straßen winden sich hinauf zur Burg, deren Ruinen sich auf einem weitläufigen Gelände an der höchsten Stelle des Ortes oberhalb des städtischen

Alburquerque

Friedhofs befinden. Einige Mauern und Türme stehen noch; ein Wasserbecken ist zu sehen. Das Kastell war ursprünglich von den Römern errichtet, dann von den Mauren verstärkt und schließlich von den Kastiliern im 13. Jh. stark erweitert worden. Der Blick auf die Ebene im Westen und die Gebirgstäler im Osten lohnt den Anstieg zum sogenannten ›Balkon der Extremadura‹.

Im belebten Ortszentrum trifft man auf schöne Plätze und Brunnen. Hier lebt man scheinbar in einer eigenen von den Städten der Ebene geschiedenen Gebirgswelt. Nachrichten gelangen erst mit langer Verzögerung hier hinauf und erregen wenig Aufsehen, weil sich ja doch nichts Wesentliches ändert. Die Männer frequentieren die Bars, die jungen Mütter hüten das Haus, und wenn sie alt sind, beherrschen sie, schwarzgekleidet, die Familie und häufig auch das Geschäft. Die Hauptstraßen heißen immer noch nach den Generälen Mola und Franco.

Auf dem Weg nach Montánchez kommen wir am **Embalse del Salor** vorbei, der zum Baden einlädt und an Wochenenden beliebtes Ausflugsziel der Einwohner von Cáceres ist.

Unterkünfte: *Montánchez:* **Balneario Fuentes del Trampal, ✆ 9 27-92 27 85, DZ 3180 Pst.; Hostal Los Balcones, Avda. Vg. Castillo 2, ✆ 9 27-38 00 08, DZ 5000 Pst.

Feste: *Montánchez:* Februar: Karneval

Heimat der Konquistadoren – Trujillo

Oro y gloria!

Trujillo ist die wohl berühmteste Stadt der Extremadura. Falls für irgendeine Zeitschrift oder die Wochenendbeilage einer Zeitung ein Artikel aus der Provinz Spaniens gewünscht wird oder ein Fernsehfeature mit ausdrucksvollen Bildern, die man mit bekannten Namen der Weltgeschichte verbindet, so schickt man einen Journalisten nach Trujillo. Auf diese Weise wurde das Paradoxon wahr: Trujillo ist ein inzwischen bekanntgewordener Geheimtip. Erstaunlich ist daran nur, daß die kleine Stadt von 15 000 Einwohnern den ihr vorauseilenden Ruf ohne weiteres verkraftet. Nach Madrid sind es nicht mehr als 250 km. An Wochenenden muß man die Stadt mit angereisten Madrileños teilen. Da es aber keine Attraktionen gibt, vor denen sich Massen versammeln können, verläuft sich die Menge. Sie erscheint aufgelöst in einzelne Spaziergänger, die man schon bald wiedertrifft, um grüßend vorüberzugehen – so wie es überall in entlegenen Gebieten geschieht, wo sich Reisende wie in einer Art Komplizenschaft begegnen.

Die Plaza Mayor, gesäumt von Arkaden und beherrscht von einer martialischen Reiterfigur, die Francisco Pizarro darstellen soll, strömt die großzügige Behaglichkeit eines offenen Salons aus. In der Mitte des unregelmäßig geschnittenen Platzes steht ein Brunnen. An einer Längsseite führen Treppen zu den Arkadengängen der Stadtpaläste, hinter deren Dächern sich die Mauern des alten Trujillo und seiner 1000 Jahre alten Burg erheben. Ringsum stehen Kirche, Rathaus, Hotel, Bar, Restaurant und das Tourismusbüro. Man blickt auf die Höhen der Altstadt und zu den prachtvollen Fassaden der umliegenden Paläste. Mit langem Flügelschlag rauschen die Störche über den Platz, die auf den Turmvorsprüngen der Kirche ihre Nester gebaut haben. Die Plaza Mayor ist Ausgangspunkt unserer Spaziergänge und wird uns immer wieder wie ein Magnet anziehen. In Trujillo zu sein – das ist, als sei man von einem Zauber berührt, der die Zeit anhält, einen verträumt blicken und den Schritt verlangsamen läßt.

Reisen wir von Cáceres nach Trujillo, beeindrucken schon von Ferne die mächtigen Stadtmauern und Türme auf dem Hügel inmitten der weiten, flach gewellten Landschaft. Im Innern der Ummauerung nimmt uns die dörfliche Stille gefangen, die versunkenen Paläste und verblichenen Wappen über granitenen Portalen, die grasbewachsenen Wege, der Blick auf die rotbraunen Ziegeldächer. Zuletzt, wenn wir durch das Stadttor hinaustreten, verzaubert uns der Blick in die Ferne, wo nur das Blöken der weidenden Schafe zu hören ist und das Konzert der Vögel, die zwischen Mauerlöchern, aufschießenden Zypressen und wilden Büschen umherfliegen. Trujillo ist ein Ort, der die mitgebrachte Gefühlslage zu steigern vermag. Wer melancholisch anreist, wird hier nicht heiter werden. In Trujillo allein zu sein, ist ein Abenteuer, das man mit sich selbst bestehen muß. Wer Einsamkeit sucht, kann sie in Trujillo finden. Und wenn eine Reise zu zweit nicht nach Venedig gehen soll, Trujillo mit seinen romantischen Winkeln wäre für zwei bis drei Tage als Kulisse für liebevolle Begegnungen durchaus geeignet.

Trujillo wirkt weder städtisch, noch ist es ein Dorf. Ähnlich wie Cáceres gibt es hier die ummauerte

Blick über die Plaza Mayor in Trujillo

villa und die unterhalb davon liegende *ciudad* mit dem dazwischenliegenden Hauptplatz. Aber anders als das zweigeteilte Cáceres erscheint Trujillo als Ganzes vom Hauch der Vergangenheit berührt, die diesen Ort nicht aus ihrem Bann entläßt.

Die Mauern sind mächtig, aber die Altstadt strömt den Charme jenes Zerfalls aus, der immer dann entsteht, wenn die Natur auf sanfte Weise wieder von errichteten Steinwällen Besitz ergreift.

Trujillo war und ist Provinz – seit über 2000 Jahren. Und bevor manche reichgewordenen Konquistadoren zurückkehrten, war es ein elender Ort mit nur wenigen Bewohnern und abgerissenen Edelleuten gewesen. Aber von hier aus zogen sie los, allein 96 namentlich bekannte Abenteurer, Entdecker und Eroberer, und gründeten überall, wo sie hinkamen, ihre Trujillos: auf Kuba, auf Hispaniola (Haiti), in Honduras und Nicaragua, in Kolumbien, Peru und Chile. Ihre Namen – Pizarro, Orellana, Alarcón, Altamirano, ... – sind in jenen Geschichtsbüchern vermerkt, in denen nicht menschliche Würde und Moral, sondern nur die zumeist mörderischen Taten der Eroberung zählen. Die Namen der Konquistadoren verknüpfen die Mauern Trujillos mit den neuen Horizonten einer damals unbekannten Welt und einer Europa und Amerika zusammenbringenden Geschichte der Neuzeit, die folgenreich war und längst nicht zu Ende ist. In Trujillo sammelte Francisco Pizarro einen Großteil seiner Schar, mit der er nach Peru aufbrach. Von diesem Fleckchen aus begann die organisierte Zerstörung des riesigen Inkareichs. Vielleicht ist es das sichtbare Paradox von intimer stehengebliebener Provinzialität und weit ausschwingender Weltgeschichte, das in Trujillo in Gestalt längst vergangener Zeiten gegenwärtig ist und uns unmittelbar berührt.

Pizarro-Denkmal, Palacio San Carlos

Geschichte

Als *Turgalium,* was in der kelto-iberischen Sprache soviel wie ›ohne Wasser‹ hieß, war Trujillo schon vor den Römern besiedelt. Unterhalb der Ummauerung fand man Grabstätten aus vorchristlichen Jahrhunderten. Ptolemäus erwähnte die Stadt unter ihrem alten Namen im 2. Jh. Römisch wurde Trujillo unter Julius Cäsar in der Mitte des ersten vorchristlichen Jahrhunderts. Die ohnehin geringe Bevölkerung nahm während der Germaneneinfälle noch weiter ab. Trujillo wurde erst unter den Mauren seit dem 9. Jh. zu einer Stadt von Bedeutung. Christliche Ritter unter Führung des Königs von León drangen über den Tajo vor. Zum Schutz gegen die Eindringlinge erbaute man deshalb in der Zeit des Kalifats von Córdoba im 10. Jh. die große Festung von Trujillo, in der im Falle der Belagerung die gesamte Stadtbevölkerung Platz finden konnte. Der berühmte maurische Geograph Idrisi aus Córdoba beschrieb in der ersten Hälfte des 12. Jh. die Stadt, lobte ihre soliden Mauern und gutgefüllten Läden, deren Waren zum großen Teil aus Raubzügen stammten, die die Bewohner Trujillos in den christlichen Norden unternahmen. 1186 wurde Trujillo vom König von Kastilien Alfonso VIII. eingenommen, 1198 wieder an die Almohaden verloren. 1232 war Trujillo endgültig in christlicher Hand, und die Ritter, die die Stadt erobert hatten, unter ihnen auch jene mit den Namen Pizarro und Orellana, bauten sich in der *villa* nahe der Burg ihr standesgemäßes Haus. 1478 hielten sich die Katholischen Könige Ferdinand und Isabella in Trujillo auf, um von hier aus zeitweise den Krieg gegen Portugal zu führen.

Spaziergang durch die Stadt

Das **Reiterdenkmal für Francisco Pizarro** beherrscht die Plaza Mayor (Plaza de la Constitución). Es wurde vom amerikanischen Bildhauer Charles Rumsey MacDonald zu Beginn des 20. Jh. für einen internationalen Wettbewerb geschaffen – eigentlich als Statue Cortés. Da niemand das Standbild erwerben wollte, schenkte es die Künstlerwitwe der Stadt Trujillo.

Die Pizarro-Familie ist noch in weiterer Hinsicht auf dem Platze präsent. Die **Casa Piedras Albas** aus dem 16. Jh. wurde von einem Mitglied der Familie Pizarro im italienischen Stil erbaut. Am aufsehenerregendsten ist der **Palacio del Marqués de la Conquista,** erbaut von Hernando Pizarro, dem einzigen der Pizarro-Brüder, die nach Trujillo zurückkehrten. Er heiratete dort eine Tochter seines Bruders Francisco, Francisca, die aus dessen Verbindung mit der Inka-Prinzessin Yupanqui stammte. Francisca kam als 18jährige von Peru nach Spanien, wo sie die Frau ihres 51jährigen Onkels wurde, der noch einige Jahre im Gefängnis saß, bevor er mit der schönen Francisca den Pizarros noch zahlreiche Nachkommen zeugte. Der reichgestaltete Eckbalkon zeigt an den Seiten die Porträts beider Paare: Francisco und Yupanqui links sowie Hernando und Francisca rechts. Über dem Balkon befindet sich das vom König an Hernando Pizarro verliehene Wappen. Man erkennt vor Anker gehende Karavellen und aneinander gefesselte Indios. Über dem durchs Eck geteilten Wappen ragt ein Helm mit der königlichen Krone hervor, aus der sich ein Arm mit erhobenem Schwert emporschwingt. Auf dem Dachgesims

Palacio del Marqués de la Conquista

stehen Figuren mit Indiogesichtern, angeblich für die zwölf Monate des Jahres.

Die baufälligen kargen Innenräume des im Privatbesitz befindlichen Gebäudes harren einer gründlichen Renovierung. Nur selten ist eine Besichtigung möglich. Die Pferdeställe und Latrinen im Kellergeschoß gehören zu den interessantesten Gebäudeteilen.

Gegenüber auf der andern Seite des Platzes oberhalb der Treppe liegt der **Palacio La Cadena,** das ›Kettenhaus‹; die Kette war das Zeichen für das von Karl V. verliehene Asylrecht. Links davon das **Haus der Orellana,** ein Name, der in Trujillo ebenso häufig wie der Name Pizarro vorkommt.

Neben der schlichten **Kirche San Martín,** in der sich das Familiengrab der Orellana-Pizarro befindet, steht der prachtvolle **Palacio San Carlos,** die Fassaden reich mit barockem Dekor verziert, erbaut im 16. Jh. von der Konquistadoren-Familie Vargas-Carvajal, die nach ihren Eroberungszügen von Karl V. den Doppeladler als Wappen verliehen bekam. Das Gebäude birgt heute ein Nonnenkloster und kann auf Anfrage besichtigt werden. Gegenüber, an der Schmalseite der Plaza Mayor zur Altstadt hin, befindet sich links das **alte Rathaus** aus

Trujillo

dem 16. Jh. mit doppelter Galerie (heute Justizpalast), rechts davon der **Palacio de Quintanilla** mit gedrehten Säulen vor dem Portal und Fenstern im isabellinischen Stil. Durch eine schmale Säulenhalle schlüpfen wir links durch das alte Rathausgebäude hindurch in Richtung der alten Stadtmauer.

Auf dem Weg dorthin kommen wir zum **Palacio de los Orellana-Pizarro,** der einen schönen Innenhof im plateresken Stil besitzt. Juan Pizarro y Orellana war einer der wenigen Abenteurer, die rasch und mit reicher Beute versehen, in ihre Heimat zurückkehrten. Heute ist das Gebäude eine Schule.

Wir gelangen zu einem der sieben Tore, die in den inneren Bezirk der *villa* von Trujillo führen, zum **Tor von San Andres.** Unmittelbar hinter Tor und Mauer steht wie eine kleine Festung das **Haus der Escobars.** Dahinter befindet sich eine Zisterne, die wahrscheinlich schon von den Römern als öffentliches Bad genutzt wurde. Wir betreten die Calle de las Palomas, die wie die hiervon abzweigende Calle de los Naranjos die Atmosphäre des alten Trujillo am stärksten bewahrt hat. Kurz vor der Plaza de Santa María steht auf der linken Seite der Calle de las Palomas das **Geburtshaus von Francisco de Orellana,** dem Entdecker des Amazonas.

Die Kirche **Santa María la Mayor,** errichtet auf den Grundmauern einer Moschee, stammt aus dem 13. Jh. Ein romanisches Portal empfängt den Besucher, der in einen der schönsten Innenräume der Extremadura tritt. Die romanische Grundform der Kirche wird von den Schleifen und Bögen der isabellinischen Renaissance zu einer architektonischen Komposition weitergeführt, in der Ruhe und Bewegtheit nicht als Gegensatz erscheinen, sondern als dessen steingewordene Aufhebung. In einer der Kapellen liegt der ›Herkules der Extremadura‹ oder auch ›Samson Spaniens‹ genannte Diego García de Paredes begraben, ein

Francisco de Orellana und die Entdeckung des Amazonas

1539, zwei Jahre vor seinem Tod, beauftragt Francisco Pizarro seinen Bruder Gonzalo Pizarro, das Gebiet des oberen Amazonas zu erkunden, um auf die Spur des legendären Goldlandes ›El Dorado‹ zu kommen. Gonzalo Pizarro rüstet die Expedition aus. 350 Spanier brechen unter seiner Führung auf, begleitet von 4000 Indios als Diener und Träger. Tausende von Schweinen als lebendiger Vorrat, abgerichtete Kampfhunde und Lamas als Tragtiere laufen mit ihnen. Es ist die größte Expedition, die sich bis dahin in der Neuen Welt in Marsch gesetzt hat. Sie überqueren die Kordilleren, wo Kälte und wochenlanger Regen sie aufhalten, und stoßen in den Regenwald vor, wo die Quellflüsse des Amazonas entspringen. Die Indios flüchten einer nach dem andern. Keiner der gebliebenen und inzwischen angeketteten Hochlandindios überlebt das Klima und die unmenschliche Behandlung der Spanier. Nach zwei Monaten erreichen die Erschöpften den Río Napo, an dessen Ufer sie kampieren. Dort treffen sie auf einheimische Indios, mit deren freundlicher Hilfe sie inmitten des Urwalds ein Schiff bauen: aus gefällten Urwaldriesen werden Schiffsplanken geschnitten, die Hufeisen der verendeten Pferde zu Nägeln und Klammern verarbeitet, aus harten Gräsern flechten die Indiofrauen Segel, und das bei den Indios bekannte Kautschuk dient als Abdichtungsmittel. Eine Expedition soll Nahrungsmittel aus nahegelegenen reichen Dörfern beschaffen. Kapitän der ›Victoria‹ wird der 30jährige Francisco de Orellana aus Trujillo. 50 Männer begleiten ihn. Der Rest erwartet den Tod oder Orellanas baldige Wiederkehr. Aber Orellana *will* nicht zurückkehren. Er will weitersegeln. Die gefährlichen Stromschnellen des Napo, denen sie mit knapper Not entkommen sind, wieder heraufzusteigen, erscheint ihm zu beschwerlich. Wer nicht mit ihm geht, muß allein zurückfinden. Hernando Sanchez de Vargas, ebenfalls aus Trujillo, ist der einzige, der nicht gegen den Befehl Pizarros handeln will. Er wird ausgesetzt und schließlich von Gonzalo Pizarro, der Orellana ein Stück weit nachsegelt, in verwildertem Zustand und halb von Sinnen aufgefunden.

Francisco de Orellana, der vor zehn Jahren mit Francisco Pizarro von Trujillo aus zur Eroberung Perus aufgebrochen war, könnte das Leben eines wohlhabenden Mannes führen. Er ist inzwischen Großgrundbesitzer und Inhaber öffentlicher Stellungen. Er hat, im Sinne üblicher Denkungsart, sein Glück längst gemacht. Nun setzt er gleich mehrfach sein Leben aufs Spiel. Denn der Ausgang des Abenteuers ist ungewiß. Wer weiß, welche Gefahren die Ströme bergen? Und falls alles gut geht? Dann muß er damit rechnen, von den Pizarros als Deserteur zum Tode verurteilt zu werden.

Aber Francisco de Orellana ist besessen davon, der erste zu sein, der diesen Strom hinabfährt, um der Alten Welt von bislang nie gesehenen Dingen berichten zu können. Das ist noch wichtiger als die Stadt aus Gold, von der die Indios immer wieder erzählen, wahrscheinlich, um diese verrückten Weißen bewußt in die grüne Hölle zu schicken. Der zum Erzbischof von Lima ernannte Mönch Carvajal, der jeden Morgen für die Mannschaft die Messe liest, hält schriftlich genauestens fest, was sie entdecken und erleben. Er berichtet auch von jener Begegnung mit bewaffneten Frauen, die er nach dem bekannten griechischen Mythos Amazonen nennt. Von einem solchen Stamm hat man in diesem Gebiet nie wieder etwas gehört. Dennoch wird schon kurz nach der Veröffentlichung seines Berichts der große Fluß auf den Landkarten der Geographen statt Río Orellana den Namen Amazonas tragen.

Orellana erreicht im Sommer 1542, nach 18 Monaten Fahrt auf dem mehr als 6000 Kilometer langen Amazonas schließlich den Atlantik. Es gelingt Orellana, der 1543 in Valladolid am spanischen Königshof eintrifft, seinen Verrat angesichts der gemachten Entdeckungen vergessen zu machen. Francisco Pizarro war inzwischen ermordet worden. Gonzalo Pizarro, dem es tatsächlich gelungen war, der Dschungelhölle wieder zu entkommen und mit einem kleinen zu Tode erschöpften Rest seiner Truppe über die Kordilleren nach Peru zurückzukehren, lebte derzeit im Aufstand gegen den neuen, von Karl V. eingesetzten Vizekönig. Hernando Pizarro war zu 20 Jahren Festungshaft verurteilt, weil er eigenmächtig den konkurrierenden Konquistador Diego de Almagro hatte töten lassen. So hat Orellana freie Hand. Er schließt mit der spanischen Krone ähnlich wie seinerzeit Francisco Pizarro einen Konquistadoren-Vertrag, der ihm die Statthalterschaft über ›Neu-Andalusien‹ im Amazonasgebiet verschaffen soll, besorgt sich eine neue Mannschaft aus spanischen Abenteurern und sticht vom andalusischen Sanlúcar aus 1546 erneut in See.

Nach dem Aztekenreich Mexikos und dem Inkareich Perus wollte dieser Extremeño der spanischen Krone ein drittes Goldland erschließen – das wirkliche El Dorado. Und er fuhr ein zweites Mal in die grüne Hölle des Amazonas, um nie wieder gesehen zu werden.

Feldherr der Katholischen Könige Isabella und Ferdinand, der in zahlreichen Schlachten in Italien, der Türkei, Frankreich und zuletzt unter Karl V. in Deutschland focht, bevor er in Bologna starb. Eine lateinische Inschrift in der Kapelle berichtet von seinen Heldentaten.

Bemerkenswert ist der Hochaltar aus 25 gerahmten Tafelbildern, die Fernando Gallego aus Salamanca um 1480 malte und die zu den größten Leistungen kastilischer Malerei im 15. Jh. gehören. In ihrer präzisen naturalistischen Technik, in der Liebe zum Gegenständlichen und im Detailreichtum erinnern sie an die großen flämischen Meisterwerke jener Zeit.

Auf dem Weg zur Burg kommen wir an einem überaus schlichten Gebäude vorbei, das man nur mit Zögern einen Palast nennen möchte. Die Mauern aus Feldstein, an den Kanten von Granitbrocken verstärkt, ein einziges Fenster über dem Eingangsportal, das zu einem Verlies oder zu einem Stall zu führen scheint – es ist dennoch das Haus eines Adeligen, am Wappen über dem Tor erkennbar. Es ist das alte **Stammhaus der Pizarros,** das Haus des Majoratsherrn Gonzalo Pizarro, Vater der Konquistadoren Francisco, Hernando, Gonzalo und Juan. Hernando Pizarro, der Erbauer des großen Hauses an der Plaza Mayor und einziger legitimer Sohn, wurde hier geboren. Man sieht das Wappen der Pizarros: Zwei aufrecht stehende Bären flankieren eine Pinie. Heute ist es ein Museum, knapp und anschaulich eingerichtet, mit Mobiliar im Erdgeschoß, mit Plänen, Daten und Abbildungen zur Conquista im ersten Stock (tägl. 11–14, 17–19 Uhr).

Das **Kastell** von Trujillo steht auf dem höchsten Punkt der Stadt. Von seinen Mauern haben wir den besten Überblick über die umgebende Landschaft. Reste des maurischen Alcázar aus der Kalifenzeit sind noch zu erkennen, vor allem an den quadratischen Wehrtürmen und Plätzen und den Hufeisenbögen, die den Eingang in den rechts liegenden Hof markieren. Der größere linke Teil der Burganlage entstand während des 13. und 14. Jh. Am Rande des Platzes befindet sich eine Kapelle mit einem granitenen Bildnis der Schutzpatronin der Stadt, Virgen de la Victoria, Jungfrau des Sieges, 1531 entstanden zu Ehren der christlichen Wiedereroberung der Stadt. Sie wendet dem Besucher den Rücken zu und schaut stattdessen aus dem Fenster auf die darunterliegende Plaza Mayor von Trujillo, von wo man sie, Café trinkend, trotz der Entfernung gut erkennen kann.

Sehr schön ist der Weg an der Stadtmauer entlang. Durch die Puerta de Coria kann man auch vor die Wälle treten und außen einen Pfad durchs Gestrüpp gehen, bis man wieder in Alcázar-Nähe Eingang findet. Unser Rundgang indes führt uns die Calle de la Victoria entlang bis zur **Kirche Santiago** (im 13. Jh. begonnen, im 16. Jh. vollendet) und zum **Palacio Luis de**

Francisco Pizarro und die Eroberung Perus

Als Ferdinand und Isabella sich in Trujillo aufhielten, war Francisco Pizarro gerade drei Jahre alt und wuchs in einem nahegelegenen Dorf auf. 1475 war er als unehelicher Sohn des Majoratsherren Gonzalo Pizarro aus Trujillo und der ledigen Klostermagd Francisca Gonzales ge-

boren worden. Er verdingte sich in seiner Jugend als Schweinehirt und Müllersknecht. Den Pizarro-Palast in Trujillo durfte er nur von außen sehen. Das unterschied ihn schmerzlich von seinem Halbbruder Hernando Pizarro, dem beneideten Erben des väterlichen Titels und Besitzes. In Italien lernt er das Waffenhandwerk. 1502 segelte Francisco Pizarro nach Westindien, nahm dort an zahlreichen Kämpfen und Expeditionen teil, hörte 1513 erstmals von der Existenz eines Inkareichs und wurde Pflanzer in Panama. Im fünfzigsten Lebensjahr, 1524, begann er die erste vorbereitende Expedition an die Westküste Kolumbiens. Einige Jahre später erkundete er weiter südlich die Küste des Inkareichs. Er fuhr zurück nach Spanien, wurde dort, der Rebellion verdächtigt, verhaftet und erhielt schließlich Audienz bei Karl V. 1529 unterzeichnete er einen Vertrag mit der Krone. Im heimatlichen Trujillo warb er einen Großteil seiner Mannschaft für die Expedition nach Peru. 1531 begann die Eroberung des Inkareichs.

Nach einem verlustreichen Fußmarsch durch Ecuador trat Pizarro mit nicht einmal 200 Männern dem Heer der Inkas entgegen, das aus 20 000 Soldaten bestand, aber weder Pferde noch Feuerwaffen kannte. Das Inkareich war trotz gewaltiger Macht im Innern geschwächt. Der Inkaherrscher Atahualpa führte gegen seinen älteren Bruder, den rechtmäßigen Thronanwärter Huascar, einen Bürgerkrieg, als Pizarro in Peru eintraf. Im Handstreich nahm Pizarro den Inkaherrscher gefangen, hielt ihn als Geisel und erpreßte gewaltige Mengen Goldes als Lösegeld. Als er das Verlangte erhalten hatte, ließ Pizarro Atahualpa mit der Garrotte erwürgen. Die Indios, die die Spanier zunächst für Götter gehalten hatten, die Reiter für Zentauren, wußten sich gegen diese eisengerüsteten Wesen, die Kanonen und Gewehre besaßen, nicht zu wehren. Die Ermordung ihres Königs Atahualpa verstörte sie vollends. Wo blieben die Mächte, an die sie glaubten?

Mit List und Tücke, mit Grausamkeit und Gewalt machte Pizarro das gesamte hochentwickelte Inkareich mit seinen blühenden Städten und seiner auf Terrassen angelegten Agrarkultur innerhalb von zehn Jahren buchstäblich dem Erdboden gleich und gründete eine eigene Hauptstadt, wo er sich selbst als Statthalter des spanischen Königs einsetzte. Er zerstörte den straff organisierten und gut verwalteten Staat der Inkas vollkommen und raubte den Überlebenden ihre Identität. Pizarro ging als Urheber eines ungeheuren Verbrechens in die Geschichte ein, der dafür sorgte, daß bei der Begegnung zweier Kulturen die eine vollständig ausgelöscht wurde und keine Chance bekam, sich mit der andern zu verschmelzen. In seiner Hauptstadt Lima, in der er begraben liegt, erhielt er 1541 von seinesgleichen den Todesstoß. Mit seinem Blut zeichnete er ein Kreuz auf den Fußboden, bevor er starb.

Mit Francisco Pizarro zogen 1530 96 bewaffnete Männer Trujillos über den Atlantik, die das Meer noch nie gesehen hatten. Sie starben in der Hitze des Dschungels oder auf den kalten Höhenrücken der Anden vor Hunger und an Erschöpfung, erschlagen von aufständischen Indios oder rivalisierenden Konquistadoren, und bevor sie starben, zeugten sie mit Indiofrauen ihre mestizischen Nachkommen. Nur wenige kehrten zurück. Aber diese kamen als reiche Leute, wurden in den Adelsstand erhoben und bauten sich ein großes Haus mit einem Wappen. Manche dieser Häuser sind heute noch zu sehen. Viele wurden während des Unabhängigkeitskrieges gegen Napoleon zerstört.

Churros werden in heißem Fett ausgebacken; Churrería in Trujillo

Chaves, 1305 erbaut und zwischen 1477 und 1479 Wohnsitz der Katholischen Könige Ferdinand und Isabella, heute als Schule genutzt.

Oficina de Información Turística: Plaza Mayor, ✆ 9 27-32 06 53, 32 26 77

Busse: Von Cáceres (Busbahnhof an der Carretera de Mérida – gegenüber dem RENFE-Bahnhof, ✆ 9 27-23 33 50) fahren mehrmals täglich Busse nach Trujillo; Busse ab Trujillo (Busbahnhof Carretera Madrid-Lissabon) nach Mérida, Cáceres, Madrid.

Unterkünfte: ****Parador, Santa Beatriz de Silva 1, ✆ 9 27-32 13 50, am Rande der Altstadt gelegen, in ehemaligem Kloster, ruhig, DZ 12 500–13 000 Pst.; Hostal La Cadena, Plaza Mayor 8, ✆ 9 27-32 14 63, einfache Zimmer, zentral, DZ 5000 Pst.

Restaurants: Pizarro, Plaza Mayor 13, ✆ 9 27-32 02 55, erlesene landestypische Küche in familiärem Rahmen; La Cadena, Plaza Mayor 8, ✆ 9 27-32 14 63; Meson La Troya, Plaza Mayor 10, ✆ 9 27-32 13 64, deftige Küche, große Portionen

Feste: 1. Maiwochenende: Käsemesse; Ostersonntag: Fiesta del Chíviri; 15. August: Mariä Verkündigung; 1. oder 2. Sonntag im September: Virgen de la Victoria, Stierkämpfe; 21.–24. November: Landwirtschaftsmesse

Nördlich des Tajo

Der Naturpark von Monfragüe

Plasencia

Ausflüge in die Täler des Jerte und des Ambroz

Las Hurdes und die Sierra de Gata

Coria

Yuste und die La Vera-Ebene

Gebirgsbach bei Losar de la Vera

Nördlich des Tajo

Der Naturpark von Monfragüe mit seltenen Vogel- und Tierarten liegt vor den Toren Plasencias, der Renaissancestadt im Nordosten der Extremadura. Drei Täler stoßen bei Plasencia zusammen, das liebliche Jerte-Tal, das Tal des Ambroz und die La Vera-Ebene mit dem Altersruhesitz Karls V. in Yuste. Ein Abstecher nach Westen führt in das von römischen Stadtmauern umgebene Coria und weiter nach Norden in die abgelegenen Berge der Sierra de Gata und von Las Hurdes.

Paradies für Vogelkundler – Der Naturpark von Monfragüe

Die Weide-, Wald- und Berglandschaft zwischen Plasencia und Trujillo ist seit 1979 Naturschutzgebiet. Gerade rechtzeitig hat man somit die Abholzung der Stein- und Korkeichen, Erlen, Eschen und Erdbeerbäume verhindert. An manchen Stellen allerdings sieht man, was fast das Schicksal des gesamten Gebietes geworden wäre: die kommerzielle Wiederaufforstung mit Eukalyptusbäumen. Inzwischen haben aber auch die staatlichen Behörden die Gefahr der damit verbundenen Bodenerosion erkannt und bemühen sich, den verbliebenen Privatbesitz innerhalb des Schutzgebietes aufzukaufen.

Das 18 000 ha große Gebiet wird durch zwei Gebirgsketten begrenzt, die über 30 km in west-östlicher Richtung verlaufen. Zwischen Quarzitfelsen und Büschen fließen der Río Tiétar und der Río Tajo, deren wilder Verlauf seit 1966 durch Staudämme gezähmt wird. Das unwegsame Gelände, seit Jahrtausenden von Menschenhand wenig berührt und von der Umgebung isoliert, war dennoch seit vorgeschichtlichen Zeiten von Bedeutung: als Rückzugsgebiet und strategisch bedeutsame Höhe, von der aus die Ebenen des Nordens und Südens kontrolliert werden konnten. Der Fisch- und Wildreichtum sowie zahlreiche nahrhafte Pflanzen sicherten das Überleben.

Im 6. Jh. v. Chr. errichtete der keltische Stamm der Vettonen die erste Festung auf einer Felsspitze.

Von hier aus leisteten sie Jahrhunderte später erbitterten Widerstand gegen die Römer. Die Römer nannten das Gebiet *Monsfragorum* – ›unwegsames Gebirge‹. Die Mauren errichteten auf den Resten der Vettonen- und Römerfestung eine **Burg** gegen die eindringenden Kastilier, die nach der Reconquista zum Stammhaus des Ordens von Monfragüe wurde. Die Kreuzritter dieses Ordens brachten aus Palästina die Statue einer Heiligen Jungfrau mit, die bis heute in der Kapelle des Burgbezirks verehrt wird. Von der Burg aus bietet sich, besonders gegen Abend, ein großartiger Blick auf die weite bewaldete Ebene im Süden, die Bergketten im Westen und Osten und auf den Tajo im Tal. In der Ferne sind die Höhen der Sierra de Gredos erkennbar.

Die erste Brücke über den Tajo seit den römischen von Alcántara und Alconétar wurde Mitte des 15. Jh. unterhalb der Burg kurz hinter der Mündung des Río Tiétar erbaut. Die **Puente del Cardenal** erhöhte schlagartig den Personen- und Warenverkehr der Gegend, lockte aber auch zahlreiche Wegelagerer und Straßenräuber an, die auf sichere Beute aus waren und im unwegsamen Gelände von Monfragüe gute Verstecke und Fluchtwege fanden. Der Serranapaß galt als überaus gefährlich und war in ganz Spanien verrufen. Zum Schutz der Reisenden wurde auf Veranlassung des Bourbonenkönigs Karl III. Ende des 18. Jh. zwischen Paß und Brükke das Dorf **Villareal de San Carlos** gegründet, wo Soldaten stationiert wurden. Heute findet man dort neben der Gelegenheit zu Rast und

Der Naturpark von Monfragüe

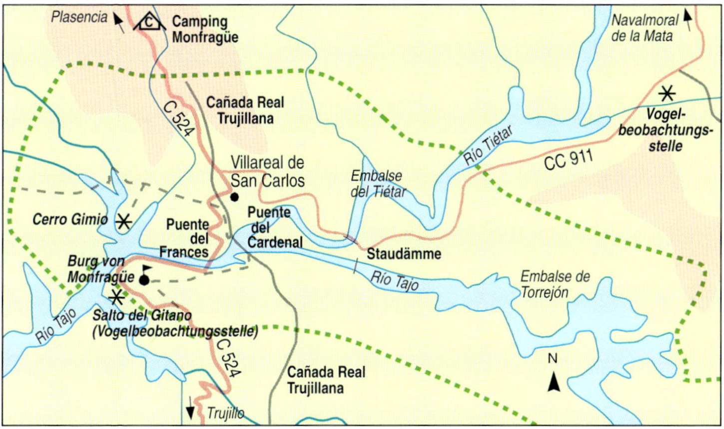

Aufstieg im Park von Monfragüe

Erfrischung das Informationszentrum des Naturschutzgebiets.

Im Frühjahr lockt die blühende Pflanzenwelt, die auf der Nord- bzw. Schattenseite ganz anders als auf der Süd- bzw. Sonnenseite der Bergflanken aussieht. Auf den Südhängen herrschen Zistrosen, Rosmarin, Lavendel vor, auf der feuchteren und kühleren Nordseite Heidekraut und Ziegenhorn. Wacholder und wilde Nelken wachsen auf den kargen Gipfeln. Steineichen stehen in den Ebenen des Südens, Korkeichen im Norden. An den Ufern der Bäche findet man Erlen, Eschen und üppige Oleanderbüsche.

Im Sommer ist es hier unerträglich heiß. Ein Besuch ist zu dieser Jahreszeit nur in den frühen Morgenstunden oder am Abend anzuraten. Neben Frühjahr und Herbst ist auch der milde Winter für einen Besuch des Naturparks attraktiv: Zu keiner andern Jahreszeit sind die Vögel weniger scheu und so überaus zahlreich zu sehen. In der Nähe des **Salto del Gitano**, einem legendenumwobenen Felsenvorsprung, wo die Straße (C 524) gegenüber einer gewaltigen steilen Felsenfront auf der andern Seite des Tajo einen scharfen Knick macht, befindet sich einer der ergiebigsten Standorte für die Vogelbeobachtung, der Ornithologen und Fotografen aus aller Welt anlockt. Die Artenvielfalt des Naturschutzgebiets ist groß, bemerkenswert sind vor allem die Raubvögel. Nirgendwo sonst auf der Welt nisten Kaiseradler in größerer Dichte. Der größte Raubvogel Eurasiens, der vom Aussterben bedrohte Mönchsgeier, überlebt im Naturschutzgebiet von Monfragüe in 200 Paaren. Schweben die riesigen Gänsegeier mit Flügelspannweiten bis zu 2,80 m nicht gerade zwischen den Felsen über dem Fluß umher, kann man zumeist, mit Geduld und einem Fernglas gewappnet, einige Exemplare auf den Vorsprüngen der gegenüberliegenden Felswand ausmachen. Ein weiterer **Beobachtungspunkt für Raubvögel** liegt an der Straße CC 911 in Richtung Navalmoral de la Mata. Man überquert den Staudamm über den Tiétar und fährt zwischen Tiétar und Tajo wenige Kilometer bis kurz hinter einer kleinen Brücke. Auf der gegenüberliegenden Felswand und in den Kronen der Steineichen nisten unter anderm Gänsegeier und Schwarzstörche.

Monfragüe war seit alters her Jagdgebiet für Hirsche und Wildschweine. Auch Dachse und Wildkatzen leben hier, darunter der äußerst selten gewordene Luchs.

In den Flüssen des Naturschutzgebiets tummeln sich 15 Fischarten. In der Nähe der beiden Staudämme ist Angeln erlaubt, wenn man sich vorher bei der Umweltbehörde in Mérida eine Genehmigung geholt hat. Der Tajo ist nach wie vor fischreich, aber das durch dreifache Stauung stillgestellte Wasser führt zu Sauerstoffarmut, der viele Fische zum Opfer fallen.

Von Villareal de San Carlos inmitten des Parks aus empfehlen sich zwei **Spazierwege.** Der erste führt wenige Kilometer in westliche Richtung bis zum 312 m hohen Cerro Gimio. Der zweite Weg folgt zunächst dem traditionellen Schafspfad, der *cañada,* in südlicher Richtung. Man passiert einige Hütten, die noch aus keltischer Zeit stammen und von wandernden Hirten immer wieder aufgerichtet wurden. Der Weg führt über die Puente del Cardenal – falls sie nicht gerade vom Tajo überschwemmt ist. Hinter der Brücke beginnt ein Wanderweg zur Burg von Monfragüe. Ist die Brücke überflutet, muß man ein Stück der gepflasterten Straße folgen und links hinter der neuerbauten Puente del Francés den Wanderweg wieder aufnehmen.

Züge: Es fahren mehrmals täglich Züge von Mérida (über Cáceres) und von Plasencia nach Monfragüe und zurück.

Campingplatz: Malpartida de Plasencia, Carretera C 524, Km. 10, ✆ 9 27-45 92 33, direkt am Naturpark, 384 Pers., ganzjährig geöffnet

Naturschutzgebiet: Angellizenzen bei Junta de Extremadura, Agencia de Medio Ambiente, Calle Santa Eulália 30, Mérida, ✆ 9 24-38 54 11.

Metropole des Nordens – Plasencia

Plasencia ist die verwöhnte Metropole des Nordostens der Extremadura, verwöhnt, weil der klare und schöne Río Jerte an ihre Mauern schlägt und ihre Lage in fast 400 m Höhe über dem Meeresspiegel ein angenehmes Klima mit gemäßigten Wintern und milden Sommern bewirkt. Die Stadt mit 34 000 Einwohnern ist von fruchtbarem Land und hohen schneereichen Gebirgen umgeben; sie liegt für die aus den strengen Höhen des kastilischen Nordens Anreisenden am Ausgang des von Kirschbäumen umsäumten Jerte-Tals und bildet das Eingangstor zur weich gezeichneten Landschaft, die ins Innere der Extremadura führt. Plasencia ist ein angenehmer Standort in günstiger Lage für reizvolle Ausflüge in die umliegenden Gebirgsdörfer, zu den Badestränden der Stauseen in der oberen Extremadura wie zu den fischreichen Nebenflüssen des Tajo, die die einsamen Gebirgszüge der Sierra de Gata, von Las Hurdes und die auslaufende fruchtbare Ebene bis zum Tajo durchziehen. Zudem bietet Plasencia selbst genügend Anziehungspunkte für einen Aufenthalt.

»Ut placeat Deo et hominibus« (»Möge es Gott und den Menschen gefallen«) – daraus entstand der Name Plasencia für die Bischofsstadt, an deren Mauern und Rundtürmen aus dem 12. Jh. sich heute der Autoverkehr zwischen Madrid und Cáceres entlangquält. Die römische Via de la Plata ist immer noch eine Hauptverbindung zwischen der Extremadura und dem Rest der Welt.

Hinter den mittelalterlichen Stadtmauern im inneren Bezirk der Stadt treffen wir auf Adelspaläste,

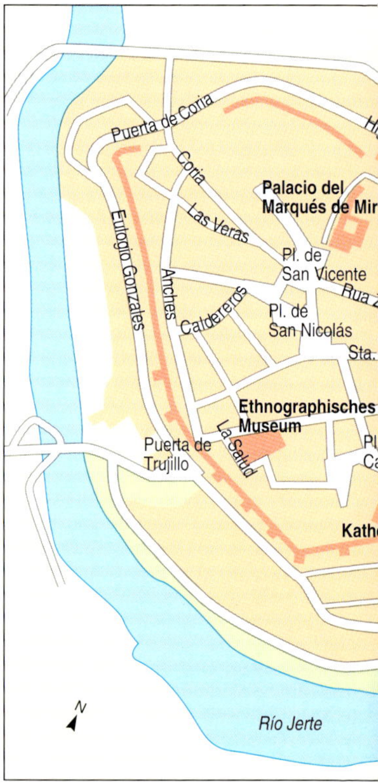

Plasencia

die an die Bauten von Cáceres erinnern, mit dem Unterschied, daß sie in Plasencia teilweise noch ein wenig älter und heute in das ringsum pulsierende städtische Leben integriert sind.

Plasencia war die erste Gründung der kastilischen christlichen Ritter in der Extremadura und stand schon damals in enger Beziehung zu dem nur 130 km entfernten Salamanca, in dem 1234 die älteste Universität Spaniens gegründet wurde. Neben Paris, Oxford und Bologna bildete Salamanca eines der bedeutendsten geistigen Zentren des mittelalterlichen Europa.

Plasencia wurde seit seiner Gründung im Jahre 1189 im Zusammenhang mit der Reconquista zum christlichen und kulturellen Zentrum der nördlichen Extremadura und spielt diese zentrale Rolle noch heute. Die Kathedrale aus dem 15. Jh. mit ihren plateresken Fassaden gilt neben der Klosterkir-

che von Guadalupe als prachtvollster Kirchenbau im Lande.

Spaziergängern bietet Plasencia vielseitige Perspektiven. Unter Pappeln kann man am Uferweg des Río Jerte ostwärts wandern, nur wenige Schritte entfernt von der Stadtmauer. In der Flußmitte kann man über eine Brücke den baumbewachsenen **Parque de la Isla** (Inselpark) betreten und dort stadtabgewandt am Flußstrand baden. Auch in den miteinander verbundenen Parkanlagen am westlichen Stadtrand läßt es sich im Grünen und zwischen Blumenbeeten spazierengehen. Im **Parque de Arco** stehen ein großer Aquädukt aus dem 16. Jh., der Wasser aus dem nahegelegenen Gebirge in die Stadt transportierte.

Der innere Bezirk der Stadt ist von reizvollen engen Gassen durchzogen, von denen allein zehn zum Mittelpunkt der Stadt, der **Plaza Mayor**, führen. Zu jeder Tages- und Nachtzeit ist der Platz Treffpunkt der Handelsstadt. Unter den Arkaden der weißgestrichenen Häuser reihen sich Bars und Läden aneinander. Besonders lebhaft geht es jeden Dienstag zu, wenn der wöchentliche Markt stattfindet. Das **Rathaus** am Platze befindet sich in einem Palast aus dem 16. Jh. mit Renaissancebögen, der von zwei schlanken Türmen sekundiert wird. Neben dem Glockenaufsatz des Uhrenturms steht die Figur des ›Mayorga‹. Es ist der in Stein gehauene Stadtälteste, der seit alters her die Bürger per Glockenschlag nicht nur zu wichtigen Ereignissen auf den Platz ruft, sondern auch Arbeit und Aufgaben des Tages einteilt.

Die schönsten Spaziergänge in der Innenstadt führen von der Plaza Mayor zur Puerta de Berrozana im Norden, zur Puerta de Coria im Westen sowie zur Puerta de Trujillo (Ermita de la Salud) im Südwesten, wo sich die **Stadtmauer** mit ihren halbrunden Türmen aus dem 12. und 13. Jh. am besten erhalten hat.

Auf dem Weg von der Plaza Mayor zur Puerta de Trujillo gehen wir durch die Calle Trujillo. Halten wir uns links, treffen wir auf die Plaza de la Catedral mit der imposanten **Kathedrale.** Die Plaza ist von ehemaligen Adelspalästen umgeben, die heute als Sitz der Regionalverwaltung dienen.

Die interessantesten **Adelshäuser** sehen wir, wenn wir von der Plaza de la Catedral die Calle Blanca zur Plaza de San Nicolás und zur Plaza de Santo Domingo entlanggehen. Im **Palacio del Marqués de Mirabel** ist ein kleines Jagdmuseum untergebracht.

Von der Plaza de la Catedral sind es nur ein paar Schritte bis zum ehemaligen Hospital, in dessen großzügig geschnittene Räume auf mehreren Etagen vor kurzem das **Ethnographische Museum** von Plasencia eingezogen ist. Wer sich für Weberei, Keramik und Trachten der Extremadura interessiert, findet hier eine reiche Sammlung (tägl. 11–14, 17–20 Uhr, So und feiertags 11–12 Uhr).

Die Kathedrale von Plasencia

Die imposante Kathedrale (geöffnet tägl. 9–13 Uhr) besitzt die prachtvollste Renaissancefassade der Extremadura und ist ein Schlüsselwerk spanischer Renaissance in dieser Region. Die damals neuen ästhetischen Wertmaßstäbe, die ein Gleichgewicht zwischen Horizontale und Vertikale, den Ausgleich der Elemente und die harmonische Proportion einzelner Bauteile zum Ganzen verlangten, wurden überzeugend umgesetzt. Dem Gebot der Schlichtheit setzte man indes einen eigenen Stil entgegen. Man griff zwar das neue Architekturideal aus Italien auf, aber dies im Geiste einer spezifisch spanischen Tradition. Monumentale Steinwände wurden mit feinziselierten Ornamenten überzogen. Die platereske Dekorationskunst machte Anleihen bei der Ornamentik mudejarer Arabesken und fügte sie in die neuentdeckte Formensprache der Antike ein.

Wir sehen: die christlichen Bauten des Weltreichs Spaniens, das trotz der vielen unter Karl V. außerhalb Spaniens geführten Kriege aus dem Gefühl des Aufbruchs und der befestigten Macht lebte, mußten im 16. Jh. keine abweisenden Festun-

Kathedrale von Plasencia

gen mehr sein wie beispielsweise die 300 Jahre ältere Kathedrale von Badajoz zu Zeiten der Reconquista. So wie aus der Rüstung des Reconquista-Ritters das zivile Kleid des kastilischen *caballero* wurde und aus seiner stolzen Attitüde der Distanz die differenzierten Formen spanischer Höflichkeit erwuchsen, so verwandelten sich auch die trutzigen Schutzwände mancher repräsentativer Häuser nun zu reichbestickten Wandkleidern. Ihre Fassaden sollten Reichtum und das Bewußtsein gesicherter Macht auch nach außen hin demonstrieren.

Dies galt im katholischen Spanien natürlich besonders für ein zur Ehre Gottes erbautes Haus, und erst recht für eine Bischofskirche wie die von Plasencia, in der die staatstragende Institution Kirche ihre errungene Macht nach außen darstellte und unterstrich, indem sie, ihre Pracht entfaltend, das steinerne Gewand des repräsentativen Kirchengebäudes mit Schmuckwerk bekleidete wie ein Bischofsornat.

Darüber hinaus entsprach dies dem erklärten Programm der Gegenreformation jener Zeit, mit dem die katholische Kirche unter Führung Spaniens den bilderstürmerischen Protestanten aus Mitteleuropa entgegentrat. Sie tat dies auf vielfältige Weise: durch Bilder, Theater und eben auch durch Architektur. Die Kirche warb für sich. Sie sprach die Sinne der Menschen an und hoffte, sie auf diese Weise zu halten; sie vertraute weniger der Macht des Wortes als der Verführungskraft des Anschaulichen.

Der düstere Escorial-Palast Philipps II., nur wenige Jahrzehnte später erbaut, repräsentiert in seiner strengen Schmucklosigkeit zwar das Bild Spaniens im 16. Jh. Aber bevor sich das nachtschwarze und zugeknöpfte Spanien in spröder Abwehr von Humanismus und Reformation zum einsamen Herrn über Europa machte und einen Stil entwickelte, mit dem es die Europäer beeindruckte und erschreckte, ließ es italienisch gebildete Flamen und Deutsche ins Land, um im Bewußtsein des Anbruchs einer neuen Zeit die gewonnene Stellung als Weltmacht spielerisch umkränzen zu lassen. – Die Fassade der Kathedrale von Plasencia wurde 1558 beendet.

Am Bau der Kathedrale wirkten seit Ende des 15. Jh. nicht nur einige der besten Architekten Kastiliens und Andalusiens wie Enrique Egas und Diego de Siloé, der flämischer Abstammung war, auch der Deutsche Francisco de Colonia (Franz von Köln) war beteiligt. Die sogenannte ›neue Kathedrale‹ *(Catedral Nueva)* wurde an die alte, unvollendet gebliebene romanische Kathedrale aus dem 13. Jh. angebaut. Es stehen noch der alte Glockenturm außerhalb der Kathedrale und das heute zugemauerte Eingangsportal, das sich gegenüber vom Bischofspalast befindet. Im Innern des Gebäudekomplexes, der an die alte Stadtmauer grenzt, haben sich vier Joche mit Gewölbe und der schöne Kreuzgang mit gotischen Bögen aus dem 13. Jh. erhalten.

Im Innern der dreischiffigen ›neuen‹ Kathedrale beeindrucken die 26 m hohen Säulenbündel, deren nervige Außenstränge sich wie Palmenblätter entfalten und in das reiche Netzgewölbe verzweigen. Der Raum ist zwar ein Torso, weil nicht zuendegebaut, dennoch aber in sich vollendet. Juan de Alava und Francisco de Colonia haben ihn zwischen 1513 und 1537 geschaffen und damit ein von der Renaissance inspiriertes spätgotisches Meisterwerk hinterlassen, dessen harmonische Proportionen, feine Stilistik und farbliche Abstimmung mit Recht hochgelobt wird und unter Kennern als einer der erlesensten Innenräume ganz Spaniens gilt.

Der gewaltige, 1623 begonnene *Hochaltar* nimmt die gesamte Apsis des Zentralschiffs ein. Er ist 23 m hoch und 16 m breit. Im Mittelfeld steht die barocke Skulptur ›Mariä Himmelfahrt‹. Sie stammt von Gregorio Fernández; die vier flankierenden Tafelbilder malte Francisco Rizi. Sie stellen die Verkündigung und Szenen der Geburt Christi dar.

Besonders sehenswert ist das Schnitzwerk des *Chorgestühls,* in dem der Deutsche Rodrigo el Alemán Ende des 15. Jh. unterhalb des mudejaren Dekors auf fesselnde Weise Szenen aus dem Leben Jesu festgehalten hat. Sie stecken voll derber Situationskomik und zeigen verblüffende Details. Ein widerspenstiges Schwein wird am Schwanz gezogen. Während Jesus die Wechsler aus dem Tempel verjagt, fallen die Geldstücke vom Tisch. Im Stuhl des Bischofs soll der Künstler sich angeblich selbst porträtiert haben.

In den *Seitenkapellen* befinden sich prachtvolle barocke Altäre aus dem 18. Jh. Im **Kathedralmuseum**, das ausschaut wie eine Rumpelkammer, sind neben vielen Skulpturen, Gewändern und kunstvoll verzierten Bibeln und Notenbüchern auch zwei Schmerzensbilder von Luis de Morales zu sehen, die allerdings nicht zu seinen bedeutenden Werken gehören (tägl. 9–12.30, 16–18 Uhr).

Oficina de Información Turístca: El Rey 8, ✆ 9 27-42 21 59

Züge: RENFE, Avda. de Ambroz, ✆ 9 27-41 00 49, Züge Richtung Salamanca, Madrid und Cáceres

Busse: Busbahnhof, Calle Tornavacas 2, ✆ 9 27-41 45 50, regelmäßiger Verkehr in alle Richtungen

Unterkünfte: ***Alfonso VIII., Calle Alfonso VIII. 32, ✆ 9 27-41 02 50, DZ 10 000–12 000 Pst.; *Alpemar, Carretera Nal. 630, ✆ 9 27-42 19 42, DZ 4500–5000 Pst.

Campingplatz: La Chopera, Carretera N 110, Km. 3,3, ✆ 9 27-41 66 60, 228 Pers., geöffnet 1. 4.–30. 9.

Restaurants: Florida 2, Avda. de España 22, ✆ 9 27-41 38 58; Alfonso VIII., Calle Alfonso VIII. 32, ✆ 9 27-41 02 50; Rincón Extremeño, Calle Vidrieras 6, ✆ 9 27-41 10 36; Taverna Extremeña, Calle Vidrieras 2, ✆ 9 27-41 64 58

Feste: 16. Januar: Karneval; 8.–11. Juni: Feria; 1. Di im August: Martes Mayor, Landwirtschaftsmesse

Valle del Ambroz

Im Nordosten von Plasencia befinden sich zwei Flußtäler, die zu den klimatisch besonders bevorzugten Gebieten der Extremadura gehören. Durch das nördliche Tal fließt der Río Ambroz. An seinem Ufer entlang führte schon seit der Antike die Via de la Plata. An den zum großen Teil bewaldeten Hängen des Tals liegen Kurorte wie das schon in der Antike durch seine Bäder bekannte **Baños de Montemayor** in 738 m Höhe. Vor allem Asthma- und Rheumakranke suchen hier im Sommer Linderung ihrer Beschwerden. Inschriften, die man im Ort fand, geben Kunde von einem Nymphenkult keltischen Ursprungs, der in Baños de Montemayor schon vor mehr als 2500 Jahren betrieben wurde.

Reizvollstes Städtchen und zugleich Handelszentrum der Umgebung ist **Hervás**, das sein mittelal-

Umgebung von Plasencia

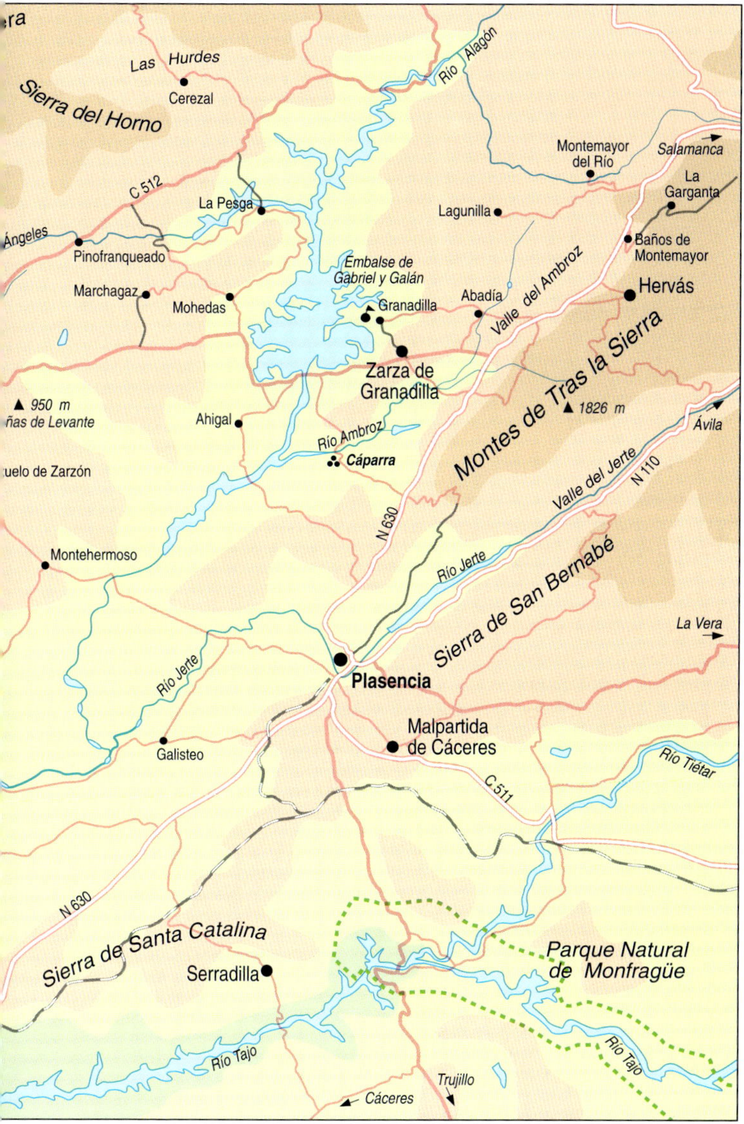
Las Hurdes
Cerezal
Sierra del Horno
Río Alagón
Montemayor del Río
Salamanca
La Garganta
C 512
La Pesga
Lagunilla
Ángeles
Pinofranqueado
Baños de Montemayor
Embalse de Gabriel y Galán
Marchagaz
Mohedas
Granadilla
Abadía
Valle del Ambroz
Hervás
Zarza de Granadilla
Montes de Tras la Sierra
950 m
ñas de Levante
Ahigal
1826 m
Ávila
Río Ambroz
Cáparra
uelo de Zarzón
Valle del Jerte
N 110
N 630
Montehermoso
Río Jerte
Sierra de San Bernabé
La Vera
Río Jerte
Plasencia
Malpartida de Cáceres
Galisteo
Río Tiétar
C 511
N 630
Sierra de Santa Catalina
Parque Natural de Monfragüe
Serradilla
Río Tajo
Río Tajo
Trujillo
Cáceres

terlich anmutendes Judenviertel bewahrt hat. Seine engen Gassen erstrecken sich am Südhang zwischen der oberen Stadt und dem in Hervás noch schmalen Río Ambroz. Aus der Synagoge ist eine christliche Kirche geworden. Nur Straßennamen wie ›Sinagoga‹ oder ›Rabilero‹ erinnern noch an die ehemaligen Bewohner. Die weißgestrichenen Häuser mit ihren typischen Türverschlägen und Fensterbrüstungen haben kleine Gärtchen und von schweren Eichenträgern gehaltene und von Holzsäulen gestützte Balkone. Häufig zeigen die Wände Fachwerk. In den engen Gassen berühren sich die einander gegenüberstehenden Häuser beinahe in der Höhe. Auf kopfsteingepflasterten Wegen gehen wir abwärts bis zu der kleinen einbogigen Brücke über den Ambroz, deren römische Fundamente noch gut zu erkennen sind. Jenseits der Brücke beginnt der Weg in die Berge.

Ein Ausflug in den nahegelegenen Ort **La Garganta** lohnt wegen der schönen Aussicht in das Tal und zu den Höhen von Las Hurdes in der Ferne. In westlicher Richtung gelangt man von Hervás nach **Abadía** zum Palacio Sotofermoso, der sich im Besitz der Herzöge von Alba befindet. Auf Teilen einer arabischen Festung nach der Reconquista Ende des 12. Jh. errichtet, wurde er im 16. Jh. im Renaissancestil umgebaut und mit einem berühmten Garten versehen, der als kleine literarische Akademie und inspirierender Ort der Poeten einen guten Ruf genoß. Der Innenhof des Palastes ist zu Beginn des 15. Jh. im Mudejar-Stil erbaut worden.

Am Ufer des Stausees Gabriel y Galán liegt das sehenswerte Dorf **Granadilla** (Auf vielen Karten nicht eingetragen, Straße von Zarza de Granadilla nehmen). Der von den Mauren im 9. Jh. gegründete Ort sollte nach dem Cáceres-Plan eigentlich den Wassern des Stausees zum Opfer gefallen sein. 1965 verließ die Bevölkerung den Ort. Die Wasser des Stausees haben Granadilla verschont. Seine Häuser sind vollständig von einer arabischen Mauer umgeben, die von den Resten einer Burg aus dem 15. Jh. überragt wird. Sie wurde auf Veranlassung des ersten Herzogs von Alba errichtet. Studenten aus ganz Spanien sind dabei das verfallene Dorf wieder instandzusetzen und dabei ihre handwerklichen Fähigkeiten auszubilden.

Auf dem Weg von den Ufern des Stausees (Zugang auf beiden Seiten des Staudamms) nach Plasencia treffen wir an einer Straßenbiegung unvermittelt auf ein gewaltiges überkuppeltes Portal mit vier Bögen, einziger am Ort verbliebener imposanter Zeuge der römischen Stadt *Capera*, heute **Cáparra** genannt. Seit 1929 hat man hier Ausgrabungen durchgeführt, Häuser und Nekropolen gefunden, sowie Mauern aus spätrömischer Zeit. Die Fundstücke befinden sich heute in den archäologischen Museen von Badajoz und Cáceres. Die befestigte Stadt nahe der Via de la

Das Museumsdorf Granadilla

Plata diente zum Schutz der westlichen Goldminen. Die Stadt war sehr klein, maß etwa ein Zehntel der Fläche von Mérida und besaß drei Tempel. Das alleinstehende Portal bildete wahrscheinlich einmal den Eingang zu einem Tempel oder zum Forum.

Oficina de Información Turística: *Baños de Montemayor:* Avda. Calvo Sotelo

Busse: Täglich Busse von Plasencia (Busbahnhof, Calle Tornavacas 2, ✆ 9 27-41 45 50) zu den Ortschaften im Tal.

Unterkünfte: *Baños de Montemayor:* **La Glorieta, Avda. de las Termas 83, ✆ 9 23-42 80 18, DZ 4000–5500 Pst.; Hostal Galicia, Calle Calvo Sotelo 71, ✆ 9 23-42 81 62, DZ 4000 Pst.; Hostal El Molino Calle Paniagua 42, ✆ 9 23-42 80 09, DZ 4000 Pst.; *Hervás:* Hostal Europa, Carretera N 630, Km. 433, ✆ 9 27-47 30 20, DZ 4200 Pst.; Hostal Roma II., Carretera N 630, Km. 435, ✆ 9 27-48 43 44, DZ 4500 Pst., Hostal Sinagoga, Avda. de la Provincia 2, ✆ 9 27-48 11 91, DZ 6000 Pst.; *Zarza de Granadilla:* Hostal Junco Fresco, Carretera Estación, ✆ 9 27-48 64 59, DZ 2400 Pst.

Campingplätze: *Baños de Montemayor:* Las Canadas, N 630, Km. 432, ✆ 9 27-48 11 26, 360 Pers., ganzjährig geöffnet; *Hervás:* El Pinajarro, Carretera C 513, Km. 2,7, ✆ 9 27-48 16 73, 180 Pers., geöffnet 18. 3.–2. 10.

Restaurant: *Hervás:* Nardi, Calle Braulio Navas 19, ✆ 9 27-48 13 23

Gebirge im Norden – Las Hurdes und Sierra de Gata

»Land ohne Brot«, so hieß der Titel des Dokumentarfilms von Luis Buñuel über Las Hurdes aus dem Jahre 1932. In den verschwiegenen Tälern von **Las Hurdes** stieß Buñuel auf eine Armut und Zurückgebliebenheit, wie sie die europäische Öffentlichkeit nicht mehr für möglich gehalten hatte. Hier war die Extremadura wirklich ein vergessenes Land und ein Extrem, was die Härte des Daseins betrifft. Die Häuser, teilweise nur mit Luken statt mit Fenstern ausgestattet, glichen Ställen, ja sie waren beides, Unterkunft für Mensch und Tier. Die ehemals bewaldeten Höhen waren im Laufe der Generationen kahlgeschlagen worden. Allein winzige Gärten, Ziegen und Bienenvölker mußten das Überleben sichern – seit Tausenden von Jahren, als dies die Siedlungen der Kelten waren, die Orte römische Bezeichnungen trugen, dann arabische, christliche... der Wandel der Zeiten erschien hier nur als Wechsel der Herrschaft, kaum als Fortschritt. Elektrizität, Telefon und befestigte Straßen gibt es erst seit wenigen Jahrzehnten.

Moderne Maschinen können auf den kleinen Terassenfeldern nicht eingesetzt werden

»Tierra sin pan«

Ein Film von Luis Buñuel

Luis Buñuel, der große spanische Regisseur, drehte 1932 in Las Hurdes seinen dritten Film im Anschluß an seine surrealistischen Meisterwerke »L'Age d'or« und »Un Chien andalou«. Sein Film über Las Hurdes war keineswegs surrealistisch. Er gehört inzwischen zu den Klassikern des Dokumentarfilms. Wie die anderen Filme mit ihrem Spott über Kirche und Staat erschreckte auch die beklemmend realistische Reportage über Not und Elend in dem Film »Las Hurdes – Tierra sin pan« (Land ohne Brot) das bürgerliche Publikum.

Buñuel hatte eine Studie über Las Hurdes gelesen und sprach mit Freunden über die Möglichkeit, über die Region einen Film zu drehen. Ein befreundeter Anarchist wollte ihm das Geld dazu leihen – falls er im Lotto gewinne. Er gewann einige Monate später tatsächlich. Gemeinsam mit Kameramann Eli Lotar und seinem Assistenten Pierre Unik nahm Buñuel Quartier im nahegelegenen Kloster von Las Batuecas. Von hier aus war der einen Monat lang täglich zu bewältigende Weg immer noch weit genug – zwei Stunden Autofahrt und dann weiter zu Fuß, die Kamera auf dem Rücken.

»Land ohne Brot« war ein keineswegs metaphorisch gemeinter Titel. Die Bewohner von Las Hurdes kannten kein täglich frisch gebakkenes Brot. Geriet ein trockener Laib aus dem reicheren Süden in diese Gegend, wurde er zum Tauschen verwendet. Hier gab es buchstäblich nichts als Felsen, Heidekraut, Ziegen und Bienen. Jahrhunderte zuvor hatten Banditen und von der Inquisition verfolgte Juden hier Unterschlupf gefunden. Und Buñuel war darüber erstaunt, daß selbst jene Männer, die von hier aus als Emigranten in die Welt flüchteten und von denen er einige in Paris bei der Vorführung seines Films traf, wieder in ihre Heimat zurückkehrten. »Eine Macht zog sie zurück in die Hölle, die ihnen gehörte«, resümiert er in seinen Erinnerungen.

Buñuels Film wurde in Spanien sofort verboten. Das Elend zu zeigen, sei nicht patriotisch. In den Unterlagen der *Guardia civil* fand man während des Spanischen Bürgerkriegs eine Karteikarte mit Informationen über den Regisseur. Darauf wird er vor allem als Autor des Films »Las Hurdes – Tierra sin pan« erwähnt. Falls man Buñuel auffinde, sei er sofort den falangistischen Dienststellen zu übergeben. Das hätte für Buñuel den Tod bedeutet.

Heute sind die Straßen asphaltiert, die Hänge großenteils wieder bewaldet. Weniger die verfallenden Häuser als die im Neubau begriffenen stechen ins Auge. Die Bewohner dieser Region sind ihr trotz der staatlich geförderten Umsiedlung in die neugegründeten Dörfer am Río Guadiana, die der ›Plan Badajoz‹ vorsah, vielfach treu geblieben. Die jungen Männer arbeiten weitab, oft im Ausland; die Alten, Frauen und Kinder sind daheim geblieben und warten, bis das woanders verdiente Geld für den Neubau des Hauses ausreicht. Die traditionellen Häuser sind aus grobem Feldstein errichtet und mit grauem Schiefer bedeckt, dem Material der Gegend. In den tiefen Falten der mächtigen rundlichen Berge hinterlassen die Flüsse eine blinkende Spur.

Die trostlosen Dörfer von Las Hurdes sind von kargen Ziegenweiden umgeben. Wir begegnen den staunenden Blicken der Bewohner, für die Zeit etwas anderes sein muß als für den Reisenden. Schnellebig ist hier nichts. Jahrtausende gab es hier unveränderte Not. Die moderne Zeit hält Einzug mit Fernsehen und Automobil.

In der **Sierra de Gata** bestehen die Wände der Häuser entweder aus Granitbrocken (in Cilleros, Hoyos und Acebo) oder aus Fachwerk. Auf den unzugänglichen Bergkegeln der Sierra de Gata erheben sich die Türme verlassener Burgen (in Eljas, Gata, Santibáñez, Trevejo und Salvaleón), die die Araber dort hinterließen, um im 9. Jh. die über die Berge ins Land eindringenden christlichen Räuberbanden rechtzeitig zu erspähen und abzuwehren. In den fruchtbaren Gärten gedeihen verschiedenste Gemüse. Olivenbäume sind überall verbreitet, gebietsweise auch Orangen (bei Acebo) und Wein, dessen Güte schon im 14. Jh. urkundlich erwähnt wurde.

In beide Gebiete muß man Proviant mitnehmen, auch Getränke, denn es gibt kaum Restaurants und nur wenige Bars. Vor allem in Las Hurdes ist niemand auf den Besuch von Fremden eingerichtet. Dennoch – die große Straße C 512, von der die kleinen Stichstraßen in die Täler abzweigen, ist ausgebaut worden; an manchen Kreuzungen versucht sich ein kleines Hotel zu halten. Die Flüsse sind fischreich und bieten Gelegenheit zum Angeln. Den Großstädter wird die gute Luft und das gemäßigte Sommerklima reizen. Im **Embalse de Borbollón** kann man segeln und baden. Vor allem die Sierra de Gata wird auf Dauer nicht so fernab vom Reisestrom bleiben wie bisher.

Unterkünfte: *Casares de las Hurdes:* Hostal Montesol, Calle Lindón 4, ✆ 9 27-43 30 32, DZ 3500 Pst.; *Pinofranqueado:* *El Puente, Paseo de Extremadura, ✆ 9 27-10 40 28, DZ 3800–4000 Pst.

Campingplätze: *Santibáñez el Alto:* Am Embalse de Borbollón, Carretera Moraleja – Plasencia, Km. 10,

210 Pers., geöffnet vom 1. 3. bis 30. 9.; *Gata:* Carretera Fatela – Gata, Km. 5,1, ✆ 9 27-10 21 68, geöffnet vom 31. 3. bis 5. 11.; *Pinofranqueado:* Carretera C 512, ✆ 9 27-10 41 41, 129 Pers., ganzjährig geöffnet

Feste: *Las Hurdes:* Februar: Karneval; *Nuñomoral:* 3. Februar: Fest des Hl. Blasius; *Casares de las Hurdes:* 6. Januar: Alboná de los Tres Reyes Magos (Hl. Drei Könige); *Pinofranqueado:* 14.–15. August: Virgen de la Encina; *Caminomoriscoso:* 10. Juli: Fest des San Cristóbal

Im Land der Vettonen – Coria

Westlich von Plasencia wird die Landschaft flach. Die nördlichen Nebenflüsse des Tajo leiten ihre Wasser in Kanäle, die die umliegenden Felder bedienen. Gemüse und Tabak wird angebaut. Auf dem Weg zur alten vettonischen Hauptstadt Coria passieren wir das Örtchen **Galisteo** am Río Jerte, über den eine Brücke römischen Ursprungs führt. Am Ufer ist Gelegenheit unter schattenspendenden Bäumen eine kurze Rast einzulegen oder auch zu kampieren.

Galisteo ist vollständig von einer Stadtmauer aus mit Mörtel gebundenen kleinen Steinen umgeben. Man ist sich nicht sicher, ob sie die Almohaden im 12. Jh. oder die Christen im 13. Jh. errichtet haben. Innerhalb der Mauern finden wir als Reste einer Burganlage einen Turm, *picota* genannt, der eine kuriose Spitze wie eine Zipfelmütze trägt. Die Iglesia de la Asunción verfügt über eine vollständig erhaltene Apsis im mudejaren Stil, erbaut in der zweiten Hälfte des 13. Jh. Der nebenstehende Glockenturm ist auf der Stadtmauer errichtet worden, die hier auf schmalen Stufen bestiegen werden kann.

An den Ausläufern des Embalse de Alcántara sind unmittelbar an der Weggabelung der N 630 zwischen Plasencia und Cáceres (ehemals die römische Via de la Plata) und der C 526 nach Coria (ehemals Beginn der Via Dalmacia) die Reste der **römischen Brücke** von Alconétar wiedererrichtet worden. Ursprünglich überquerte die Brükke den Tajo im heutigen Staugebiet.

Auf einem Hügelrücken dicht am Ufer des Río Alagón liegt **Coria**, eine der ältesten Städte der Extremadura. Sie war vor 2500 Jahren die Hauptstadt der Vettonen, die gemeinsam mit den Lusitaniern hartnäckig gegen die Römer Widerstand geleistet hatten und wegen ihrer besonderen Wildheit berüchtigt waren. Die Römer machten aus *cauria vettona* das stark befestigte römische *Caurium*. Während der Völkerwanderung gehörte Coria zum Reich der Sueven, bevor die Westgoten die Herrschaft übernahmen. Schon seit Beginn des 4. Jh. war die Stadt Bischofssitz.

Im 8. Jh. wurde die Stadt maurisch und galt als besonders wider-

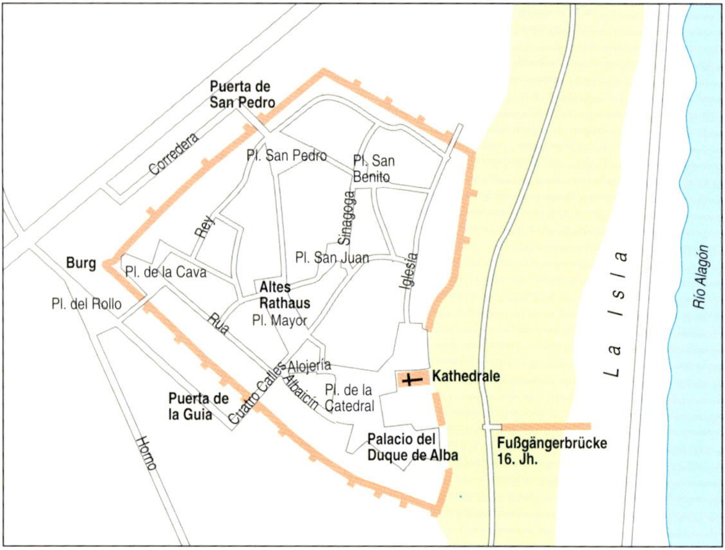

Coria

spenstig gegenüber dem Herrschaftsanspruch des Kalifen von Córdoba. Im 12. Jh. wechselten die Herren der Stadt einige Male im Streit zwischen Mauren und kastilischen Christen; zu Beginn des 13. Jh. wurde Coria endgültig christlich und vom König in den Besitz der Adelsfamilie Solis gegeben, deren Stammhaus sich heute in Cáceres befindet. Die Familie der Solis geriet in Geldschwierigkeiten, verpfändete die Stadt an den Herzog von Alba, der sie 1470 als Pfand behielt und sich seitdem mit dem Titel des Markgrafen von Coria schmücken konnte. Aus dieser Familie ging der berüchtigte Feldherr Philips II. hervor, der in den Niederlanden mit großer Härte die spanischen Interessen vertrat.

Corias interessanteste Sehenswürdigkeiten sind die **römischen Stadtmauern und Stadttore**, die nirgendwo in Spanien über eine Länge von 500 m so gut erhalten sind wie hier. Sie wurden verhältnismäßig spät, im 3. und 4. Jh., zum Schutz gegen die von Norden eindringenden Germanenstämme errichtet. Die Puerta de San Pedro und die Puerta de la Guia sind deutlich als Stadttore römischen Ursprungs erkennbar, die andern stammen aus späterer Zeit.

Unterhalb von Stadt und Kathedrale befindet sich eine Fußgängerbrücke aus dem 16. Jh., die den heutigen Spaziergänger jedoch nicht mehr über den Fluß führt. Der Río Alagón hat nach dem Erdbeben von Lissabon 1755 sein Bett verändert. Seitdem existiert diese Brücke ohne Fluß und der Fluß ohne Brücke. Das Kastell am Eingang zur Stadt stammt vom Ende des 15. Jh., als Coria in den Besitz des Herzogs von Alba geriet. Der Palacio del Duque de Alba steht im äußersten Winkel der Stadt, gegenüber der Kathedrale.

Die jetzige **Kathedrale ›La Asunción‹** erhebt sich an der Stelle einer Moschee und einer Kirche aus dem 13. Jh. Der Neubau wurde 1496 begonnen und erst im 18. Jh. beendet. 1723 wurde der Glockenturm errichtet. 1755 brach er gemeinsam mit dem Gewölbe über der Hauptkapelle durch das gewaltige Erdbeben zusammen, das mit Lissabon auch viele andere Städte der Iberischen Halbinsel zerstörte. Die Eingangstore zur einschiffigen Kirche sind im plateresken Stil der spanischen Renaissance geschmückt. Das Innere wird von einem gewaltigen Barockaltar beherrscht, der zwischen 1746 und 1748 entstanden ist (s. Abb. S. 41). In seinen Nischen stehen Skulpturen von Alejandro Carnicero.

Das Chorgestühl wurde Ende des 15. Jh. begonnen und 1514 beendet. Zwei Sitze für die Herzöge von Alba sind besonders gekennzeichnet.

Oficina de Información Turística: Ayuntamiento, ✆ 9 27-50 13 51

Brücke aus dem 16. Jh. und Kathedrale

Busse: Es verkehren regelmäßig Busse zwischen Plasencia (Busbahnhof, Calle Tornavacas 2, ✆ 9 27-41 45 50) und Coria.

Unterkünfte: **San Juan, Avda. Virgen Argemo 54, ✆ 9 27-50 30 48, DZ 6000–6500 pst.; *Montesol, Puente de Hierro, ✆ 9 27-50 10 49, DZ 3500–3800.

Feste: 3. Mai: Fest der Blumenkreuze; 24. Juni: Toros de San Juan, Stiertreiben und Stierkämpfe

Valle del Jerte – Das Tal der Kirschen

Das Tal des Río Jerte im Norden von Plasencia (s. Karte S. 142) ist eine der schönsten Landschaften der Extremadura. Die Straße von Madrid über Ávila führt über den Paß von Tornavacas in über 1200 m Höhe. Die westlichen Ausläufer der die meiste Zeit des Jahres über schneebedeckten Sierra de Gredos erheben sich über dem Tal in Höhen über 2200 m. Besonders im Frühjahr, wenn die weiße Pracht der Kirschblüten vor den tiefgrün bewaldeten Hängen sich mit den leuchtenden Schneegipfeln der Berge ringsum zu einem Bilde verwebt, ist die Fahrt durch das von Kastilien aus absteigende Tal ein Naturerlebnis. In den höheren Gebirgslagen blühen die Kirschbäume bis in den April hinein. Der Schnee auf den Gipfeln der Sierra de Gredos liegt bis Anfang Juni.

Reist man aus dem herben und granitgrauen Kastilien an, gelangt man schon bald hinter dem Paß in die deutlich mildere Extremadura: grüner, bewaldeter und auch bunter als das Land der kastilischen Hochebene. Der forellenreiche schlanke Río Jerte, zumeist von schattigen Hainen am Ufer begleitet, schlängelt sich über Vorsprünge hüpfend, Haken schlagend und über die blanken Steine schlüpfend 30 km lang durch das schmale Tal, bis seine schnellen springenden Wasser im Embalse de Plasencia aufgehalten und zum See gestaut werden. Einige Kilometer vor Plasencia wird der Jerte erneut ins schmale Bett gelassen, zieht nun friedlich treibend an der Stadt vorbei und schließt sich danach in der Ebene gemächlich dem Río Alagón an, um schließlich weit im Westen bei Alcántara seine Wasser dem Tajo zu übergeben.

An der Strecke liegen nur wenige Ortschaften, aber es bieten sich zahlreiche Möglichkeiten, direkt an den Uferwiesen des Río Jerte zu rasten. Verhältnismäßig viele Restaurants und Hotels am Wege laden zum Aufenthalt ein und zeugen vom guten Ruf des Tals.

Busse: Täglich Busse von Plasencia (Busbahnhof, Calle Tornavacas 2, ✆ 9 27-41 45 50) zu den Ortschaften im Tal.

Im Jerte–Tal

Unterkünfte: *Jerte:* **Los Arenales, N 110, Km. 37, ✆ 9 27-47 02 50, DZ 5500 Pst.; *Cabezuela del Valle:* Hostal Cabezuela, Parque San Antonio, ✆ 9 27-47 24 34, DZ 3500–4000 Pst.

Campingplätze: *Navaconcejo:* Las Veguillas, Carretera N 110, Km. 375,8, ✆ 927-17 30 06, 288 Pers., geöffnet 15. 3.–16. 9.; *Jerte:* Valle del Jerte, Carretera N 110, Km. 367,9, ✆ 9 27-47 05 27, 500 Pers., geöffnet 15. 3.–30. 9.

Feste: *Navaconcejo:* Ostersonntag: El Judas

La Vera – Die Landschaft des ruhenden Kaisers

Sie erstreckt sich über die südlichen Hänge der Sierra de Gredos, die zum Río Tiétar hin abfallen. Im Norden ragen die Gipfel bis zu 2000 m hoch. Zahlreiche Flüsse durchziehen die Hänge und bewässern das fruchtbare Gebiet bis zum Río Tiétar. Das Land ist waldreich. Man sieht Kastanien und Zypressen. Im flacheren Land werden Tabak, Paprika, Baumwolle und Mais angebaut.

Reizvolle Dörfer reihen sich entlang der C 501. Plasencia am nächsten liegt das Städtchen **Jarandilla de la Vera** mit der ehemaligen Burg des Grafen von Oropesa aus dem 15. Jh. Heute ist in der vorbildlich restaurierten Festung mit großem Innenhof und gotisch dekorierter Galerie ein Parador eingerichtet. Bevor Karl V. sein letztes Domizil im nahegelegenen Kloster Yuste beziehen konnte, hielt er sich im Winter 1556/57 in dieser Burg auf.

Man weiß nicht, wie Karl V. auf den Gedanken gekommen ist, seine letzte Lebenszeit gerade in dieser abgelegenen Landschaft zu verbringen. Vermutungen drängen sich auf. Er wollte sich, begleitet von nur wenigen Getreuen, in die Einsamkeit zurückziehen. Sie fand er hier vor. Er wollte sich als gichtkranker Mann in der Wärme aufhalten, vor kalten Winden durch die Berge im Norden geschützt; zudem in schöner fruchtbarer Umgebung, die den Blick hinaus in die südliche Weite gestattet. All das bot das Kloster Yuste inmitten von La Vera. Es wurde zum letzten Aufenthaltsort eines der mächtigsten Männer der Weltgeschichte und der zentralen Herrscherfigur des Reformationszeitalters, in dem die Fundamente einer neuen europäischen Ordnung gelegt wurden.

Der Weg nach Yuste oder das Ende Karls V.

In einer Maultiersänfte durch Spanien befördert, stieß der Kaiser im November 1556 mit kleinem Gefolge hinunter ins Tal des Río Jerte. Er mied den bequemeren Weg über die Bischofsstadt Plasencia, wo er

La Vera

mit nervenzehrender zeremonieller Begrüßung rechnen mußte, und entschied sich für den kürzeren Weg über die Sierra de Gredos bei Tornavacas, immerhin über 2000 m hoch und schneebedeckt. Man sieht dort von der Straße aus noch heute jenseits der bewaldeten Senke, in die der Ort Tornavacas eingebettet liegt, den serpentinenförmig aufsteigenden Weg, den der Kaiser in einem Tragsessel hinaufgehoben wurde. Auf dem Gipfel angekommen, ließ er, dessen Muttersprache flämisch war und der erst als Erwachsener spanisch gelernt hatte, verlauten: »Ya no franquearé otro puerto – que el de la muerte.« (Ich werde über keinen anderen Paß mehr gehen – als den des Todes.)

So sollte es sein. Ziel war das Hieronymitenkloster Yuste, aber Karl V. wollte durchaus kein Klosterbruder werden. Er hatte den Befehl erteilt, ein bequemes Landhaus unmittelbar neben der Klostermauer zu errichten. Die Arbeiten hierfür waren noch nicht fertiggestellt, so daß der Kaiser fast ein Vierteljahr Aufenthalt in der nahegelegenen Burg von Jarandilla nehmen mußte, bevor er in Yuste einziehen konnte. Sein Gefolge bestand hauptsächlich aus Flamen. Die Höflinge betrachteten den Aufenthalt in diesem entlegenen Gebiet mehr als Strafe denn als Ehre. In der Mehrzahl wohnten sie im nächstgelegenen Ort Cuacos. Hier wuchs auch in der Familie des engsten kaiserlichen Vertrauten Quijada ein illegitimer Sohn Karls V. auf, der damals zehnjährige Jerónimo, 1547 in Regensburg als Sohn der Bürgertochter Barbara Blomberg geboren und später zum Prinzen Juan de Austria ernannt.

Nur für wenige Vertraute des Kaisers waren Räume im Kloster

eingerichtet worden, darunter für einen berühmten italienischen Uhrmacher aus Carmona, in dessen Werkstatt sich Karl V. häufig aufhielt.

Trotz seiner Zurückgezogenheit ließ sich Karl V. über die politische Lage genauestens unterrichten. Außerdem mischte er sich durch Briefe in die hohe Politik ein, wenn auch nur auf Bitten seiner Regentenkinder. Er erteilte nur noch Ratschläge, allerdings im Namen des Kaisers. Immerhin lebte er noch. Er empfing Gäste, wenn auch selten, denn der Weg hierher war beschwerlich.

Vom Sessel der Wohnstube aus blickte er auf Blumen und Bäume, von seinem Bett auf den Altar der

Karl V., Gemälde von Tizian, 1548

Karl V.

Deutscher Kaiser und König von Spanien

1500 als Sohn Johannas der Wahnsinnigen und Philipps des Schönen im flandrischen Gent geboren, war Karl V. seit 1519 deutscher Kaiser und zugleich als Carlos I. König von Spanien. In seine Regierungszeit fällt die Eroberung Amerikas und die größte Machtausdehnung Spaniens. Anfangs war Karl V. noch engagierter Vermittler zwischen Katholiken und Protestanten, den Humanisten durchaus aufgeschlossen, ein Schüler des Erasmus, ein Mann von Ehre zudem, der gegen den Reformator Luther zwar den Reichsbann verhängte, aber auch sein Wort für dessen freien Abzug gab und es ungewöhnlicherweise auch hielt. Der alternde Herrscher wurde jedoch mehr und mehr zum unerbittlichen Verfolger der Ketzer, die sein Reich und vor allem die Einheit der katholischen Kirche bedrohten. Er bedauerte schließlich seinen früheren Großmut gegenüber Luther am Reichstag zu Worms im Jahr 1521 und fürchtete um sein eigenes Seelenheil, weil er den Protestantismus, der die Kirche und Europa gespalten hatte, nicht von Anfang an mit aller Härte bekämpft hatte. Er führte einen Krieg nach dem andern und saß dabei häufig selbst im Sattel. Er stärkte die Inquisition, die die Scheiterhaufen brennen ließ, und die Jesuiten, die die Gegenreformation mit theatralischen Spektakeln, Anleitungen zur Selbstzüchtigung, Bildungsoffensiven, politischen Intrigen und Anschlägen vorantrieben. 1554 trat der Monarch krank und verbittert zurück und teilte in Brüssel sein riesiges Reich unter seinen Nachfolgern auf: Sein Bruder Ferdinand erhielt Österreich und das Heilige Römische Reich deutscher Nation, sein Sohn Philipp Spanien, die überseeischen Besitzungen, Unteritalien und die Niederlande. In Yuste erwartete der zurückgetretene Kaiser, mit guten Mahlzeiten und dem Bau von Uhren beschäftigt, das Ende seiner Lebenszeit.

nebenliegenden Kirche. Der Tod war gegenwärtig im schwarz verhängten Sterbezimmer. Die einzige Zeremonie, die Karl V. noch beschäftigte, galt der Empfehlung seiner Seele an den allmächtigen Gott. Die Klosterkirche erlebte ein makabres Schauspiel, als der alte gichtkranke Mann, im Mönchsgewand mit einer Kerze in der zitternden Hand, vor dem geöffneten Sarg an der Generalprobe der Zeremonie seiner eigenen Bestattung teilnahm. Das Mysterium des Todes umspielte diesen Ort, durchbrochen von den Lichtblicken in den Garten, den Taktschlägen der offengelegten Uhrwerke und dem Genuß der aufgetragenen Speisen.

Nach 16 Jahren ließ Philipp II. die Leiche Karls V. aus dem Eichensarg der Krypta von Yuste in den noch im Bau befindlichen Escorial überführen.

Wer den Escorial kennt, wird manche Ähnlichkeit zum Alterssitz Karls V. entdecken. Unmittelbar an die Klostermauern grenzend liegt das Haus am südlichen Hang eines Bergrückens mit Blick auf die sich unterhalb ausbreitende Ebene. Ebenso der Escorial. Auch die privaten Räume Philipps II. erinnern in Form und stilsicherer Einrichtung an die schlichten Gemächer des Vaters. Und ebenso wie Karl V. sich die Sicht vom Bett auf den Altar der nebenliegenden Kirche vorbehalten hatte, wird es der alternde Philipp in seinem Escorial halten. Im Gegensatz zum kleinen geschützten Landhaus des zurückgezogenen Karls V. im idyllischen Yuste repräsentiert hingegen der Escorial Philipps II. in seiner monumentalen gedrängten Wucht inmitten der offenen kastilischen Landschaft den Sitz des mächtigsten Herrschers der damaligen Welt und faßt alles in einem zusammen: Kloster, Grabstätte der spanischen Könige und Regierungspalast. Karl V. besaß Zeit seines Lebens keinen festen Regierungssitz; er war ein reisender Herrscher. Das kleine Landhaus ist ihm gemäß. Die anfangs noch durchaus offene, universalistische Politik der Habsburger wandelte sich unter Philipp II. endgültig zur strengen zentralistischen Machterstarrung. Spanien war unter ihm erst das wirkliche Zentrum der Macht und Europa sein Vasall. Und der Escorial wurde noch zum labyrinthischen Grab des spanischen Königs zu dessen Lebzeiten.

Nur wenig hat sich im Lauf der Jahrhunderte in der beschaulichen Umgebung von Yuste verändert. Man fährt durch dichtbewaldetes Gebiet. Statt der früheren Nußbäume wachsen vor dem Anwesen seit dem 19. Jh. Eukalyptusbäume. Aber das **Haus Karls V.** ist vollständig erhalten. Eine Rampe führt auf eine bogenüberspannte Veranda im ersten Stockwerk. Von dort wird man durch die schlichten Privaträume des Kaisers geführt. Das Innere ist vor Zeiten geplündert worden, aber man hat nach genauen Beschreibungen alles so gut es ging rekonstruiert und manches, wie den schlichten Sessel des Kaisers, wohl auch im hinterlassenen Gerümpel wiedergefunden.

Das angrenzende **Kloster**, erbaut zu Beginn des 15. Jh., wurde 1809 von den Franzosen niedergebrannt und ist im Laufe der Zeit mitsamt den beiden Kreuzgängen, der eine im gotischen Stil, der andere plateresk, wiederaufgebaut worden. Es dient heute wieder als Kloster der Hieronymiten, deren Orden 1370 in Spanien entstand. (Kloster Di–Sa 9.30–12.45 und

Wohnhaus Karls V.

15–18 Uhr Winter, 9.30–12.45 und 15.30–18.45 Uhr Sommer, So und feiertags 9.30–11.45 und 13–13.45 Uhr, Mo geschlossen).

Oficina de Información Turística: *Jarandilla de la Vera:* Plaza de España 1, ✆ 9 27-56 04 60; *Madrigal de la Vera:* Plaza Ayuntamiento 1, ✆ 9 27-56 50 70

Busse: Es verkehren regelmäßig Busse zwischen Plasencia (Busbahnhof, Calle Tornavacas 2, ✆ 9 27-41 45 50) und den Orten der La Vera-Ebene.

Unterkünfte: *Cuacos de Yuste:* *Vera, Avenida Constitución 5, ✆ 9 27-17 21 78, DZ 6600 Pst.; *Jarandilla de la Vera:* ****Parador Carlos V., Carretera Plasencia, ✆ 9 27-56 01 17, DZ 12 500 Pst.; Hostal Marbella, Calle Calvo Sotelo 103, ✆ 9 27-56 02 18, DZ 4000–4500 Pst.; *Madrigal de la Vera:* Hostal Victoria, Avda. Sanz Catalán, ✆ 9 27-56 51 10, DZ 4300 Pst.

Campingplätze: *Cuacos de Yuste:* Avda. del Ceralejo, ✆ 9 27-17 20 92, 400 Pers., geöffnet 25. 3.–15. 9.; *Jarandilla de la Vera:* C 501 Plasencia-Arenas, ✆ 9 27-56 04 54, 700 Pers., geöffnet 1. 4.–31. 12.; *Losar de la Vera:* Finca Los Gregorios, ✆ 9 27-57 07 27, 483 Pers., geöffnet 15. 3.–30. 9.; *Madrigal de la Vera:* Carretera Candeleda-Madrigal, ✆ 9 27-56 50 66, 147 Pers., ganzjährig geöffnet

Feste: *Villanueva de la Vera:* Februar: Karneval; *Valverde de la Vera:* Gründonnerstag: Fiesta de los Empalaos, Kreuzweg-Prozession; *Jarandilla de la Vera und Garganta la Olla:* Ostersonntag: El Judas

Wallfahrtsort im Osten – Guadalupe

Rundgang durch das Kloster

Die Mönchsbilder Francisco de Zurbaráns

Kleine Wanderungen in der Umgebung

Guadalupe

Wallfahrtsort im Osten – Guadalupe

Einsam, inmitten abschwingender Hügel der gleichnamigen Sierra liegt der Marienwallfahrtsort Guadalupe. Der Ort wird dominiert von dem der ›Virgen de Guadalupe‹ geweihten Kloster aus dem 14. Jh. Höhepunkte des Klosterrundgangs sind der Kreuzgang in reinstem Mudejar-Stil und die Mönchsbilder Zurbaráns.

Reist man von Jarandilla de la Vera an, überquert man wenige Kilometer hinter Navalmoral de la Mata den gestauten Tajo, an dessen Ufer direkt neben der Brücke sich sechs Säulen eines **römischen Tempels von Talavera la Vieja** erheben. Teile der antiken Stadt *Augustóbriga* sind von den Wassern des gestauten Tajo überflutet. Dahinter beginnt eine schöne Strecke durch gebirgige Landschaft auf sehr gut ausgebauter Straße (CC 713). Abenteuerlicher wegen des schlechten Straßenzustands und auch zeitaufwendiger, aber aufgrund grandioser Landschaftsbilder entlang der Strecke dennoch empfehlenswert, ist auch die Anfahrt über die Montes de Toledo (C 401) von Toledo bzw. Madrid aus.

Nach Santiago de Compostela im Nordwesten Spaniens ist Guadalupe der wichtigste Wallfahrtsort Spaniens. Pilgert man nach Galicien an das Grab des Heiligen Santiago, so sucht man in der Extremadura die wundertätige holzgeschnitzte Madonna von Guadalupe auf, die aus dem 1. Jh. von der Hand des Heiligen Lukas stammen und dessen Grabbeigabe gewesen sein soll. Nach Stationen über Konstantinopel, Rom und Sevilla – so die Legende – sei das Bildnis auf der Flucht vor den Mauren am Ufer des Río Guadalupejo versteckt worden, wo es um 1400 von einem aus Cáceres stammenden Hirten entdeckt wurde. Sofort entstanden Legenden um die wundertätige Wirkung des Bildnisses. 1907 wurde die Liebe Frau von Guadalupe offiziell zur Schutzpatronin der Extremadura und 1928 zur Schutzherrin aller spanisch sprechenden Völker erklärt.

Guadalupe ist heute immer noch das religiöse Zentrum der Extremadura. Traditionell ist die Beziehung zu den amerikanischen Ländern. Vor seiner Entdeckungsreise hatte Kolumbus Guadalupe besucht. Die ersten Indios, die er aus der Karibik mitgebracht hatte, wurden hier feierlich getauft. Die

Konquistadoren aus der Extremadura verbreiteten in Amerika vor allem das Bild der Heiligen Maria von Guadalupe, ebenso die Franziskanermönche, die sie begleiteten. Für die katholische Kirche Lateinamerikas spielt Guadalupe seither eine bedeutende Rolle. Zahlreiche Veranstaltungen und Treffen an diesem Ort und viele Pilger aus Lateinamerika zeugen von der Gegenwärtigkeit dieser Verbindung.

Ende des 13. Jh. wurde Guadalupe zum Wallfahrtsort. Zunächst stand hier nur eine kleine Kirche. Die Klosteranlage wurde 1341 vom kastilischen König Alfonso XI. gegründet. Es war sein Dank an die Heilige Jungfrau dafür, daß er 1340 eine Invasion nordafrikanischer Berber zurückschlagen konnte. Bis ins 18. Jh. hinein wurde das Kloster erweitert. Mit wachsender Bedeutung des heiligen Ortes bildete sich schon früh die Siedlung um die Kirche herum. 1389 übernahm der Hieronymitenorden den Klosterkomplex. Im Zuge der Säkularisierung mußten die Mönche das Kloster 1835 verlassen. Es wurde zwar unter Denkmalschutz gestellt, verfiel aber zusehends. 1908 erhielten die Franziskaner den Auftrag, die Gebäude zu restaurieren und für die Wallfahrer neu herzurichten. Das Kloster steht bis heute unter ihrer Aufsicht.

Wenn man von Navalmoral de la Mata anreist, bietet sich von der Höhe der Berge ein schöner Blick auf die mächtige Klosteranlage, umlagert von schmalen weißen Häusern, die sich eng an die festungsartigen Klostermauern schmiegen.

Römischer Tempel, Augustórbiga

Das Kloster von Guadalupe

Direkt an der Plaza Mayor des Ortes führen breite Treppen zum Eingang der **Klosterkirche.** Die Fassade aus dem Beginn des 15. Jh. vereinigt gotische Portale und reiches mudejares Bogenwerk. Schwungvolles Liniengeflecht fügt sich zu Sternen, Blattformen und flammenden labyrinthischen Mustern. Die bronzenen Türen, gestaltet von Paul von Köln, stammen aus derselben Zeit. Bemerkenswert im mehrfach umgestalteten Kirchenraum aus dem 15. Jh. sind das Anfang des 16. Jh. geschmiedete Gitter, das alle drei Kirchenschiffe durchteilt, und das barocke Schnitzwerk des Chorgestühls von Alejandro Carnicero aus Salamanca (von dem wir in der Kathedrale von Coria zwei Skulpturen sehen konnten).

Zentrum der Kirche und Ziel der Wallfahrt nach Guadalupe ist der Hauptaltar aus dem 17. Jh., in dessen erstes Geschoß man einen Thron eingefügt hat. Dort sitzt reichgeschmückt und ummäntelt, mit einem Zepter in der Hand und einer riesigen Krone über dem kleinen dunklen Kopf, die Heilige Maria von Guadalupe.

Rundgang durch das Kloster

Der Rundgang (mit Führung) durch das Kloster (tägl. 9.30–13.30, 15.30–18.30 Uhr) beginnt bei der Klosterpforte aus dem 15. Jh., an die sich ein kleiner weißgestrichener Kreuzgang anschließt, der im 18. Jh. umgebaut worden ist. Von hier aus betritt man den freskengeschmückten ehemaligen Kapitelsaal, ebenfalls aus dem 15. Jh., in dem sich heute eine Sammlung von Miniaturen befindet. Es handelt sich um illustrierte Choralbücher, die vom 15. bis zum 19. Jh. in der hiesigen Werkstatt angefertigt wurden. Die kleinen farbkräftigen Bildnisse und reichen Ornamentierungen, die die lateinische Schrift und die gregorianischen Noten umgeben, lassen sich in ihrer Sorgfalt, Innigkeit, Phantasie und Schönheit kaum genug würdigen. Das Leben vieler großer Künstler ging dabei hin, Jahrzehnte mit großer Hingabe an der Illustration eines einzigen Buches zu arbeiten. Auf einem riesigen Lesepult wurden die schweren, aus Rinderhaut gefertigten Bücher mit ihren Bronzebeschlägen auf Rollen bewegt.

Das **Museum im ehemaligen Speisesaal** aus dem 14. Jh. ist nicht nur für Freunde der Textilkunst interessant. Auch wer normalerweise wenig neugierig auf liturgische Gewänder ist, sollte an diesen Beispielen höchster Stickereikunst nicht achtlos vorübergehen. Pflanzenmuster, Architektur und Landschaften sind mit großer handwerklicher Könnerschaft und künstlerischem Feinsinn gestickt. Das Museum ist in seiner Art einmalig in Europa. Die meisten Gewänder stammen aus der klostereigenen Werkstatt, in der vom 15. bis zum 19. Jh. gearbeitet wurde.

Der **älteste Kreuzgang** des Klosters ist zugleich der größte. Er entstand zwischen 1389 und 1412 und ist eines der schönsten Beispiele für den Mudejar-Stil in Spanien. Das beinahe quadratische Viereck wird von Hufeisenbögen umsäumt, breit und rund im Erdgeschoß, schmal und zugespitzt im ersten Stockwerk. Darüber befinden sich zwischen Hufeisenbögen für die arabische Bauweise typische Zwillingsfenster.

In der Mitte des Gartens erhebt sich ein kleiner spitz zulaufender Tempel, der 1405 errichtet wurde und wie ein kostbares architektonisches Kleinod die gotisch-mudejare Formenwelt des Klosters in sich versammelt und verschmelzt. Die Wände des Kreuzganges sind von wenig kunstvollen Fresken aus dem 17. Jh. bedeckt, die die verschiedenen Wundertaten der Maria von Guadalupe illustrieren.

Wir betreten von hier aus eine **Skulpturen- und Gemäldegalerie**, die 1988 in der ehemaligen Wäschekammer des Klosters einge-

Klosterkirche an der Plaza Mayor

richtet worden ist und einige kleine Schätze beherbergt. Ein elfenbeinernes Kruzifix wird Michelangelo zugeschrieben.

Von Zurbarán sehen wir äußerst schlichte kleinformatige Mönchsbildnisse. Und von Goya stammt die düstere »Beichte im Kerker« aus dem Jahre 1802. Das Bild wurde dem Franziskanerorden 1962 geschenkt. Zu den großen Bildern Zurbaráns kommen wir erst, wenn wir die rechteckig geschnittene und von Rundgewölben unterteilte **Hauptsakristei** betreten, die im 17. Jh. erbaut und im Renaissancestil dekoriert wurde. An den Wänden hängen in eigentümlichem Kontrast zu diesem reichgeschmückten Raum, der einem weltlichen Festsaal alle Ehre machen würde, acht Gemälde von Francisco de Zurbarán. Bis auf eines handelt es sich um Porträts von Hieronymitenmönchen aus Guadalupe. In der angrenzenden Kapelle sind noch drei weitere Gemälde Zurbaráns zu sehen, die den Heiligen Jerónimo darstellen, den Begründer des Ordens. Die insgesamt elf Bilder entstanden zwischen 1636 und 1645. Es sind weder eingängige noch publikumswirksame Gemälde. Die Situationen aus dem mönchischen Leben zeigen die Menschen, die das Kloster bewohnten. Darin gleichen die Bilder den repräsentativen Porträts, mit denen Adelige und reiche Kaufleute zu jener Zeit ihre Wohnungen schmückten. Die Mönche aber repräsentieren gewöhnlich nicht sich selbst, sondern ihren Orden. Zubarán nimmt ihre Strenge ernst, aber auch das Unverwechselbare jeder einzelnen Person. Seine Bilder sind den Mönchen als Menschen auf der Spur: Er porträtiert sie als seien sie seine Brüder.

Von der Decke der **Kapelle des Heiligen Jerónimo** hängt eine Lampe herab, die sich ehemals auf dem Schiff des Oberbefehlshabers der türkischen Flotte befand. Juan de Austria erbeutete sie 1571 in der Seeschlacht von Lepanto, und Philipp II. schenkte sie 1577 dem Kloster.

Die **Reliquien- und Schatzkammer** in einem kuppelüberwölbten 1987/88 restaurierten achteckigen Raum aus dem 16. Jh. enthält neben vielen Schreinen und Kästchen vor allem eine reiche Sammlung an Goldschmiedearbeiten und perlenbestickten Decken sowie die edelsteinbesetzten Kronen und Umhänge der Madonna.

Die **Kapelle der Lieben Frau von Guadalupe** ist ein prachtvoller barocker Raum, der 1696 als abgstuftes Rund erbaut wurde. Die Dekoration schufen Sevillaner Künstler zwischen 1736 und 1741. Sahen wir auf dem Rundgang bislang fast ausschließlich Männerporträts, so finden wir hier vor allem Frauenfiguren. Von Lucas Jordán stammen neun Gemälde mit Themen aus dem Leben Marias. In den Pfeilernischen stehen Frauenfiguren aus dem Alten Testament: Debora, Rahel, Sara, Ruth, Abigail, Esther, Judith und Maria.

Grundriß des Klosters Guadalupe

1 Klosterpforte
2 Kreuzgang (15. Jh.)
3 Kapitelsaal (Museum für Miniaturen)
4 Stickereimuseum (Speisesaal)
5 Kreuzgang (15. Jh.)
6 Gemäldegalerie (Wäschekammer)
7 Klosterkirche
8 Kabinett
9 Marienkapelle
10 Reliquien und Schatzkammer
11 Sakristei (Zurbaràn Gemälde)
12 Portal
13 Kräuterhof (16. Jh.)
14 Eingang zum Gästehaus
15 Restaurant des Gästehauses

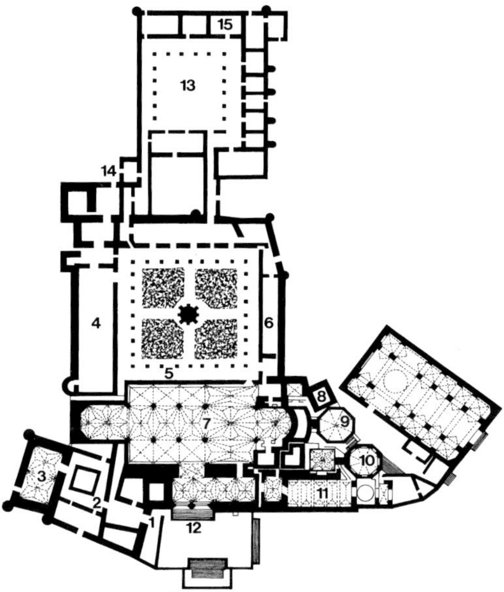

Der Rundgang endet in einem mit Edelsteinen geschmückten **Kabinett** hinter dem Hochaltar der Kirche, wo mittels einer Drehvorrichtung das kluge Antlitz der Lieben Frau von Guadalupe – während der Messe den Gläubigen im Kirchenraum von oben herab zugewandt – dem Besucher nun zur Privataudienz direkt vor Augen geführt wird. Jenseits der Legende (s. S. 162) ihrer Entstehung und Aufenthaltsorte ist gesichert, daß die Figur aus Zedernholz Ende des 12. Jh. geschnitzt wurde. Seit dem 14. Jh. trägt die schwarzgewordene Marienfigur Mantel, Zepter und Krone sowie ein ebenfalls bekröntes winziges Christuskind auf dem Schoß.

Einige Bereiche des Klosters sind für den Besucher frei zugänglich. Dazu gehört der zwischen 1519 und 1533 erbaute **dritte Kreuzgang des Klosters.** Die unteren Arkadengänge bestehen aus einfachen Rundbögen im Stil der Renaissance, die Galerie im ersten Stock aus mudejar geschmückten gotischen Bögen. Die Galerie der zweiten Etage schließt mit nur angedeuteten kurzen Wölbungen ab.

Die **Zisterne des Klosters** befindet sich unter dem Boden des ehemaligen **›Kräuterhofes‹.** Hier gediehen heilende Kräuter.

Die Mönchsbilder Francisco de Zurbaráns

Das Fremdartige dieser Bilder zu spüren, ist ein guter Zugang. Das Fremdsein in der Welt ist das Thema von Zurbaráns Gemälden in der Sakristei des Klosters von Guadalupe. Wir sehen wirkliche Menschen mit bleicher oder geröteteter Gesichtshaut. Wir sehen diese Menschen zugleich in stilisierten Gesten erstarren. Das irdische Leben erscheint als Rollenspiel; seine Gesten als Zitat und demonstratives ›Als ob‹. Was in den Mönchen vorgeht, bleibt verborgen und drückt sich dennoch aus als Sehnsucht, die Vereinzelung in Vereinigung mit Gott aufzuheben. So auf dem Porträt Pater Salmerons, der vor einem gleichmütig ihm erscheinenden Jesus darum bittet und als Bittender wohl nie von den Knien aufgehoben werden wird.

Bruder Salamanca zeigt seinem Mönchsbruder eine Vision. Aber nur ihre eigenen Gesichter und die weisende Hand bilden ein Licht in der Dunkelheit. In ihrem Bündnis zu Gott sind die Mönche einsame Menschen geblieben. Gemeinsam als Gruppe erscheinen sie nur auf dem strengen Bild: beim Abschied von Bruder Juan de Carrión. Niemand schaut den andern an. Jeder steht und kniet für sich, auch wenn alle sich zusammendrängen. Nur einer, der bald sterben wird und im Zentrum der Gruppe und des Bildes kniet, betet wirklich, mit geschlossenen Augen, allein inmitten seiner Brüder.

Eines der eindrucksvollsten Gemälde ist das Porträt Bruder Illescas, der kein einfacher Mönch, sondern Bischof von Córdoba war. Bruder Illescas, der Schreibende, hat teil am Zusammenhang, den die Schrift stiftet. Und diese Nahrung des Geistes ist verknüpft mit dem Apfel auf dem geschlossenen Buch, der nicht nur verführerisch ist, sondern auch zur Hintergrundszene weist, in der den Armen vor der Klosterpforte Almosen gegeben werden. Dieser sitzende Mönch voller Realitätssinn ist kein Mann der Abgeschlossenheit und verstörende Halluzinationen weckender Meditation, wie sie andere Bilder dieser Sammlung zeigen. Wenn auch sein Blick den Betrachter des Bildes skeptisch zu fragen scheint, ob er das Richtige tue. Auf seinem Tisch liegen neben den Büchern ein Stundenglas und ein Totenschädel. Das Buch des Lebens wird durch den Tod geschlossen und muß sich innerhalb zerrinnender Zeit verantworten. Das scheint dem Schreibenden gegenwärtig, auch wenn er eine in Schrift verfaßte geistige Kontinuität über

Bruder Illescas, Bischof von Córdoba

die eigene Zeit hinaus kennt. Der geraffte Vorhang hängt über Bruder Illescas wie ein schweres Gewicht. Ob er sich vor der klarsichtigen Intellektualität dieses Mannes erhoben hat, um den Blick in die Weite freizumachen, oder ob er im nächsten Moment heruntersausen wird, um den scheinbar so gefestigt Sitzenden zu erschlagen und alle Ausblicke zu verhüllen, bleibt offen.

Die Gemälde Zurbaráns sind Bilder mit gleichsam sichtbar angehaltener Dramatik, beherrscht vom disziplinierten Gestus der gemalten Figuren, deren weiße Kutten in den Falten scharfe Schatten schlagen und den nach Entkörperlichung Strebenden feste, fast steinerne Konturen verleihen.

Die Renaissancearchitektur im Bildhintergrund steht für eine wohlgeordnete Weltlichkeit, in die die Einzelnen einbezogen sind, ohne darin heimisch zu werden. Die hohen aufragenden Säulen sind keine Stütze. Sie unterstreichen eher das himmelwärts gerichtete Verlangen der Mönche. Das Tun der gezeigten Menschen ist zwar kontemplativ, zugleich wirkt ihre Darstellung wie die bewußte, zur Schau gestellte Erprobung einer Bühnenszene.

Im 17. Jh. ist das wirkliche Leben der herrschenden spanischen Gesellschaft in seinen geregelten Verkehrsformen, Verkleidungen und Maskierungen Theater. Man spielt Rollen, stilisiert Gesten, man gibt sich selbst wie ein Bild seiner selbst, hinter dem man sich verbirgt. Die Form beherrscht alles. Wer sie beherrscht, ist ein Herr, wer sie übertreibt, ein Heiliger, der sich selbst zu besiegen vermag. Sie ist das Zeichen des Sieges über die verworfene Sinnlichkeit und der Ausweis der Erhabenheit – und vielleicht der mühsam errungene Vorraum der Gnade.

Die Künste aber, dem rätselhaften Phänomen des Individuums hinter der glatten gesellschaftlichen Fassade auf der Spur, versuchen das Scheinhafte des Wirklichen zu durchdringen. Velázquez entmythologisierte antike Götterfiguren und sein Freund Zurbarán das Bild der heiligen Männer des Christentums. Beide waren Hofmaler, aber Velázquez porträtierte erstmalig auch Bauern und Zwerge, und Zurbaráns Themen waren nicht nur die Kirchenfürsten, sondern auch die einfachen Mönche.

Die Hieronymitenmönche von Guadalupe konnten sich durch die Gemälde Zurbaráns nicht statuenhaft vergöttlicht, sondern als nach der rechten Geste suchende Schauspieler auf der Bühne des Welttheaters gespiegelt sehen. Distanz zu andern und Distanz zum eigenen Körper erscheint in streng abgegrenzten Linien als vom Irdischen gewonnener Freiraum um den Preis des windigen Erdenglücks. Nur der lichtvolle Himmel als Hintergrund des erscheinenden Christus bietet das Wunschbild erlösender Vermischung. Die Bilder fordern zur Meditation auf, gerichtet auf jenen Zustand, in dem die unendliche, von Wünschen getriebene und schmerzhafte Bewegung des Lebens stillgestellt ist.

In den Räumen, die vom Kreuzgang abgehen, befanden sich neben einer Apotheke auch Zimmer für die Krankenpflege, der sich die Mönche von Guadalupe wie der Hieronymitenorden insgesamt vor allem widmeten. Viele Pilger erhofften sich nicht nur eine wundertätige Wirkung von Seiten der verehrten Muttergottes, sondern auch von ihren schlichten Dienern und deren Kenntnissen über die heilenden Kräfte der pflanzlichen Natur. Heute ist der ›gotische‹ Kreuzgang mit seinem warm leuchtenden gelb-braunen Stein und den kühlschattigen Gängen einer der stimmungsvollsten Plätze der Extremadura.

In den nebenliegenden Räumen des Kreuzgangs ist das **Gästehaus** des Klosters untergebracht, ein Zweisternehotel, das nicht nur wegen seiner Ruhe und freundlichen Atmosphäre empfehlenswert ist. Dem Gästehaus ist ein Restaurant angeschlossen, dessen Küche legendären Ruf besitzt und vor allem Spezialitäten der Region serviert. Gemessen am Gebotenen sind die Preise ungewöhnlich niedrig.

Will man nur den Kreuzgang sehen oder das Restaurant besuchen, muß man in die Vorhalle des Gästehauses treten und sich nach links wenden.

Gegen die Konkurrenz der Klosterküche haben es die anliegenden Restaurants des Ortes schwer. Aber sie bemühen sich. Eine echte Konkurrenz zum Gästehaus des Klosters bildet der **Parador** von

Kastanien–Straßenverkauf

Guadalupe, gegenüber vom Kloster gelegen. Er besitzt einen großen mit Orangenbäumen bewachsenen Innenhof, in dessen Mitte ein Brunnen steht. Die Galerie im ersten Stockwerk wird von Hufeisenbögen geschmückt. Das Gebäude, vom Prior des Klosters gegründet, stammt aus dem 15. Jh. und war ehemals Gasthaus und Hospital für die kranken Pilger, die in Guadalupe Heilung suchten. Seine Räume sind etwas luxuriöser als die des Gästehauses und zumeist mit großzügiger Terrasse ausgestattet. Im Garten befindet sich ein Schwimmbassin. Die Küche hat ebenfalls zu Recht einen guten Ruf; auch hier werden Spezialitäten der Region serviert.

Von der Plaza Mayor, direkt gegenüber der großen Treppe zur Klosterkirche, führen kleine Gassen in die blumengeschmückte **Altstadt** von Guadalupe. Sie gehört zu den reizvollsten der Extremadura, Holzpfeiler tragen Balkonvorsprünge, kleine Brunnen zieren Kreuzungen und Plätze, und alte Stadttore begrenzen das Viertel.

Das Klima ist mild, selbst im Sommer. Guadalupe lohnt einen mehrtägigen Aufenthalt; Ruhe und Anregung lassen sich hier gleichermaßen finden.

Oficina de Información Turística: Plaza Mayor 33, ✆ 9 27-15 41 28

Busse: Es verkehren mehrmals täglich Busse zwischen Cáceres (Busbahnhof, Carretera de Mérida, gegenüber dem RENFE-Bahnhof, ✆ 9 27-23 33 50) und *Guadalupe*. Der Bus macht Halt in *Trujillo* und *Logrosán* (s. S. 173).

Unterkünfte: **** Parador Zurbarán, Calle Marqués de la Romana 12, ✆ 9 27-36 70 75, DZ 9500 –11 500; ** Hospedería del Real Monasterio, Plaza Juan Carlos I., ✆ 9 27-36 70 00, DZ 6900 Pst.; Hostal Alfonso XI, Calle Alfonso Onceno 21, ✆ 9 27-1 15 41 84, DZ 4500 Pst.; Hostal Isabel, Plaza Santa María de Guadalupe 13, ✆ 9 27-36 71 26, DZ 3500 Pst.

Restaurants: Das Restaurant im Gästehaus des Klosters (Hospedería del Real Monasterio) ist zu empfehlen. Restaurant im Parador; siehe zu beiden unter Unterkünfte

Campingplatz: Carretera Villanueva (Huerta del Río), ✆ 9 27-36 71 39, 210 Pers., ganzjährig geöffnet

Feste: 3. Mai: Fest der Blumenkreuze; 8. September: Fest der Jungfrau von Guadalupe; 12. Oktober: Tag der ›Hispanidad‹ (Entdeckung Amerikas)

Kleine Wanderungen bei Guadalupe

Guadalupe liegt in 640 m Höhe. Fährt man die CC 713 in nördlicher Richtung 3 km bis zu einer scharfen Rechtskurve, sieht man rechter Hand eine kleine verwitterte Kapelle: die **Ermita del Humilladero.**

Ermita del Humilladero

Man kann von hier aus (900 m Höhe) den Hügelrücken entlang mit Blick auf Guadalupe und die nach Süden auslaufende Hügellandschaft spazierengehen. Die Kapelle von Anfang des 15. Jh. wurde aus Feldsteinen und Ziegeln erbaut. Gebrochene Ziegel waren Dekorationsmaterial für die Fassade mit gotischen Bögen und mudejarer Verzierung.

Der Spazierweg führt an der kleinen Kapelle vorbei den Hang hinauf und verläuft zunächst an dessen Südrand. Man kann ihm folgen, bis man wieder auf die Hauptstraße wenige 100 m vor Guadalupe gelangt (Gesamtlänge 7 km). Aber nur der erste Teil der Strecke gewährt die schöne Aussicht, so daß es sich für diejenigen empfiehlt, die vor allem den Blick genießen wollen, nach wenigen Kilometern den Rückweg zur kleinen Kapelle anzutreten.

Ein zweiter Spazierweg beginnt nur wenige 100 m hinter dem südlichen Ausgang der Stadt. Wo die Straße in Richtung Logrosán scharf nach links abbiegt und dann links am Fluß vorbeiführt, beginnt der Spazierweg direkt in der Kurve bei den verlassenen Häusern rechts des Flusses. Das unscheinbare Flüßchen ist der Río Guadalupejo (arab. ›verborgener Fluß‹), nach dem der Ort und die Gegend benannt wurden. Seine Ufer sind dicht bewachsen, so daß er für den Wanderer tatsächlich oft ein verborgener Fluß ist. Der Weg ist schattig, manchmal sogar dunkel. Nach 4 km am Ufer entlang, hält man sich bei einer Kreuzung rechts. Der Weg führt 4 km über Hügel, an Weiden und Gärten vorbei, bis in die alten Viertel von Guadalupe (Gesamtlänge 8 km).

Auf dem Weg von Guadalupe ins 100 km entfernte Trujillo passiert man noch im Gebirge **Logrosán**, wo bedeutende vorgeschichtliche Funde gemacht wurden; hier befanden sich vor Tausenden von Jahren Zinn-Minen und primitive Wohnstätten. Reste römischer und arabischer Bauten lassen sich auf den Höhen der nahegelegenen Sierra de Cristóbal entdecken.

Südlich des Guadiana

Medellín

La Serena und La Siberia

Zafra

Von Zafra zu weißen Dörfern, trutzigen Burgen und in die Sierra Morena

Jerez de los Caballeros

Olivenza

Badajoz

Feria

Südlich des Guadiana

Über Medellín, Geburtsstätte des Hernan Cortés, führt die Route in die kargen Weidelandschaften La Serena und La Siberia im Osten der Extremadura. Um Zafra im Süden breiten sich sanfte Hügel mit ausgedehnten Steineichenwäldern, weißgekalkten Dörfern und mittelalterlichen Burgen. Heraus sticht Jerez de los Caballeros mit seinen schlanken Barocktürmen. Im kleinen Provinznest Olivenza und in der pulsierenden Großstadt Badajoz ist die Nähe zu Portugal allgegenwärtig.

Geburtsort des Hernán Cortés – Medellín

Folgt man von Mérida dem Guadiana in östlicher Richtung, fährt man durch eine blühende Wasserwirtschaft. Gemüse und Reis werden angebaut, und die Städte Don Benito und Villanueva de la Serena zeugen durch rege Bautätigkeit von der Prosperität ihrer Umgebung. Kurz davor, 25 km von Mérida entfernt, liegt, von Neuerungen beinahe unberührt, ein kleiner Ort namens Medellín. Eine 20bögige Brücke aus dem Jahre 1630 führt an dieser Stelle über den Guadiana. Reist man vom Nordufer des Flusses an, sieht man hinter der schönen Brücke die mächtige Burg von Medellín einen Hügel krönen. Tief darunter liegt der kläglich und verlassen wirkende Ort mit seinem übergroßen Platz, wo der berühmte Sohn der Stadt Hernán Cortés in Bronze gegossen (1890 von Eduardo Barrón) die Szene beherrscht. Er trägt eine kastilische Fahne mit einem Kreuz an der Spitze und steht auf zerbrochenen mexikanischen Götterfiguren.

Medellín war einstmals unter dem römischen Namen *Metellinum* ein Hafen am Guadiana. Von hier aus unternahm Caecilius Metellus 79 v. Chr. seinen Feldzug gegen die Lusitanier. Fundamente der Brücke von 1630 sind römischen Ursprungs.

Zunächst gehen wir hügelaufwärts an der **Kirche San Martín** vorbei, in der Hernán Cortés getauft worden ist. Die höhergelegene Ruine der **Kirche Santiago** steht am Südhang auf den kümmerlichen Resten eines **römischen Theaters.** Man vermutet unterhalb des römischen Gemäuers aufgrund einiger dort gefundener zyklopischer Mauerreste eine alte iberische Festung.

Die **Burg** von Medellín, breit angelegt und von einem doppelten Mauerring umgeben, spielte in den Wirren der Reconquista eine bedeutende Rolle. Auf den Fundamenten des römischen Kastells wurde sie im 13. Jh. errichtet. Der kastilische König Pedro I. (›der Grausame‹) ließ sie im Zorn gegen einen Opponenten zerstören. 1373 errichtete man sie neu. Der Legende nach ließ in der Blütezeit von Medellín, Mitte des 15. Jh., die hiesige Gräfin nach dem Tod ihres Mannes ihren eigenen Sohn für fünf Jahre in den Turm sperren – ein Vorfall, der Calderón 200 Jahre später zu seinem berühmten Drama »Das Leben, ein Traum« inspirierte (aus Gründen der Verfremdung spielt es in Polen).

1809 fanden in Medellín heftige Kämpfe gegen die napoleonischen Besatzer statt. Die Ortschaft und die Burg wurden dabei weitgehend zerstört.

La Serena und La Siberia – Die Steppen des Südostens

Fahren wir von Medellín weiter nach Osten, reisen wir entlang des Guadiana durch eine blühende

Cortés–Denkmal

Hernán Cortés und die Eroberung Mexikos

Im übrigen machte er hübsche Gedichte und schrieb eine gute Prosa. Noch überzeugender waren seine wohlgesetzten Reden. Die Muttergottes war seine Schutzeilige …
Sein Mut belebte alle, seine Tapferkeit war allen ein Vorbild, sein Geist erfüllte und leitete alles.

Bernal Díaz del Castillo,
Soldat unter Hernán Cortés

Hernán Cortés ist der Inbegriff eines Eroberers. Aber er ist nicht ausschließlich der Schlächter, für den er vielfach gehalten wird, sondern auch eine tragische Gestalt, ist er doch der Vollstrecker einer Tragödie, die nach allem, was man von ihm weiß, nicht in seinem Sinne sein konnte.

1485 in Medellín geboren, war Cortés der Sproß einer ärmlichen *hidalgo*-Familie, die keinen Grundbesitz besaß. Er war ein kränkliches Kind und wurde mit 14 Jahren an die berühmte Universität von Salamanca geschickt. Aber schon nach zwei Jahren verließ der Jura-Student unzufrieden die berühmte Bildungsstätte. Inzwischen war die Welt voller neuer Nachrichten und Aussichten. Nachdem er sich in den andalusischen Häfen umgesehen hatte, in denen alles der gerade entdeckten Neuen Welt entgegenfieberte, segelte der Neunzehnjährige, mit elterlicher Mitgift versehen, von Sanlúcar de Barrameda nach Westindien (1504). Auf der Insel Hispaniola (heute: Haiti) arbeitete er einige Jahre lang als Notar, bis er 1511 an der Eroberung Kubas teilnahm.

Erst 1519, als er meinte, genug erfahren zu haben, stach er mit der ersten größeren Flotte in See Richtung Mexiko, bevor sein Vorgesetzter Velázquez, der sie ausgerüstet hatte, ihn daran hindern konnte. Die große historische Tat des Hernán Cortés begann mit seiner Desertion. Es waren solch kühne Entscheidungen, die ihn ebenso berühmt machten wie seine Tapferkeit und sein diplomatisches Geschick.

Seine Annäherung an Montezuma, den Herrscher über das gewaltige Aztekenreich, war ein Meisterstück der Diplomatie. Er wurde zum

Gast, ja schließlich zum Freund des zugeneigten Sonnensohnes, der in den bärtigen, weißhäutigen Fremden langerwartete und vielfach angekündigte Göttergestalten erblickte. Als die Truppen des Statthalters von Hispaniola, Velázquez, an der mexikanischen Küste gelandet waren, um Cortés wegen eigenmächtigen Handelns zu fangen und zu töten, wagte Cortés mit einem Teil seiner Leute von der mexikanischen Hauptstadt aus einen kühnen Gewaltmarsch zu deren Lager und einen Überraschungsangriff auf die schlafenden spanischen Soldaten. Die Mehrheit der Überrumpelten konnte er nach Ausschaltung des Befehlshabers auf seine Seite ziehen. Sie folgten ihm freiwillig, so daß er mit verstärkten Truppen nach Tenochtitlan, Hauptstadt des Aztekenreiches, zurückkehren konnte. Während seiner Abwesenheit hatte indessen die zügellose Goldgier seiner zurückgelassenen Soldaten überhandgenommen. Sie hatten sämtliche aztekischen Edelleute der Hauptstadt, die zu einem Fest zusammengekommen waren, getötet, um den Unbewaffneten ihren Schmuck zu rauben.

Damit eskalierte der bis dahin von Cortés geschickt ausbalancierte Konflikt zwischen den goldfordernden Spaniern und den hinhaltenden Azteken. Die Spanier in der Hauptstadt der Azteken waren schon eingeschlossen, als Cortés mit seiner verstärkten Truppe zu Hilfe eilte. Seine vermeintlich göttliche Autorität beeindruckte die zornige Bevölkerung nicht mehr. Als der zu Hilfe gerufene Montezuma, der sich in der Gewalt der Spanier befand, seine aufgebrachten Untertanen von einem Balkon aus besänftigen wollte, traf ihn ein aus der Menge geworfener Stein tödlich. Daraufhin begann ein mörderischer Kampf, den einige Spanier, unter ihnen Cortés, nur überlebten, weil die Azteken die Eindringlinge nicht schlichtweg töten, sondern gefangennehmen wollten, um sie ihrem Gott zu opfern. Die aztekischen Priester schnitten ihren Opfern das Herz aus dem lebendigen Leibe, um das pulsierende Lebensorgan ihrem Gott zu weihen, den sie auf diese

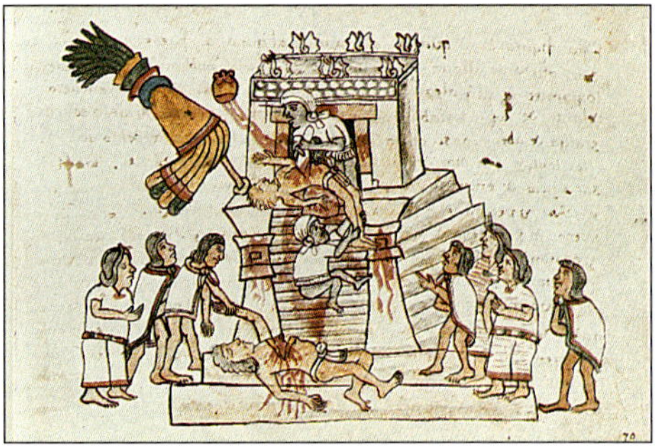

Weise um Beistand baten. Um der Gefangennahme und der ihnen bekannten gräßlichen Opferung zu entgehen, kämpften die Spanier mit Todesverachtung. Der Opferkult wurde den Azteken indes selbst zum Verhängnis. Den spanischen Christen, die Folter und grausame Hinrichtungen von der heimischen Inquisition kannten und selbst gegenüber den Indios anwandten, wurde der barbarische Opferkult der Azteken zur Legitimation der totalen Zerstörung der gesamten aztekischen Kultur im Namen des Christentums.

Cortés hatte, als er noch über Einfluß verfügte, die Menschenopferungen verbieten lassen und sich damit auch durchsetzen können. Aber als das blutige Gewaltkarussell durch die Goldgier der Spanier einmal angeschoben war, gab es kein Halten mehr. Auch der anfangs respektvolle Cortés reagierte jetzt nur noch auf die primitiven Gesetze des von ihm geführten Eroberungszuges, der auf der Suche nach Gold zu immer neuen Blutbädern führte.

Erst zu Beginn des 19. Jh. begann durch den preußischen Forscher und Gelehrten Alexander von Humboldt die Wiederentdeckung der amerikanischen Hochkulturen. Sie machte erstmals das Ausmaß blinder Vernichtung bekannt, von dem das damalige Europa kaum etwas ahnte. Archäologische Forschungen seit Mitte des 19. Jh. stießen in Mexiko auf weitere Zeugnisse, die es seither verbieten, im Zusammenhang der amerikanischen Urbevölkerung von ›Wilden‹ zu reden. Dem astronomischen Wissen und der geheimnisvollen Schrift der Maya von der mexikanischen Halbinsel Yukatan ist man bis heute auf der Spur. Die mexikanischen Kulturen besaßen eine hochentwickelte Gesetzgebung, eine differenzierte Wirtschaftsweise, ein funktionierendes Finanzwesen und ein gut durchgegliedertes Verwaltungsnetz, wie es die europäischen Staaten erst Jahrhunderte später entwickelten.

Die meisten Spanier waren viel zu beschränkt, um die überlegene Kultur bewundern zu können. Cortés gehörte nicht zu ihnen. Er schrieb voller Anerkennung an Karl V.,»daß dort in der Dienstbarkeit und dem Verkehr des Volkes etwa dieselbe Lebensart statthat wie in Spanien; auch mit derselben Zweckmäßigkeit und Ordnung. Und wenn man erwägt, daß diese Leute Barbaren und so entfernt von der Erkenntnis Gottes und von dem Verkehr mit anderen zivilisierten Nationen sind, so ist es bewundernswert zu sehen, wie sie es in allen diesen Dingen halten.« Cortés bewunderte insbesondere die Sitten der aztekischen Oberschicht, die die spanischen Lebensformen an Feinheit weit übertrafen. Die Hauptstadt der Azteken nannte er »das Schönste auf der Welt«. Er wußte also, was er entdeckt hatte. Aber er gestand dem, was er doch so gut verstand, kein selbstbestimmtes Lebensrecht zu. Dies unterstreicht das Zerstörerische der historischen Figur, die im Dünkel rassischer und religiöser Überlegenheit sowohl dem Tatendrang wie der Ignoranz ihrer Zeit unterworfen war. Wie sagte doch Cortés zum Statthalter Montezumas, den dieser ihm entgegengeschickt hatte: »Die Spanier leiden an einer Herzkrankheit, gegen die Gold ein besonders geeignetes Mittel ist«. In diesen wenigen Worten stecken überlegene Ironie gegenüber den eigenen Leuten, List gegenüber dem Kontrahenten und schlichte Wahrheit; eine begrenzte Wahrheit, weil auch noch so viel Gold die Herzkrankheit nicht heilen konnte.

In Mexiko ist der Name Cortés heute verpönt. Er steht für Zerstörung. Der Name seiner indianischen Geliebten und Übersetzerin, Malinche, ohne deren Kenntnisse er mit all seinem Geschick hilflos geblieben wäre, ist ein Schimpfwort geworden.

Landwirtschaft. Wenden wir uns hingegen südwärts und passieren die riesige maurische Burg von Magacela (11. Jh.), befinden wir uns fast schlagartig in einer faszinierenden, menschenleeren und kahlen Landschaft, die sich kilometerweit hinzieht und einen plötzlich die Nähe Nordafrikas spüren läßt. Die nur im Frühjahr grünen, zumeist aber hellbraunen Kuppen der Serena, wirken so abweisend und fesselnd wie eine Wüstenlandschaft. Man hat in den letzten Jahrzehnten nicht nur den Guadiana gestaut, sondern auch seinen Nebenfluß, den Río Zújar. Entstanden ist der Embalse de la Serena inmitten der Steppe.

Hat man die 1990 erbaute Brükke über den Río Zújar überquert, gelangt man bald darauf nach **Pue-**

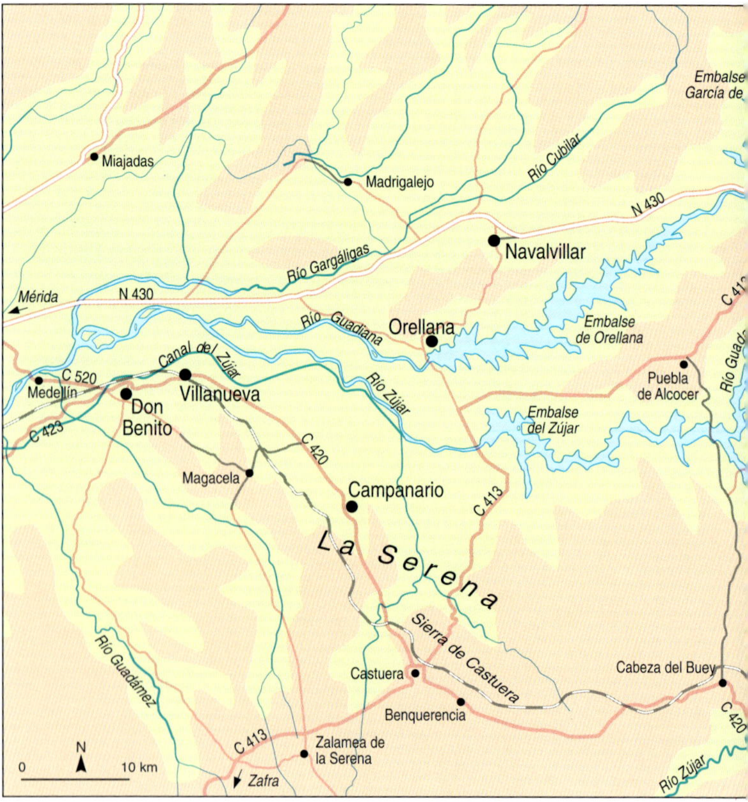

bla de Alcocer, einem schönen Dorf mit anmutigen Gassen am Nordhang der höchsten Erhebung der Umgebung. Vom Bergrücken (Zufahrt möglich; man folge dem Schild am Eingang zum Dorf), auf dem sich mächtige Türme und zinnenbewehrte Mauern erheben, breitet sich unter uns ein faszinierendes Panorama aus. Im Norden schaut man bis zur Sierra de Guadalupe, im Süden überblickt man die ganze Serena: In die tiefen Falten der rundlich gewölbten Steppe hat sich wie ein blaues blattartiges Gewächs der Stausee der Serena eingelagert. Besonders am Spätnachmittag oder Abend, wenn die Kuppen der Serena scharfe Schatten schlagen und die sonnenbeschienenen Hänge braunrot aufleuchten, bietet sich von dieser Höhe eine geradezu unwirkliche Szenerie: Halbrunde plastische Elemente fügen sich mit einem flachen, am Rande ornamental ausgeschmückten Spiegel zu einem faszinierenden Landschaftsbild, das an Visionen Dalís erinnert.

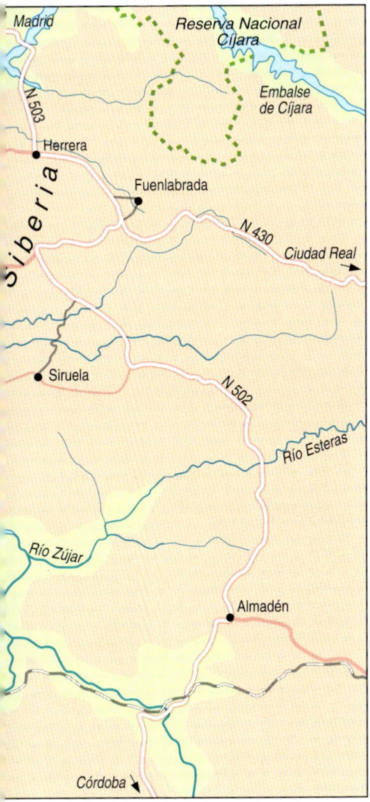

Die guterhaltene mittelalterliche Burg von Puebla de Alcocer ist 80 m lang, ihre besteigbaren Mauern sind 20 m hoch. Sie werden von einem mehr als 25 m hohen Rundturm überragt, der aus der Mitte des 15. Jh. stammt. Die Burg war ehemals Sitz von Alcántara-Rittern. Im Eingangsbereich des Burginnern sind Reste eines Gebäudes mit drei Stockwerken und geziegelten Fensteröffnungen im Mudejar-Stil erhalten. Dahinter lag in der Nähe des höchsten Turms der Waffenhof, wo sich in den Fels geschlagene Zisternen befinden.

Jenseits der Serena im entlegenen Osten, Siberia Extremeña genannt, beginnt eine wechselvolle Landschaft, die in eine der ausge-

dehntesten menschenleeren Gebiete Spaniens führt. Auf der mehr als 100 km langen Strecke nach Ciudad Real in Kastilien trifft man kaum eine Menschenseele. Rund um den Embalse de Cíjara am östlichen Rand der Extremadura, der durch die Stauung des Guadiana entstand, befindet sich heute ein geschütztes Jagdgebiet. Die Hänge an den Stauseen sind zumeist mit Eukalyptus bepflanzt worden. Am Rande der Berge sind durch großzügige Aufforstung im Rahmen des Plans ›Badajoz‹ Pinienwälder entstanden. Die ursprünglichen Steineichenwälder und Viehweiden bestimmen das Bild der Ebenen. Die abgelegene Gegend ohne große Attraktionen bietet dem Touristen, genauer besehen, eine Menge: Jäger, Angler, Badefreunde, Segler, Fahrradfahrer und Wanderer kommen hier auf ihre Kosten. Es ist ein unentdeckter Landstrich, selbst innerhalb der Extremadura, eine Gegend für Abenteuerurlaub und die ungestörten Freuden der Improvisation. Hostales gibt es nur in Ausnahmefällen. Manchmal kann man in den Ortschaften Zimmer mieten. Wildes Zelten nahe der Flußläufe ist zu empfehlen. Die wenigen Bewohner der kleinen Dörfer besitzen eine reiche regionale Tradition, die sich im Kunsthandwerk, während der vielen Feste und auch in einer bodenständigen Küche zeigt.

La Serena

Reist man aus den Bergen, Wäldern und Seen Siberias zurück in Richtung Zalamea de la Serena, erscheint die Landschaft wie ein bewegtes Meer, auf dem die vereinzelten Häuser sich wie kleine weiße Schiffe ausnehmen. Südlich der Sierra de Castuera ist das Land fruchtbar. Wir passieren **Benquerencia de la Serena**, wo auf dem Berggrat die Reste einer maurischen Festung lagern.

Zalamea de la Serena, einige Kilometer weiter westlich gelegen, ist eine ehrwürdige Stadt. Sie spielte schon im 3. Jh. v. Chr. als Siedlung der Turdetaner eine wichtige Rolle. Die Römer gründeten hier die Stadt *Iulipa Menor*. Nur wenig hat sich aus dieser Zeit erhalten. Zwei römische Säulen auf dem Hauptplatz erinnern an die Blütezeit unter den Römern. Einen riesigen römischen Grabstein verwendete man beim Bau des Glockenturms. Im 12. Jh. wurde die Stadt im Konflikt zwischen Almoraviden und Almohaden weitgehend zerstört.

Die Burg von Zalamea liegt auf einer Anhöhe inmitten der Stadt. Sie wurde Ende des 6. Jh. von den Westgoten errichtet. Im Laufe der Zeit mußte die Burg manche Veränderungen über sich ergehen lassen, so daß sie heute keinen einheitlichen Stil zeigt. Die Ecktürme sind rund oder eckig (maurisch).

Auf dem Weg nach Zafra und in die Tierra de Barros passieren wir die bis zu 1000 m hohe Sierra Grande (auch Sierra de San Pedro genannt). An ihrem Westrand liegt

Der Richter von Zalamea

Was für Ehre hat ein Bauer?

Eurer gleich an Schrot und Korn;
Denn, Herr, gäb es keinen Bauer,
Gäb es keinen Hauptmann wohl.

(Calderón de la Barca, Der Richter von Zalamea)

»Der Richter von Zalamea«, so heißen gleich zwei dramatische Stükke aus der spanischsprachigen Weltliteratur: geschrieben von Lope de Vega und umgearbeitet von Calderón de la Barca. Das 1642 entstandene Drama gilt als Meisterwerk Calderóns. Seine Fabel beruht auf einer wahren Begebenheit, die sich 1580 während des Krieges gegen Portugal abspielte: Der Bürgermeister von Zalamea versuchte die Ehre seiner Tochter zu retten, die von einem Soldaten vergewaltigt worden war. Erstmalig tauchten in dem Theaterstück nicht nur allegorische Gestalten oder Mitglieder der höheren Gesellschaft auf, sondern auch Vertreter der unteren Stände, die auf ihr eigenes bäuerliches Recht pochten und sich gegen Adelswillkür zur Wehr setzten.

der Ort **Hornachos**. Geht man den Hang hinauf bis zum Rand der Siedlung (dort befindet sich ein Brunnen), zweigt rechter Hand ein Pfad ab, auf dem es sich angenehm bis zur hochgelegenen Burganlage wandern läßt. Verfolgt man den Weg von der Siedlung aus geradeaus weiter, trifft man nach wenigen 100 m auf Reste eines maurischen Brunnens. Von dort ist der Aufstieg zur Burg ebenfalls möglich (besonders steil). Jenseits der Burg führen zwei zum Wandern geeignete Wege tiefer in die Sierra hinein.

Vor den Mauren, die die riesige Burganlage erbauten, hatten die Römer und vor ihnen die Turdetaner in Hornachos ein Domizil. Lange nach der Reconquista wurde Hornachos noch einmal von maurischem Leben erfüllt. Aufständische *moriscos* aus den andalusischen Alpujarras wurden 1575 in verschiedene Orte der Extremadura zwangsausgesiedelt, die meisten nach Hornachos. Sie lebten hier noch bis 1609. Dann wurden alle Morisken aus Spanien vertrieben.

Züge: Mehrmals täglich fahren Züge von Mérida nach *Don Benito, Villanueva de la Serena, Castuera* und *Cabeza del Buey* und zurück.

Unterkünfte: *Don Benito:* **Miriam Hotel, Calle Donoso Cortés, ✆ 9 24-81 15 39, DZ 6000–6500 Pst.; *Villanueva de la Serena:* *Emigrante II., Calle Concepción 3, ✆ 9 24-84 54 11, DZ 5000 Pst.; Hostal Pedro de Valdivia, Calle Calvo Sotelo 25, ✆ 9 24-84 03 00, DZ 3500 Pst.; *Castuera:* *Paraíso, Calle Divinos Morales 8, ✆ 9 24-76 01 48, DZ 3600 Pst..; *Puebla de Alcocer:* La Codorníz, Camino de la Laguna, ✆ 9 24-62 01 10, DZ 3600 Pst.; *Herrera del Duque:* Hostal Paco's, Calle Comendador Arias Pérez 25, ✆ 9 24-65 08 01, DZ 4000 Pst.

›Sevilla la Chica‹ – Zafra

Der gute Ruf von ›Klein Sevilla‹ ist begründet. Die Atmosphäre ist andalusisch: unbeschwert, heiter und farbenfroh. Weißstrahlende luftige Architektur und palmenbestandene Plätze verbreiten sie – und die Feste der Stadt. Wie in Andalusien feiert man in Zafra die Karwoche mit prunkvollen Prozessionen. Und die Feria von Zafra, ein alljährlich in der ersten Oktoberwoche stattfindendes Freudenfest, ist die bescheidenere Ausgabe der sevillanischen Feria de Abril.

Zafra ist eine keltische Gründung, ursprünglich *Segida* genannt. Unter den Römern hieß die Stadt *Restituta Julia.* Sie blühte in arabischer Zeit auf als *Asdafrae* und hatte seit dem 14. Jh. einen guten Ruf als Messestadt. 1428 erhielt die Handelsstadt zeitgleich mit dem Palast des Grafen von Feria eine schützende Stadtmauer. Reste der Umfriedung sind in der Nähe des Palastes zu sehen, außerdem insgesamt drei Stadttore.

Heute ist Zafra mit 14 000 Einwohnern die größte Stadt des andalusisch gefärbten Südens. Die Stadt liegt verkehrsgünstig, unweit der Hauptverbindung nach Süden und Norden. Von Zafra nach Sevilla braucht man mit dem Auto ein bis zwei Stunden Fahrzeit. Die Stadt wird dem Spaziergänger schon in wenigen Stunden vertraut. Ein längerer Aufenthalt läßt sich dennoch empfehlen, weil sich von dieser zentralen Lage aus die schönsten Ausflüge in die Umgebung anbieten – vor allem in die schöne Hügellandschaft des waldreichen Südwestens. Ein weiterer Grund sind die empfehlenswerten Hotels, die Zafra zu bieten hat. Die nobelste Adresse ist zugleich eine touristische Attraktion.

Der erst jüngst renovierte Parador von Zafra ist in einer **Burg des Grafen von Feria** aus der Mitte des 15. Jh. eingerichtet. Die Anlage zeigt uns, daß der Alcázar von Anfang an weniger eine Festung als ein Adelspalast sein sollte, der im Kleid ziviler Nobilität allerdings die wehrhafte ritterliche Vergangenheit noch nicht ganz abstreifen mochte. Beide Bauformen sind miteinander verschmolzen. Der Vorhof ist ganz nach außen gelagert. Mauerzinnen und Wachtürme

Zafra

sind in die Fassade des Palastes eingezogen. Über dem Eingangstor befindet sich ein arabisches Zwillingsfenster. Durch das Tor tritt man gleich ins Zentrum des Hauses, einen aus weißem Marmor gestalteten Patio im italienischen Renaissancestil, den Juan de Herrera, der Baumeister des Escorial, im 16. Jh. entworfen hat. In dieser Zeit wurden auch an der Außenseite Gebäude errichtet, die den Adelssitz mit dem nebenliegenden Kloster Santa María verbanden.

Besonders reizvoll ist ein Spaziergang von der Burg aus über die Plaza Corazón de María am **Kloster Santa Clara** vorbei. Es wurde 1428 als Franziskanerkloster gegründet und vor allem im 17. Jh. baulich stark verändert. Es enthält einen Patio im Mudejar-Stil aus dem Jahre 1512 und zahlreiche Kunstwerke aus dem 13. bis 17. Jh. Wir treffen auf die Calle Sevilla (Fußgängerzone) und gehen sie in Richtung Zentrum entlang bis zur schönen **Plaza Grande**. An den Großen Platz schließt sich die kleine arkadengesäumte **Plaza Chica** an. Die Plaza Grande bietet städtischen Festlichkeiten Raum, die Plaza Chica dem täglichen Markt. Eine schmale Gasse führt bis zum alten **Stadttor** (Puerta de Jerez), welches aus der Altstadt in westlicher Richtung herausführt.

Nahe der Plaza Grande liegt in östlicher Richtung die **Kirche La Candelaria** aus der Mitte des 16.

Jh. mit barocken Altären aus dem 18. Jh. im Churrigueresco-Stil. Am rechten seitlichen Altar befinden sich neun Gemälde von Francisco de Zurbarán. Sie zeigen in emblematischer Kraft und Einfachheit u. a. den Kampf des Engels gegen den Teufel, den Heiligen Isidor, der von Maria einen Umhang überreicht bekommt, Johannes den Täufer, und am Kopf des Altarwerks die Heilige Dreifaltigkeit gemeinsam mit der Heiligen Familie.

Oficina de Información Turística: Plaza de España s/n, ✆ 9 24-55 10 36

Züge: RENFE, Carretera Estación, ✆ 9 24-55 02 15; 1x täglich Zugverbindung nach Mérida, Fregenal de la Sierra, Llerena, Huelva und Sevilla.

Busse: Ab Busbahnhof, Carretera Badajoz–Granada, Busse nach Jerez de los Caballeros und Fregenal de la Sierra (✆ 9 24-55 39 07) und Busse nach Badajoz, Olivenza (über Badajoz), Feria, Llerena und Azuaga (✆ 9 24-55 00 06)

Unterkünfte: ****Parador Hernán Cortés, Plaza Corazón María 7, ✆ 9 24-55 45 40, DZ 13 000 Pst.; ***Huerta Honda, Calle Lopez Asme 30, ✆ 9 24-55 41 00, DZ 6900–12 500 Pst.; **Don Quijote, Calle Huelva 3, ✆ 9 24-55 47 71, DZ 5000–8500 Pst.; *El Ancla, Plaza de España 8, ✆ 9 24-55 43 82, DZ 5000–9000 Pst.; Hostal Rafael, Calle Virgen de Guadalupe 7, ✆ 9 24-55 20 52, 5300–6000 Pst.

Restaurants: Josefina, Calle Lopez Asme 1, ✆ 9 24-55 17 01, Spezialitäten der Region, frischer Fisch; El Ancla, Plaza de España 8, ✆ 9 24-55 00 79, preiswert

Feste: Ostern: Semana Santa; 1.–6. Oktober: San Miguel mit großer Landwirtschaftsmesse

Plaza Grande

Badajoz
NV
N 432
Río Guadiana
NV
Río de Olivenza
Río Guadajira
Olivenza
Almendrale
Tierra de
Nogales
Alconchel
Barcarrota
Salvatierra de los Barros
724 m
Feria
N 435
Sierra de Salvatierra
752 m
Zafra
N 435
Jerez de los Caballeros
Río Ardila
Río Ardila
Fregenal de la Sierra
Higuera la Real
Segura de León
Portugal
Sierra Morena

érida
Canal del Zújar
Guareña
Alange
Oliva
Embalse de Alange
Sierra de la Trancha
Sierra del Arrozao
Río Guadamez
Sierra de Guadamez
La Serena
C 413
Zalamea de la Serena
707 m
llafranca de s Barros
943 m
Sierra Grande
Hornachos
Campillo de Llerena
Río Matachel
Dehesa de Palomero
Usagre
N 432
Berlanga
N 432
Azuaga
Fuente de Cantos
Llerena
Casas de Reina
Reina
C 413
N 630
Monesterio
Sevilla
María ntudía
N
0
10 km

Ins Zentrum des Südens – Azuaga, Llerena

Südlich von Zafra durchfahren wir eine leicht gewellte baumlose Ebene. Die größten Ortschaften sind **Azuaga** (10 000 Einw.) und Llerena (7700 Einw.). Ihre blumengeschmückten Gassen und weißgetünchten Häuser verströmen schon einen Hauch von Andalusien, dessen Grenze nur wenige Kilometer entfernt liegt. Die Gegend ist kaum besiedelt und wird wenig besucht. In der Nähe der alten Minenarbeiterstadt Azuaga sieht man noch zwischen den Äckern verstreut neben Abraumhalden die Ruinen von Fördertürmen und Minenhäuschen. Von dem Kastell auf dem Hügel über der Stadt sind nur zwei Türme übriggeblieben.

Llerena lohnt einen Besuch wegen seiner schönen Plaza Mayor, die zur Rast in einer der umliegenden Bars einlädt. Der gotischen Kirche Nuestra Señora de la Granada aus dem 13. Jh., deren Längsseite eine Front des Platzes bildet, hat man elegante und mit Emblemen geschmückte Renaissancebögen vorgesetzt. Das leuchtende Weiß dominiert. In ästhetisch reizvollem Kontrast dazu stehen die schwarzen Laternen, das rötliche Mauerwerk der Arkadengänge und der braune Glockenturm, ebenfalls ein Werk der Renaissance. An der Schmalseite des Platzes steht neben dem Rathaus ein Haus, das Zurbarán einige Jahre lang bewohnte, bevor er als Hofmaler nach Madrid ging. Am Rande der Altstadt trifft man auf alte Stadttore und Reste der Ummauerung.

Nur wenige Kilometer südlich von Llerena befindet sich inmitten der Felder nördlich der Straße und in der Nähe des Ortes **Casas de Reina** eine alte römische Siedlung. Noch immer vom Erdboden bedeckt, liegen jenseits der Bahnlinie die Überreste der römischen Stadt *Regina*. 1978 haben Archäologen ein kleines römisches Theater ausgegraben, das sich erstaunlich gut erhalten hat. Nicht nur die halbrunden Sitzreihen aus Granitblökken, sondern auch Bühne und Bühnenhaus sind erneut aus der flachen Umgebung herausgetreten. Das Theater bot ca. 800 Zuschauern Platz. Von den Rängen blickt man durch die Ruine des Bühnenhauses hindurch auf die Silhouette der Sierra Grande in der Ferne. Das eingezäunte Ausgrabungsgebiet ist über Mittag geschlossen.

In einer verborgenen Falte des nahegelegenen Hügelrückens liegt der Ort **Reina**. Man halte sich am Eingang des Dorfes links, dann die erste Straße scharf rechts bis zum Ende der Häuser. Dort beginnt ein Weg zur Burg hinauf, die sich auf einem Plateau erhebt. Die Mauern der monumentalen Anlage wurden großenteils im 11. Jh. aus Lehm errichtet. Die behauenen Granitblök-

◁ Der Südwesten

Nuestra Señora de la Granada an der Plaza Mayor

ke für die arabischen Bögen und Tore sind wahrscheinlich aus dem nahen römischen Regina hierher geschafft worden. Eine Kapelle im Innern der Ummauerung birgt Reste von westgotischen Bauten. Unterhalb des Trümmerfeldes befindet sich eine gut erhaltene Zisterne.

Züge: RENFE, C/Estación, ✆ 924-87 02 39; nach *Llerena* fährt täglich ein Zug: ab Zafra 10.45 Uhr/an Llerena 11.14 Uhr; 1× tägl. Zugverbindung nach Zafra: ab Llerena 19.03 Uhr/an Zafra 19.30 Uhr.

Busse: Es verkehren regelmäßig Busse zwischen Zafra (Busbahnhof Carretera Badajoz – Granada, ✆ 9 24-55 00 06), *Llerena* und *Azuaga*.

Unterkünfte: *Llerena:* Hostal Los Angeles, Avda. José Antonio, ✆ 9 24-87 00 53, DZ 3550 Pst.; Hostal Gallego, Carretera Badajoz – Granada, Km. 112, ✆ 9 24-87 00 50, DZ 3500 –4000 Pst. ; *Azuaga:* Hostal Jiménez, Avda. Victoria 80, ✆ 9 24-89 03 90, DZ 3500 Pst.

Feste: *Llerena:* Februar: Karneval; Ostern: Semana Santa; 15. Mai: Romería de San Isidro in Los Molinos; 15. August: Día de la Granada (Feierlichkeiten beginnen ab dem 1. 8.); 8. September: Día de Extremadura; 28. September: Feria de San Miguel

Friedhof von Feria

Drei Burgen

Im Nordwesten von Zafra liegen an den Ausläufern der Sierra de María Andrés die Burgen von Feria und Nogales in jeweils 20 km Abstand hintereinander. Zusammen mit dem Alcázar von Zafra bildeten sie Mitte des 15. Jh. im Spanien feudaler Willkür eine strategische Verteidigungslinie, die die östliche Ebene sichern sollte. Die mächtige Adelsfamilie Suárez de Figueroa, deren führende Männer den Titel Graf von Feria trugen, ließ die Burgen erbauen.

Beide Burgen überragen hübsche Dörfer und sind gute Beispiele für die Architektur des mächtigen Landadels im 15. Jh. Sie haben noch nicht den Palastcharakter des Alcázars von Zafra, doch ist hier der große Wehrturm schon zum repräsentativen Wohnturm mit abgerundeten Kanten geworden, demgegenüber die niedrigen umliegenden Mauern und Verteidigungstürme kaum ins Gewicht fallen.

Der Wohnturm von **Feria** kann bestiegen werden. Von oben bietet sich ein reizvoller Blick auf die flache Tierra de Barros im Osten und auf das schöngelegene Dorf unterhalb des Hügels. Neben Montánchez in der Provinz Cáceres (s. S. 116) wird Feria zurecht als ›Balkon der Extremadura‹ bezeichnet.

Die Burg von **Nogales** ist kleiner. Die Wehrmauer mit runden Ecktürmen ist hier näher ans Hauptgebäude herangerückt. Der niedrigere zinnenbewehrte Wohnturm enthält drei Stockwerke.

Nur wenige Kilometer entfernt erhebt sich bei **Salvatierra de los Barros** inmitten des westlichen Hügellandes, umgeben von Steineichenwäldern, eine dritte Burg von ganz anderem Charakter und mit einer längeren Geschichte.

Zur Burg fährt man am Rande des Ortes Salvatierra entlang bis zur Straße in Richtung Jerez de los Caballeros. Auf dieser Straße biegt nach ca. 150 m unmittelbar hinter einer Rechtskurve ein steiniger Weg ab. Er führt zu einem offenen Feld, wo sich der Weg verzweigt (Abstellmöglichkeit für das Fahrzeug). Man halte sich links, bei einer weiteren Abzweigung rechts. Nach etwa 500 m biegt ein Fußweg links ab zur Burg hinauf.

Alfons IX. von León ließ die Burg Ende des 12. Jh. kurz nach der Eroberung auf den Resten römischer und maurischer Befestigungsanlagen in einem für die Extremadura bis dahin ungewöhnlichen Stil errichten. In dem gerade eroberten Land konnte man sich noch nicht zur Ruhe setzen. Aktive Verteidigung war geboten. Die vielgliedrige Befestigung mit den zahlreichen runden nach außen gerichteten Wehrtürmen zeugt davon ebenso wie der schräg geschnittene Eingang vom ersten bis zum zweiten Hof und der Treppenaufgang, der

Steineichenwald in der Tierra de Barros

in den ersten Stock des Hauptturms führt. Kreuzfahrerburgen in Syrien sind hierfür die Vorbilder gewesen.

Lohnenswert ist eine Wanderung im wald- und weinreichen Gebiet um die Burg herum. Da sie weithin sichtbar ist, bietet sie eine sichere Orientierung für den Rückweg.

Ptolemäus beschrieb schon im 2. Jh. das heutige Salvatierra, eine ehemals keltische Gründung. In römischer Zeit blühte hier das Töpferhandwerk, in arabischer die Glasherstellung.

Nach der Eroberung Zafras im Jahre 1228 wurde das inzwischen verlassene Salvatierra de los Barros von Christen aus dem Königreich León neu besiedelt. Die Burg diente als Kaserne. Später ließ man sie verfallen. Ein englischer Privatmann kaufte sie schließlich in unserer Zeit und begann mit vorsichtigen Restaurationen.

Busse: Busverbindung von Zafra (Busbahnhof, Carretera Badajoz–Granada, ✆ 9 24-55 00 06) nach *Feria*.

In die Sierra Morena

Die Sierra Morena bildet die Grenze Extremaduras nach Andalusien. Von Zafra aus führt die gut ausgebaute N 630 auf dem schnellsten Weg nach Andalusien und Sevilla. Will man sich Zeit lassen, ist die Strecke über die Sierra Aracena empfehlenswerter. Am äußersten Südrand der Extremadura streifen wir auf diese Weise noch Ortschaften wie **Fregenal de la Sierra** und Higuera la Real. Die gut erhaltene Burg im Zentrum des hochgelegenen Ortes ist im 13. Jh. vom Templerorden errichtet worden. Inmitten der Burg befindet sich heute eine Stierkampfarena.

Im nahegelegenen **Higuera la Real** können wir an einem schlichten Seitenaltar der Dorfkirche Santa Catalina sechs Passionsbilder von Luis de Morales betrachten. Nehmen wir eine Nebenstrecke von Fregenal de la Sierra aus, die nach 50 km auf die Schnellstraße N 630 Richtung Sevilla führt, passieren wir **Segura de León**, wo die sehr gut erhaltene Burg der San tiago-Ritter aus dem 13. Jh. auf dem Hügel über der weißen Stadt ragt wie eine riesenhafte gezackte Krone.

Ein letzter Ausflug bis kurz vor die andalusische Grenze ist zugleich ein letzter Höhepunkt im Wortsinn. Über die N 630 ist das Ziel von der Ortschaft **Monesterio** aus nach 20 km erreicht: der höchste Punkt de südlichen Extremadura und der gesamten Provinz Badajoz. In 1100 m Höhe befindet sich inmitten der Sierra de Tudía **Santa María de Tentudía.** Das Kloster wurde vom Santiago-Orden im 13. Jh. gegründet. Ein Kreuzgang im Mudejar-Stil des 14. Jh. wurde jüngst restauriert. Im schlichten Kirchenraum stehen wir am Hauptaltar vor einem kunstvollen Ka-

Markthalle von Fregenal de la Sierra

chelmosaik aus dem Jahre 1518. Draußen blicken wir kilometerweit auf die einsamen Wälder der südlichen Extremadura und des nördlichen Andalusien.

Oficina de Información Turística: *Monesterio:* Plaza Extremadura, Ayuntamiento, ✆ 9 24-51 67 37

Busse: *Fregenal de la Sierra:* Busbahnhof Carretera de Badajoz, ✆ 9 24-70 09 36, Busverbindung nach Zafra, Badajoz und Jerez de los Caballeros

Unterkünfte: *Fregenal de la Sierra:* *** Cristina, Calle Puerto, ✆ 9 24-70 00 40, DZ 5000–7000 Pst.; *Higuera la Real:* Hostal Hernández, Calle Loreto 62, ✆ 9 24-7 23 12 51, DZ 3000 Pst.; *Monesterio:* * Moya, Paseo de Extremadura 278, ✆ 9 24-51 61 36, DZ 4000 Pst.; Hostal Los Cotos, Carretera Nacional 630, Km. 728, ✆ 9 24-51 63 52, DZ 5000 Pst.; Hostal Puerta del Sol, Paseo de Extremadura 67, ✆ 9 24-51 70 01, DZ 3500–4000 Pst.

Campingplatz: *Monesterio:* N-630, Guijón-Sevilla, ✆ 9 24-51 60 11, 270 Pers., ganzjährig geöffnet

Jerez de los Caballeros

Die Stadt mit 9000 Einwohnern liegt wie eine Perle inmitten grüner Hügel. Besonders reizvoll ist ihr Anblick, wenn man aus den nördlichen Wäldern anreist.

Unterhalb der Stadtmauern und Burgtürme aus dem 13. Jh., die die

Vasco Núñez de Balboa

Eroberer Panamas

Vasco Núñez de Balboa erbrachte den Beweis, daß Amerika nicht Westindien, sondern die Neue Welt tatsächlich ein neuer Kontinent war. Er nahm nicht nur Mittelamerika für die Katholischen Könige in Besitz, sondern erhob Anspruch auf den gesamten Pazifik. Der ungestüme und selbstbewußte Balboa war ein Gönner Francisco Pizarros gewesen, der ihn auf seinem Marsch durch den Dschungel bis zum Pazifik begleitet hatte. Nur wenige Jahre später richtete Balboa eine Expedition aus, um das verheißene Goldland an der Ostküste Südamerikas zu finden. Er ließ zwei Schiffe auseinandernehmen und sie in Panama von der atlantischen bis zur pazifischen Küste transportieren, um sie dort wieder zusammenzusetzen. Aber das Holz verfaulte während des Transports. Bevor er neue Schiffe bauen konnte, war ein Intrigennetz der auf Balboas Ruhm eifersüchtigen neuen Herren zu Ende geknüpft worden, in dem sich der selbstherrliche Empörkömmling aus Jerez de los Caballeros verfangen sollte. Der frisch aus Spanien nach Panama gekommene neue Statthalter der Krone rief ihn von seiner Expedition zurück. Der Nichtsahnende wurde verhaftet und 1519 als Rebell gegen die Krone geköpft.

Stadt nach Norden hin begrenzen, hat man die **Reste römischer Villen** aufgedeckt, deren Fußböden mit Mosaiken geschmückt sind. Im Innern der Stadt befinden wir uns gleichfalls in einer Hügellandschaft aus weißgestrichenen Häusern und rotbraunen Ziegeldächern, über denen sich reichgeschmückte barocke Kirchtürme erheben.

Eine gute Aussicht auf Täler und Hügel der Stadt bietet sich vom **Parque de la Momería**, den man innerhalb der Burg angelegt hat. Dort befindet sich auch eine Templerkirche, die vorher eine kleine Moschee war. Sie steht jetzt als eine Art Bühnenhaus vor den Zuschauerrängen eines winzigen Freilichttheaters.

An der Plaza de San Agustín befindet sich das Gebäude eines ehemaligen **Klosters** aus dem 16. Jh., in dem heute das Tourismusbüro untergebracht ist. Schräg gegenüber in der ehemaligen Kapelle ist eine Bar eingerichtet – von denen es hier nicht viele gibt –, in der man gute Tapas bekommen kann. Ein Spaziergang führt uns zur Plaza de España, wo sich die **Kirche San Miguel** mit ihrem churrigueresk verzierten rotbraunen Glockenturm aus dem 18. Jh. befindet.

Hügelaufwärts kommen wir in der Calle del Hospital am **Geburtshaus von Vasco Núñez de Balboa** (geb. 1475) vorbei, der als junger Sträfling und blinder Passagier vor seinen Verfolgern in die Neue Welt floh und schließlich nach einem beschwerlichen Marsch durch Panama 1513 als erster Europäer jenen Ozean entdeckte, den er ›El Pacífico‹ (›Stiller Ozean‹) nannte.

Wir spazieren weiter die Straße entlang bis zur **Kirche San Bartolomé**, die ebenfalls im 18. Jh. erbaut wurde und eine bemerkenswerte Fassade besitzt, die mit Azulejos und Stuckelementen reich dekoriert ist. In entgegengesetzter Richtung zur Plaza de España liegt die älteste Kirche der Stadt, **Santa María.** Sie ist sogar noch älter als die Moschee im Burgbezirk. Sie war ursprünglich ein westgotischer Bau aus dem 6. Jh.

In dieser uralten Stadt, deren allgemeines Bild durch die schlanken Barocktürme bestimmt wird, streifen wir ganz beiläufig die baulichen Spuren 17 vorausgegangener Jahrhunderte: von jenen der Römer über die der Westgoten und Mauren bis zu jenen der Christen der

Jerez de los Caballeros

Jerez de los Caballeros

Reconquista und Conquista. Das Alter des ehemals phönizischen *Ceret* und römischen *Caeriana* ist nicht genau bestimmbar. Man fand in alten Gemäuern von Jerez de los Caballeros Reste phönizischer und altiberischer Bauten sowie in der Nähe der Stadt keltische Dolmen. Der Spaziergang mag ausklingen im Paseo de Santa Lucía, wo man zwischen Blumenrabatten noch einmal den schönen Blick in die Umgebung und auf die Dächer der Stadt genießen kann.

Oficina de Información Turística: Pl. San Agustín 1, ✆ 9 24-73 03 84

Busse: Es fahren Busse von Zafra (Carretera Badajoz – Granada, ✆ 9 24-55 39 07), Badajoz (Carretera de Valvearde, ✆ 9 24-25 86 61) und Fregenal de la Sierra (Carretera de Badajoz, ✆ 9 24-70 09 36) nach Jerez de los Caballeros und zurück.

Unterkünfte: ** Oasis, Calle El Campo 18, ✆ 9 24-73 12 44, DZ 5000–5500 Pst.; Hostal Las Torres, Carretera Jerez d. l. Caballeros – Olivenza 49, ✆ 9 24-73 11 68, DZ 3000 Pst.

Feste: Ostern: Semana Santa – wichtigste Feiern der Region; 24. Juni: San Juan; 23.–26. August: San Bartolomé; 8. September: Virgen de Agua Santa

Auf dem Weg nach Olivenza passieren wir etwa 30 km nordwestlich von Jerez de los Caballeros **Barcarrota**. Auf dem Hauptplatz der verwinkelten Ortschaft befindet sich die Statue des Konquistadoren Hernando de Soto, der hier 1486 geboren wurde.

Hernando de Soto

Entdecker des Mississippi

Er war einer der hartnäckigsten und stolzesten Eroberer und als solcher einer der berühmtesten Männer Spaniens. Unter Francisco Pizarro hatte er als wagemutiger Offizier während der Eroberung Perus die Reiterei angeführt. Pizarro selbst kämpfte zu Fuß und bestieg ein Pferd nur zur Parade. Hernando de Soto kehrte als reicher Mann nach Spanien zurück und lebte dort wie ein Standesherr mit großer Dienerschaft. Aber dies genügte ihm nicht. Er verlangte nach Ruhm und bewarb sich erfolgreich um den Posten des Gouverneurs von Florida, das 1513 entdeckt worden war. 1538 rüstete er eine Expedition ins Landesinnere aus, um El Dorado, das verheißene Goldland, zu finden. Aber er fand nur armselige Steppen und schier endlose Sümpfe. Seine wohlorganisierte Streitmacht war schließlich nur noch ein elender Haufen. Doch selbst in diesem Zustand nahm de Soto keine Hilfe an. Als von seiner Frau nachgesandte Proviantschiffe aus Kuba in der Nähe lagen, verschwieg er dies seinen Leuten. So abgerissen und gescheitert wollte er vor niemandem aus der Heimat erscheinen. Und Rückkehr war für ihn nur denkbar im Glanze des Ruhms. Trotzig und hart führte er seine Leute drei Jahre lang durch neun der heutigen US-amerikanischen Staaten bis nach Kansas im mittleren Westen. Er entdeckte den Mississippi, ohne zu ahnen, daß ihm dieses sumpfige Gewässer zwar nicht das ersehnte Gold, aber nach seinem Tode den Ruhm einbringen würde, nach dem er verlangte. Inzwischen war fast die Hälfte seiner 600 Männer zugrundegegangen. Doch Hernando de Soto gab die Suche nach El Dorado so wenig auf wie das Indianermorden. Noch auf dem Sterbelager verlangte er durch einen Boten von einem Indianerstamm jenseits des Flusses Tribut und Unterwerfung, da er »der Sohn der Sonne« sei. Der Häuptling, geschützt durch den breiten Fluß, antwortete klug. Ein Sohn der Sonne sei sicherlich imstande, den Mississippi auszutrocknen. Solange wolle er warten, bis er dem Befehl gehorche und Proviant und Träger schicke. Aus Zorn ließ darauf der ›Sohn der Sonne‹ ein benachbartes Indianerdorf abbrennen und dessen Bewohner umbringen. Nachdem seine Rachsucht befriedigt war und er gebeichtet hatte, starb de Soto an Erschöpfung. Dem Rest der Expedition gelang schließlich der Bau eines Schiffes, mit dem sie den Mississippi hinuntersegelten und das sie 1543 nach Neu-Spanien zurückbrachte.

In die von Häusern umringte Burg aus dem 13. Jh. hat man die Stierkampfarena der Stadt hineingebaut.

25 km weiter westlich ragt von weither sichtbar auf einem Hügel über der Ebene die **Burg von Alconchel** hervor, zu der ein Weg jenseits des Dorfes hinaufführt. Die Burg stammt ebenfalls aus dem 13. Jh. Die ehemals abgeschlagenen Zinnen sind ersetzt worden. Vom felsigen Grund schaut man auf Oliven- und Mandelbäume ringsum und auf die Weiten der Steineichenwälder. Die Burg von Alconchel war jahrhundertelang immer wieder Zankapfel portugiesischer und spanischer Interessen.

Olivenza

Inmitten der landwirtschaftlich genutzten Ebene zwischen Jerez de los Caballeros und Badajoz liegt Olivenza (10 000 Einw.). Ihre Vergangenheit war länger portugiesisch als spanisch. Erst zu Beginn des 19. Jh. kam die Stadt an Spanien. Sehenswert ist vor allem der Innenraum der **Kirche Santa María Magdalena** mit seinen gedrehten Arkadensäulen im manuelinischen Stil. Die Kirche wurde in der Blütezeit Portugals Anfang des 15. Jh. errichtet. Das Mittelschiff führt auf einen reich dekorierten Barockaltar aus dem 17. Jh. zu.

Nahe der Magdalenenkirche befindet sich im **Palacio de los Duques de Cadaval** das Rathaus. Sein zierliches Portal ist ebenfalls ein

Santa María Magdalena

Alter Laden im Volkskundemuseum

dekoratives Beispiel jener manuelinischen Architektur, die die Formen von Gotik und Renaissance mit dem Schwung und dem ausgreifenden Sinn einer selbstbewußten Entdeckernation verband. Noch vor den Spaniern hatten die Portugiesen die Weltmeere beherrscht und neue Küsten entdeckt. Das Wappen Manuels des Glücklichen, des portugiesischen Königs, dessen Name zur Bezeichnung des Stils seiner Zeit wurde, war ein Astrolabium, ein astronomisches Meßgerät, das der Navigation der Seefahrer diente. Es prangt am Portal gleich zweifach zwischen den fünffingrig gespreizten Blendfialen, deren mittlere aus dem Familienwappen der Cadaval-Familie hervorgeht und von einer Halbkrone umschlossen wird.

Im **Hospital de Caridad** aus dem 16. Jh. ist eine Kapelle mit portugiesischen Azulejos geschmückt.

Das **Kastell** von Olivenza wurde Anfang des 13. Jh. auf Geheiß des portugiesischen Königs Dinis errichtet. Es diente später als Rathaus und Gefängnis. Der Hauptturm (El Homenaje) der Burg, der mächtig aus den umgebenden Häusern im Zentrum herausragt, wurde im 15. Jh. errichtet. Er enthält heute das einzige Volkskundemuseum der Provinz Badajoz (Di–So 11–14, 16–18 Uhr Winter; 11–14, 17–20 Uhr Sommer, Mo geschlossen).

Zwei große **Klöster** aus dem 16. Jh. befinden sich am Rande der Altstadt, außerdem eine **Kaserne** aus dem 18. Jh., der Regimentssitz der

Olivenza

Dragoner von Olivenza. Die **Stierkampfarena** gehört zu den schönsten Extremaduras. Gepflegt wird vor allem der Kampf zu Pferde.

Oficina de Información Turística: Plaza de la Constitución, ✆ 9 24-49 01 51

Busse: Alle Busverbindungen über Badajoz

Unterkünfte: *** Heredero, Carretera Comarcal 426, Km. 23,7, ✆ 9 24-49 08 35, DZ 5500 Pst.; * Los Amigos, Avda. del Perú 20, ✆ 9 24-49 07 25, DZ 2800 Pst.

Feste: 15. Mai: Romería de San Isidro; 23. April: San Jorge de Alor; 23. Juni: Muñecas de San Juan

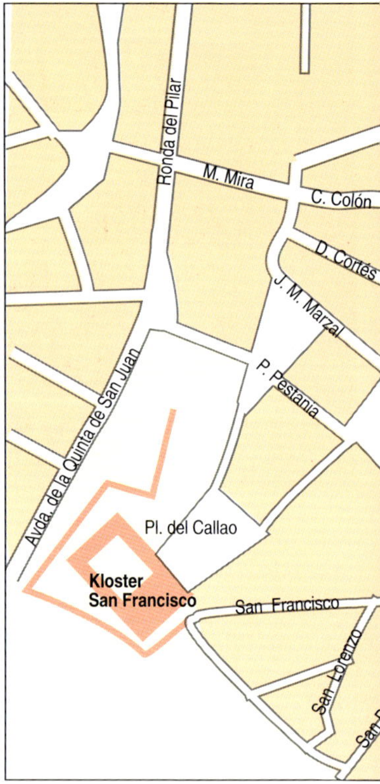

Badajoz

Badajoz ist mit über 120 000 Einwohnern die mit Abstand größte Stadt der Extremadura. Sie ist die Hauptstadt der gleichnamigen Provinz, der flächenmäßig größten Spaniens. Umringt von kleinen Industriebetrieben, Großgaragen, Reparaturwerkstätten und modernen Wohnblöcken, birgt ihr Kern eine lebendige Altstadt, in der das Hauptgeschäftsviertel von Badajoz angesiedelt ist. Die alte Stadtstruktur ist zwar bestehengeblieben, aber viele der Häuser sind in den Kriegen zerstört worden, zuletzt während des Spanischen Bürgerkriegs, als 1936 die republiktreue Stadt tagelang den Granaten und Bomben der putschenden Nationalisten ausgesetzt war. Straße um Straße wurde erst nach harten Kämpfen eingenommen.

Badajoz ist heute ein ökonomisches Zentrum, vor allem für die

Verarbeitung landwirtschaftlicher Produkte der fruchtbaren Umgebung, insbesondere der Bewässerungszonen entlang des Guadiana. Die Stadt zeigt als einzige in der Extremadura ein modernes Gesicht. Trotz der schönen palmenbewachsenen Parkanlagen rund um die Altstadt lädt sie nicht zum längeren Verweilen ein, es sei denn, man sehnt sich nach der Rastlosigkeit einer Großstadt. Aber für die echten Reize einer Großstadt ist Badajoz auch wieder zu provinziell. Die Stadt strömt eine merkwürdig gebrochene Atmosphäre aus: Ihre Modernität ist gesichtslos, und die wenigen stilvollen alten Gebäude und Plätze sind dem Verfall ausgesetzt. Das Alte nicht mehr und das Neue noch nicht … An der Wand der Kathedrale im Zentrum der Stadt sind noch die Helden der Franco-Diktatur eingetragen: …

Primo de Rivera. Der Vorname Antonio ist abgesprengt. Es ist der Name des Gründers der Falange-Bewegung. Hinter den Mauern der Kathedrale, die seine Namenszüge tragen, wurden die Verteidiger der Republik 1936 gnadenlos niedergemacht.

Badajoz ist eine Grenzstadt, man spürt die gespannte Unruhe und die Identitätskonflikte, die diese Lage mit sich bringt. Gewöhnlich kommt man hierher, um rasch vorbeizufahren, weil das Ziel jenseits der nahen portugiesischen Grenze liegt. An den Wochenenden strömen Portugiesen zum Einkauf in die Stadt. Kommt man von Cáceres oder Alburquerque, bietet die Stadt ein eindrucksvolles Panorama. Jenseits des Guadiana ziehen sich die alten arabischen Festungsmauern den Hügel hinauf. Die Aftasi gründeten die Burganlage im 11. Jh. Die Almohaden setzten im 12. Jh. stadteinwärts einen großen Turm hinzu, der die Alcazaba mit der von ihnen errichteten Wehrmauer verband. Im 16. Jh. wurde rings um die Altstadt die Mauer verlängert, von der einige Teile noch erhalten sind.

Auf dem Gelände der Alcazaba befindet sich heute ein Archäologisches Museum mit Funden aus der kulturellen Blütezeit von Badajoz. Im 11. Jh. bildete die Stadt ein Zentrum maurischer Kultur, dessen Ruf weit über die Grenzen des Sultanats Al-Gharb hinausreichte. 1289 wurde Badajoz vom kastilischen König Alfons IX. erobert.

Spaziergang durch Badajoz

Die **Kathedrale San Juan** aus dem 13. Jh. steht im Zentrum der Stadt auf der Plaza de España. Das dunkle schlichte Bauwerk erinnert an die Wehrhaftigkeit einer Burg und ist ein gutes Beispiel für den spröden Stil der kastilischen Reconquista-Ritter. Behutsam hat man dem wuchtigen Gebäude im 16. Jh. innen und außen schmückende Elemente im Stil der Renaissance hinzugefügt. Im düsteren Innern wird der Festungscharakter des Gotteshauses durch ausgeprägte Gitterwerke verstärkt, die die einzelnen Bereiche des Kirchenraumes voneinander trennen. Dahinter glänzen die üppigen vergoldeten Barockaltäre aus dem 18. Jh.

Man kann den Kreuzgang betreten, dessen Galerie von gewundenen Säulen getragen wird.

Auf Wunsch öffnet ein freundlicher und kenntnisreicher Geistlicher die Kammern und Säle des **Museo Catedralicio,** in denen die kirchlichen Schätze ausgestellt sind. In einem der Räume befinden sich fünf Gemälde von Luis de Morales. Zwei der Bilder gehören zu seinen besten Werken und lohnen allein schon den Besuch von Badajoz und der Kathedrale: »La Piedad« und das Porträt von »San Jerónimo«. Es sind Bilder, die an El Grecos fiebrige Visionen heranreichen und deren glühend-düstere Farbpalette unmittelbar an die der deutschen Expressionisten zu Beginn unseres Jahrhunderts erinnert.

In einem anderen Raum treffen wir auf zwei großformatige Gemälde von Juan de Valdés Leal (einem der Großen aus der ›Sevillaner Malerschule‹ des 17. Jh.), die jedem großen Museum zur Zierde gereichen könnten. Hier hängen die dramatischen alttestamentarischen Szenen um Samson und Delila und Judith und Holofernes in einer schmalen Schatz- und Abstellkammer und harren einer dringend notwendigen Restauration.

Kathedrale San Juan

Von der Plaza de España mit der sitzenden Statue des Malers Luis de Morales sind es nur wenige Schritte in nordwestlicher Richtung bis zum **Museum der Schönen Künste** in der Calle Melendez Valdes 31, dessen unscheinbare Fassade man leicht übersieht (Mo–Sa 8–14 Uhr, So geschlossen). Es zeigt vor allem Werke von Malern aus der Region, darunter Gemälde von Zurbarán und Morales (›El Divino‹), dem berühmtesten Sohn der Stadt.

Das in den Räumen eines Adelspalastes eingerichtete Museum erweckt zwiespältige Gefühle. Man spürt den großen europäischen, spanisch-italienischen Zusammenhang im 16. und 17. Jh. und zugleich auch die Beschränktheit der Provinz (mitsamt ihren ›Aussteigern‹). Hier hängen große und unbedeutende Werke Seite an Seite, Werke von Bohemiens und Italienreisenden aus der Extremadura und zwei bedeutende Gemälde italienischer Künstler: von Caravaggio eine drastisch-eindrucksvolle Version von Judith und Holofernes, von Correggio eine düster-dramatische Darstellung von Geißlern. Von Zurbarán sehen wir eine skeptisch blickende »Maria in den Wolken« und von Morales eine innige »Piedad« von ausgeprägt manieristischer Bildsprache.

Durch die Calle Jagüe gehen wir zur **Puente de Palmas** über den Guadiana. Die Brücke wurde im 16. Jh. unter Philipp II. auf römi-

Avenida de Pardaleras
Stadion
Avenida del Pilar
Stierkampfarena
Sansisenando
Martín Cansado
Trinidad
Kathedrale
Plaza de España
Afligidos
M. Valdés
Barrantes
Amparo
Concepción
San Lorenzo
Costanilla
Azur
Montaño
Pl. Alta
San Pedro de Alcántara
J. Lanot
R. Marroquíes
Morales
San Antón
Alcazaba
(Archäologisches Museum)

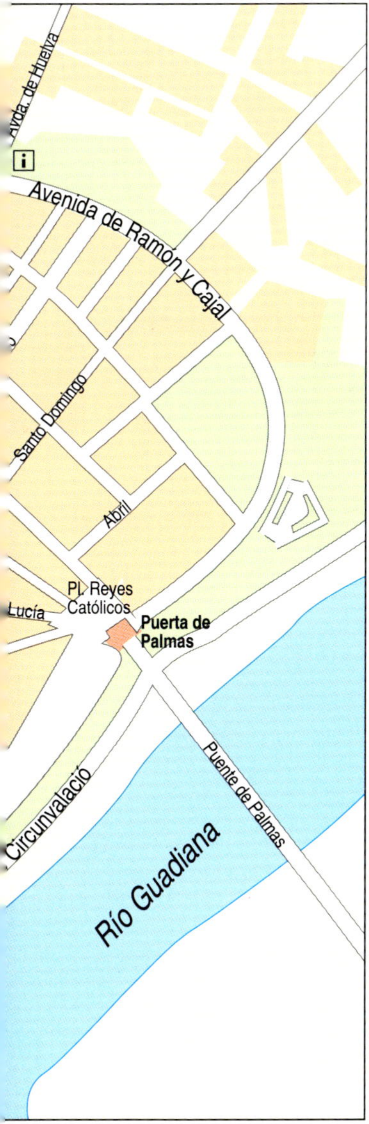

Badajoz

schen Fundamenten errichtet. Zur selben Zeit entstand das repräsentative gleichnamige Eingangstor zur Innenstadt.

Die schönsten Plätze der Stadt liegen direkt unterhalb der Alcazaba, zu deren Gelände Treppen hinaufführen.

875 entstand die **maurische Festung** auf dem Hügel, der schon vom dritten vorchristlichen Jahrtausend an Siedlungsstätte verschiedener Kulturen war. Mauerreste aus der Kupferzeit sind auf dem Gelände innerhalb der Ummauerung ausgegraben worden. Keramikscherben und Werkzeuge aus dieser Zeit sind im **Archäologischen Museum** ausgestellt (Di–So 10–15 Uhr, Mo geschlossen). Neben Geräten von Minenarbeitern aus dem 1. Jh. v. Chr., römischen Mosaiken (Darstellungen von Orpheus, von Zentauren und Tieren) und Statuen aus dem 1. Jh. gehören die Funde aus westgotischer Zeit zu den interessantesten Stücken des Museums. Es wurde vor wenigen Jahren im renovierten **Palast des Herzogs von Roca** (bzw. von Feria) eingerichtet. Der Renaissancebau mit mudejaren Elementen entstand im 15. Jh. inmitten des Geländes der zerstörten Maurenfestung. Im 17. Jh. wurde er gründlich umgebaut und war später Teil einer Festung, die 1811 von den Franzosen zerstört wurde. Ein klei-

Puerta de Palmas

ner Raum bewahrt die wenigen gefundenen Scherben aus der Blütezeit von Al-Gharb, als Badajoz ein Zentrum islamischer Kultur im Westen Europas war.

Neben dem Palast des Herzogs von Roca befindet sich der ehemalige **erzbischöfliche Palast** mit einem zinnenbewehrten Turm aus dem 14. Jh. Dahinter liegt ein **Militärhospital** aus der Mitte des 19. Jh. Zu seinem Bereich gehört eine Kirche aus dem 15. Jh., die auf den Resten der Hauptmoschee errichtet worden ist. Ruinen einer weiteren Kirche – ebenfalls aus dem 15. Jh. – stehen inmitten des unmmauerten Geländes. Sie dienten während des Unabhängigkeitskriegs Anfang des 19. Jh. als Pulverkammer.

Ein Weg verläuft entlang der Mauer der Alcazaba, vorbei an **vier Toren,** die zwischen dem 10. und 12. Jh. entstanden. Das machtvollste Eingangstor führt zur Plaza Alta, einem großzügigen Platz zwischen Alcazaba und der Innenstadt von Badajoz. Im 16. Jh. entstanden hier Gebäude für die Gemeindeverwaltung. In der Nähe des Tors erhebt sich die achteckige **Torre de la Atalaya,** auch Espantaperros genannt, ein Werk der Almohaden (12. Jh).

Wählt man von hier aus den Weg zu Fuß zurück in das nahegelegene Stadtzentrum, passiert man ein Armenviertel mit ›üblem‹ Ruf. Nicht selten kommen hier vielversprechende Handtaschen ahnungsloser Touristen abhanden. Bewegt man sich indes ohne provozierende Insignien des Wohlstands, kann man unbeschwert die Gassen durchwandern, wobei man häufig unfreiwillig Einblick in die winzigen dunklen Stuben der Bewohner erhält, die sich unmittelbar zur Gasse hin öffnen.

Am der Alcazaba entgegengesetzten Rande der Innenstadt stoßen wir auf eine völlig neue Attraktion von Badajoz. Hier befand sich ein nach dem Spanischen Bürgerkrieg in den vierziger Jahren errichteter berühmt-berüchtigter Kerker, hinter dessen Mauern sich nun seit 1995 das eindrucksvoll gestaltete **Museum für zeitgenössische Kunst** aus der Extremadura und aus Iberoamerika befindet (MEIAC – Museo Extremeño e Iberoamericano de Arte Contemporaneo, Calle Museo, Di–Sa 10.30–13.30 und 17–20 Uhr, So nur vormittags, Mo geschlossen). Es zeigt auf mehreren Stockwerken Bilder, Installationen, Skulpturen, darunter auch witzige ironische Werke des Bildhauers Rufino Mesa (1. Stock) und des zum ›Extremeño‹ gewordenen deutschen Künstlers Wolf Vostell (2. Stock).

Oficina de Información Turística: Plaza de la Libertad 3, ✆ 9 24-22 27 63

Züge: RENFE, Calle Carolina Coronado, ✆ 9 24-23 71 70; Züge nach Lissabon, Mérida, Cáceres, Ciudad Real und Madrid

Busse: Busbahnhof, Carretera de Valvearde, ✆ 9 24-25 86 61; regelmäßiger Busverkehr nach Portugal, Sevilla, Mérida, Cáceres und zu den Ortschaften der Provinz

Unterkünfte: ****Gran Hotel Zurbarán, Paseo de Castelar, ✆ 9 24-22 37 41, am Rande der Altstadt gelegen, DZ 16 750 Pst.; ***Lisboa, Avda. Díaz Ambrona 13, ✆ 9 24-27 29 00, DZ 7000 Pst.; Hostal Niza II., Arcoaguero 45, ✆ 9 24-22 31 73, DZ 5600 Pst.; Hostal de las Heras, Calle Pedro de Valdivia 6, ✆ 9 24-22 40 14, DZ 3500 Pst.

Restaurant: Aldebarán, Avda. de Elvas, ✆ 9 24-27 42 61, etwas abgelegen, edle Ausstattung, vorzügliche Küche, sonntags geschlossen; La Toja, Avda. de Elvas 22, ✆ 9 24-27 34 77, galizische Gerichte, aber auch typische Speisen der Extremadura; Los Gabrieles, Calle Vicente Barrantes 21, ✆ 9 24-22 00 01, nahe der Kathedrale; Los Monjes, im Gran Hotel Zurbarán, Paseo Castelar, ✆ 9 24-22 37 41, gute Küche

Feste: Februar: Karneval; 24. Juni: San Juan, Schutzpatron der Stadt; Juni: Romería de la Virgen de Botoa, Schutzheilige der Waschfrauen

Verzeichnis kunstgeschichtlicher und regionalspezifischer Begriffe (Glossar)

Ajimez: Zwillingsfenster mit mittlerer Säule

Alcázar: maurisches Schloß oder Burg

Alcazaba: maurische Festung

Aljibe: maurische Zisterne

Aquädukt: über eine Pfeiler-Bogen-Konstruktion geführte Wasserleitung

Atrium: von Säulen getragener Innenhof des römischen Wohnhauses mit mittlerer Öffnung im Dach

Cavea: halbkreisförmig angelegter, in Stufen ansteigender Zuschauerraum des griechischen und römischen Theaters

Conquistadores: Eroberer Amerikas

Dehesa: Weidewald; lichter Wald aus Stein- oder Korkeichen

Emir: Titel arabischer Fürsten

Forum: Hauptplatz römischer Städte; Marktplatz und Versammlungsort

Fries: Flächenband zur Gliederung oder zum Schmuck von Wänden

Hidalgo: Kleinadeliger

Kalif: Nachfolger Mohammeds, höchster politischer und religiöser Führer im Islam

Mauren: christliche Bezeichnung für alle Muslime in Spanien und Nordwestafrika

Moriske: zum Christentum übergetretener Maure

Mozaraber: unter arabischer Herrschaft lebender Christ

Mudejar: unter christlicher Herrschaft lebender Maure

Mudejar-Stil: Bau- und Dekorationsstil maurischer Künstler und Handwerker in Spanien, der zwischen dem 14. und 16. Jh. verbreitet war. In den meist für christliche Auftraggeber errichteten und geschmückten Gebäuden verbinden sich spätgotische Formensprache und islamische Gestaltungskunst

Orchestra: im römischen Theater halbrunder Raum zwischen Bühne und Cavea

Parador: ehemals staatliche Hotels in Spanien, zumeist in historischen Bauten

Peristyl: Säulenhalle, die einen Hof umgibt

Plateresker Stil: feine, an Filigranschmuck erinnernde Dekorationskunst der spanischen Renaissance (span.: *platero* = Silberschmied)

Reconquista: Rückeroberung der von den Mauren beherrschten Gebiete Spaniens zwischen dem 8. und dem Ende des 15. Jh.

Siglo de Oro: ›Goldenes Jahrhundert‹ spanischer Kultur zwischen 1550 und 1650

Spina: Mauer inmitten der Rennbahn im römischen Zirkus

Tapa: in Bars erhältlicher Appetithappen

Taifa: maurisches Kleinkönigreich nach dem Zerfall des Kalifats

Literaturhinweise

Frank Baer: Die Brücke von Alcántara, München/Hamburg 1988

H. V. Morton: Spanien, Wanderungen durch Vergangenheit und Gegenwart, München 1974

Salvador de Madariaga: Cortez, Eroberer Mexikos, Stuttgart 1956

Volker Ebersbach: Francisco Pizarro, Glanz und Elend eines Conquistadors, Frankfurt/Berlin/Wien 1984

Americo Castro: Spanien, Vision und Wirklichkeit, Stuttgart 1979

Peter Lahnstein: Auf den Spuren von Karl V., München 1979

Tzvetan Todorov: Die Eroberung Amerikas, Das Problem des Anderen, Frankfurt/M. 1985

Titus Burckhardt: Die maurische Kultur in Spanien, München 1981

Sigrid Hunke: Allahs Sonne über dem Abendland, München 1987

Werner Herzog: Spanien, Badenweiler 1988

Abbildungs- und Quellennachweis

Quellen

S. 9 J. Jahn: Der arabische Liebesdiwan, Frankfurt 1986, S. 11

S. 33 Seneca: Sämtliche Tragödien, Bd. 1, Zürich 1961, S. 267

S. 55 Antonio Machado, Bd. I., Madrid 1980, S. 256

S. 178 Bernal Díaz del Castillo: Wahrhafte Geschichte der Entdeckung und Eroberung von Mexiko, Stuttgart 1965, S. 742

S. 181 Hernán Cortés: Die Eroberung Mexikos. Eigenhändige Berichte an Karl V. (1520–1524) Tübingen 1978, S. 97

Abbildungen

AKG, Berlin S. 28, 127, 156, 179

Bildarchiv Preußischer Kulturbesitz, Berlin S. 31, 36, 180

Hans–Peter Burmeister, Bremen S. 61, 63, 69o., 99, 108, 109, 116, 121, 139, 151, 159, 163, 169, 173, 184, 212

Max Grönert, Köln Umschlaginnenklappe vorne und hinten, Umschlagrückseite o., S. 2/3, 13, 18, 20, 38, 39, 41, 47, 50, 52, 56, 58, 64, 75, 85, 86, 94, 95, 112, 118, 120, 153, 160, 165, 174, 177, 189, 193, 194/195, 197, 201,204, 209

Frank Lukasseck, Köln S.14, 17

Dr. Gerald Penzl, Köln Titelbild

White Star, Hamburg *Jörg Steinert:* S. 10, 44, 53, 69u., 92, 103, 129, 130, 134, 171, 196, 199, 205, 216 *Monica Gumm:* Umschlagrückseite u., S. 54, 101, 146

Die Burg von Barcarrota ▷

Tips und Adressen

Bitte schreiben Sie uns, wenn sich etwas geändert hat!
Alle Angaben in diesem Buch wurden vom Autor nach bestem Wissen erstellt und von ihm und dem Verlag mit größtmöglicher Sorgfalt überprüft. Doch sind Änderungen und Fehler leider nicht vollständig auszuschließen. Daher erfolgen die Angaben – wie wir im Sinne des Produkthaftungsrechts betonen müssen – ohne jegliche Verpflichtung oder Garantie des Verlags oder des Autors. Beide übernehmen keinerlei Verantwortung und Haftung für etwaige inhaltliche Unstimmigkeiten. Wir bitten um Verständnis und werden Korrekturhinweise dankbar aufgreifen: DuMont Buchverlag, Postfach 10 10 45, 50450 Köln.

Vor der Reise

Information

Bei den spanischen Fremdenverkehrsämtern können Sie sich vorab Informationen über Unterkunftsmöglichkeiten, Reiserouten und einige Spezialthemen sowie Stadtprospekte und Pläne besorgen. Ein nützliches Buch ist »Touren durch Spanien«, das Kastilien und der Extremadura gewidmet ist und von den Fremdenverkehrsämtern vertrieben wird.

In Deutschland: Myliusstr. 14, 60323 Frankfurt/M., ✆ 0 69-72 50 33; Grafenberger Allee 100, 40237 Düsseldorf, ✆ 0211–6803980; Postfach 1519 40, 80051 München, ✆ 0 89–53 01 58; Kurfürstendamm 180, 10707 Berlin, ✆ 0 30–8 82 65 43

In Österreich: Rotenturmstr. 27, 1010 Wien 1, ✆ 01-5 33 14 25

In der Schweiz: Seefeldstr. 19, 8008 Zürich, ✆ 01-2 52 79 30; 40 Bd. Helvetique/67 Rue du Rhone, 1207 Genf, ✆ 0 22-7 35 95 94

Anreise

... mit dem Flugzeug

Von allen großen Flughäfen gibt es Verbindungen nach Madrid, wo man zum Weiterflug nach Badajoz umsteigen kann. Badajoz ist der einzige größere Flughafen der Extremadura. Günstig ist es auch, nur bis Madrid zu fliegen und von dort aus andere Verkehrsmittel zu nehmen. Der Flughafen von Sevilla liegt weniger als 80 km von der südlichen Extremadura entfernt und ist neben Malaga die neue große Drehscheibe des Flugverkehrs im südlichen Spanien geworden.

... mit der Bahn

Nur die großen Städte sind mit der Bahn erreichbar, wobei man sich auf ein gemächliches Tempo innerhalb der Extremadura einstellen muß. Nach Spanien selbst kommt man durch Schnellzüge relativ rasch. Seit 1992 verkehrt ein neuer Schnellzug zwischen Madrid und Sevilla.

... mit dem Autobus

Die Deutsche Touring-Europabus fährt regelmäßig von mehreren deutschen Großstädten aus nach Madrid oder Sevilla. Vom dortigen Busbahnhof gibt es tägliche Busverbindungen nach Badajoz, Cáceres, Plasencia und Zafra. Informationen erteilen die Auskunftsbüros der Busbahnhöfe und Reisebüros oder die Deutsche Touring GmbH, Am Römerhof 17, 60486 Frankfurt, ✆ 0 69-7 90 30.

... mit dem Pkw

Für die Anreise mit dem Pkw sind mindestens zwei Tage zu veranschlagen. Wie in Frankreich ist auch in Spanien die Autobahnbenutzung gebührenpflichtig. Reizvoll ist die Strecke übers Baskenland und Kastilien, entweder über Salamanca oder aber über Madrid. Die Anfahrt ist insgesamt recht lang, so daß man, um Zeit und Kräfte zu sparen, die Benutzung eines Autoreisezuges in Erwägung ziehen sollte. In Spanien selbst sind die Straßen in gutem Zustand, zumal sie in den letzten Jahren erst weitgehend erneuert worden sind.

Einreise- und Zollbestimmungen

Reisedokumente: Bei einem Aufenthalt von bis zu drei Monaten genügt der Reisepaß oder Personalausweis; für Kinder unter 16 Jahren Kinderausweis oder Eintrag im Paß der Eltern. Mitgeführte Hunde und Katzen müssen mindestens drei Monate alt sein und benötigen ein amtsärztliches Gesundheitszeugnis und einen internationalen Impfpaß, beides in spanischer Übersetzung (erhältlich beim Konsulat). Für hochwertige elektronische Geräte ist eine Zollgarantie zu hinterlegen.

Devisen: Zahlungsmittel können in unbeschränkter Höhe eingeführt werden. Bei der Ausreise dürfen jedoch nicht mehr als 100 000 Peseten Landeswährung oder Fremdwährung im Wert von 500 000 Peseten mitgeführt werden.

Zollbestimmungen: Aus EU-Ländern können Waren für den Eigenbedarf zollfrei ein- und ausgeführt werden. Dabei gelten 800 Zigaretten, 400 Zigarillos, 200 Zigarren, 10 l Spirituosen, 20 l Likör oder Sherry, 90 l Wein und 110 l Bier als Richtmenge für den Eigenbedarf. Für Nicht-EU-Bürger und Einkäufe in Duty-Free-Shops sind die zollfreien Mengen nach wie vor auf 200 Zigaretten, 1 l Spirituosen und 2 l Wein beschränkt.

Klima und Reisezeit

Die Sommer sind heiß und trocken, die Winter mild und feucht. Nur in den Gebirgen des Nordens fällt die Temperatur unter den Gefrierpunkt. Im Unterschied zu den frostigen Hochebenen Kastiliens bietet die Beckenlage der Extremadura deshalb auch im Winter ein reizvolles Reiseziel – etwa zur Mandelblüte im Januar/Februar oder zur berühmten Kirschblüte im Valle del Jerte im März/April. Mit Regen kann man rechnen in der Zeit zwischen Mitte Oktober und Anfang Mai. Im April und im Mai stehen die Wiesen in voller Blüte. In der Hitze des Sommers flimmern die trockenen Weiden in fahlem Gelb. Der August ist der heißeste Monat. Zugleich ist er der traditionelle Urlaubsmonat der Spanier. Die wenigen Hotels sind daher meist ausgebucht. Beliebt ist in dieser Zeit der Aufenthalt in den Bergen der Siera de Gredos und der Sierra de Gata, wo es weniger heiß wird als auf den niederen Ebenen. Kultureller Anziehungspunkt ist das sommerliche Theaterfestival in Mérida.

Nach den herbstlichen Regenfällen beginnen die Wiesen und Felder im November wieder zu grünen.

Reiserouten für die Anreise aus Spanien

Sehr schön ist die Anfahrt aus dem Hochland Kastiliens (aus Madrid oder Ávila kommend) durch das Tal des Rio Jerte. Der erste größere Ort und Ausgangspunkt für Ausflüge in die Umgebung wäre Plasencia, die Drehscheibe des Nordens. Mühsam, aber auch überaus reizvoll wegen großartiger Landschaftsbilder im bergigen Hochland, ist die Anfahrt über Toledo (C 401) in Richtung Guadalupe.

Der kürzeste Weg aus dem Norden führt über Salamanca in die Extremadura. Auch hier stößt man auf Plasencia, aber auf dem Wege dorthin lohnen schon kleine Abstecher nach Hervás oder Granadilla.

Die unwegsamste Anfahrt führt vom kastilischen Ciudad Rodrigo aus direkt übers Gebirge der Sierra de Gata.

Kommt man aus dem andalusischen Süden, wäre das erste empfehlenswerte Ziel die Stadt Zafra, von der aus der Süden der Extremadura erkundet werden kann.

Für den Durchreisenden

Für den Autofahrer, der sich auf dem Weg zu den Stränden Andalusiens oder Portugals befindet (oder von dort zurück), liegen die kulturell attraktivsten Städte direkt am Wege (N 5/N 630) oder zumindest nahebei: Die Hauptstrecke führt über Cáceres und Mérida (bzw. Trujillo und Badajoz). Abstecher in die Naturparks von Cornalvo (nahe der N 5) und Monfragüe (C 524) sind ohne große Umstände und Umwege möglich.

Eine Möglichkeit, die Extremadura auf der Durchreise nach Portugal besser kennenzulernen, bietet die Wahl verschiedener Strecken für Hin- und Rückfahrt. Es gibt in der Extremadura sechs Grenzübergänge nach Portugal. Der Hauptübergang befindet sich bei Badajoz in der mittleren Extremadura. Um die Brücke von Alcántara zu besichtigen und durch den Norden der Extremadura zu reisen, könnte man den Grenzübergang bei Piedras Albas/Segura (C 523) wählen.

Will man durch die Steineichenwälder des Südwestens fahren, bietet sich der Grenzübergang an der C 436 an (entweder über Olivenza oder über Jerez de la Frontera).

Vorschläge für Rundreisen

Eine Woche

Besuch von Mérida (römisches Theater, Museum) Cáceres (Altstadt) und Trujillo (Altstadt) mit jeweils zweitägigem Aufenthalt, Ausflüge nach Plasencia (Kathedrale) und in die Naturparks von Monfragüe und Cornalvo.

Von Trujillo aus Tagesausflug nach Guadalupe (Kloster).

Zwei Wochen
Besuch von Mérida, Cáceres und Trujillo. Durch den Naturpark von Monfragüe nach Plasencia (Aufenthalt). Ausflüge nach Hervás, Coria und Alcántara. Von Trujillo aus nach Guadalupe. Fahrt durch die Steppenlandschaft von La Serena. Von Mérida aus nach Medellín und in den Naturpark von Cornalvo. Aufenthalt in Zafra. Ausflüge nach Olivenza, Badajoz und Jerez de los Caballeros.

Drei Wochen
Beginn der Rundreise entweder in Mérida oder Zafra. Aufenthalt in Zafra, Mérida, Cáceres, Trujillo, Plasencia und Guadalupe (u. U. zusätzlich in Jarandilla de la Vera).

Von Zafra (Aufenthalt drei bis vier Tage) Ausflüge in die Städte Olivenza, Jerez de los Caballeros und in die Wälder des Südwestens (Burgen von Feria und Salvatierra de los Barros). Über Hornachos und Zalamea de la Serena nach Puebla de Alcocer. Über Medellín und Alange durch die Tierra de Barros zurück.

Von Mérida (Aufenthalt drei bis vier Tage) Ausflüge zum Lago de Proserpina und nach Badajoz.

Von Cáceres (Aufenthalt drei bis vier Tage) Ausflüge nach Montánchez, Alburquerque und Valencia de Alcántara, nach Brozas und nach Alcántara (römische Brücke).

Von Cáceres nach Trujillo (Aufenthalt zwei bis drei Tage). Durch den Naturpark von Monfragüe nach Plasencia. Von Plasencia (Aufenthalt drei bis vier Tage) Ausflug zunächst durch das Tal des Jerte, dann übers Gebirge nach Hervás und Las Hurdes. Ein zweiter Ausflug über Coria (römische Mauern) in die Sierra de Gata. Über Yuste (Altersresidenz Karls V.) bei Jarandilla de la Vera Fahrt nach Guadalupe (Aufenthalt zwei bis drei Tage).

Die wichtigsten Sehenswürdigkeiten und Feste

Kulturhistorische Sehenswürdigkeiten
Mérida: Römisches Theater, Museum für römische Kunst, Aquädukte, römische Brücken, Tempel und Mosaiken
Cáceres: mittelalterliche Altstadt
Trujillo: Altstadt
Guadalupe: Kloster, Gemälde Francisco de Zurbaráns

Die schönsten Burgen von Nord nach Süd
Provinz Cáceres: Granadilla, Jarandilla de la Vera, Monroy, Trujillo, Castillo de las Seguras, Trevejo, Montánchez
Provinz Badajoz: Piedrabuena, Azagala, Alburquerque, Medellín, Feria, Salvatierra de los Barros, Nogales, Alconchel, Segura de León

Städte und Dörfer mit reizvollem Ortsbild
Cáceres, Trujillo, Montánchez, Garrovillas, Brozas, Zafra, Jerez de los Caballeros, Olivenza, Puebla de Al-

cocer, Hervás, Granadilla, Guadalupe, Feria, Alburquerque, Alcántara, Valencia de Alcántara

Die bedeutendsten Feste

16. Januar: Karneval in Plasencia
Semana Santa (Karwoche): Zafra und Jerez de los Caballeros
23. April: Fest des Heiligen Georg in Cáceres
Zweite Juniwoche: Theaterfestival in Cáceres
Ende Juni bis Anfang August: Theaterfestival in Mérida
1. bis 5. September: Feria in Mérida
8. September: Fest der Jungfrau von Guadalupe in Guadalupe
1. Oktoberwoche: Feria in Zafra
12. Oktober: Tag der ›Hispanidad‹ (›Entdeckung Amerikas‹) in Guadalupe

Reisen in der Extremadura

... mit der Bahn

Das Streckennetz ist unzureichend. Viele Orte haben keinen Bahnhof und müssen von der nächstliegenden *estación* mit dem Bus angefahren werden. Es verkehren nur wenige Züge und diese verhältnismäßig langsam. Als bequeme Reiseform und geruhsames Landschaftserlebnis ist das Bahnfahren dennoch empfehlenswert. Spanische Ausgangsbahnhöfe für die Züge in die Extremadura befinden sich in Madrid und Sevilla.

Man kann bereits auf deutschen Bahnhöfen eine **Touristenkarte** kaufen. Diese Netzkarte gilt für alle Strecken der staatlichen spanischen Eisenbahngesellschaft RENFE. Für acht Tage kostet das Ticket 150 DM, für 14 Tage 250 DM. Jugendliche unter 27 Jahren können mit dem Interrail-Ticket (510 DM) bis zu vier Wochen lang alle ausländischen Züge benutzen.

... mit dem Bus

Busse sind das verbreitetste und preiswerteste öffentliche Verkehrsmittel. Häufig sind sie auch das einzige. Städte wie Trujillo, Guadalupe oder Jerez de los Caballeros beispielsweise haben keinen Eisenbahnanschluß. Man erreicht mit Bussen sowohl die großen Städte wie die kleinen Dörfer. In den größeren Städten gibt es einen Busbahnhof *(estación de autobuses).*

... mit dem Taxi

In den kleinen Städten der Extremadura fallen Taxifahrten selten an. Einige wenige Taxis gibt es dennoch.

Sie sind verhältnismäßig preiswert. Der zu zahlende Betrag wird anhand eines Taxameters berechnet.

Die Straßen in der Extremadura sind zumeist in gutem bis sehr gutem Zustand.

mit dem Leihwagen

Man kann ihn schon über ein Reisebüro im Heimatland bestellen und in Badajoz, Sevilla oder Madrid in Empfang nehmen. Wer den langen Weg mit dem eigenen PKW scheut, aber als Flug- oder Zugreisender nicht darauf verzichten will, die Extremadura mit dem Automobil zu erkunden, hat mit einem Leihwagen die Gelegenheit dazu – und die Auswahl verschiedener Wagenklassen und Tarife.

… mit dem Fahrrad

Wegen guter Straßen und geringem Autoverkehr kann man diese in Spanien ungewöhnliche Reiseform empfehlen. Die Entfernungen und Routen sind für den Fahrradfahrer bequem zu bewältigen. Ersatzteile fürs Fahrrad sind im Lande nur schwer erhältlich. Flickzeug sollte man deshalb mitbringen. Transportmöglichkeiten für das Fahrrad gibt es sowohl mit der Eisenbahn wie mit dem Flugzeug.

Unterkunft

Die Extremadura ist touristisch wenig erschlossen. Die Infrastruktur für die Unterbringung und Bewirtung von Reisegästen ist entsprechend schwach entwickelt. Das macht sich besonders in den abgelegenen Gebieten bemerkbar, wo man lediglich auf das (seltene) Angebot privater Zimmervermietung treffen kann *(habitaciones/camas).* Einfache Unterkunft gibt es in den Ortschaften, die an großen Durchgangsstraßen liegen, ebenso in den größeren Städten wie Mérida, Cáceres, Plasencia, Zafra oder Badajoz. Sie befinden sich meist in der Altstadt und bieten als sogenannte *hostales* (Hs) oder *pensiones* (P) die einfachsten und billigsten Übernachtungsmöglichkeiten. Die Höchstpreise sind je nach Standard staatlich festgelegt. Bei der Rezeption der Hotels (H) sind die Übernachtungspreise angeschlagen. Hotels gibt es in den Kategorien von einem bis zu vier Sternen.

Besonders empfehlenswert sind die *paradores* (staatliche Hotels), die in der Extremadura (Jarandilla de la Vera, Guadalupe, Trujillo, Cáceres, Mérida und Zafra) in alten Klöstern, Burgen und Adelspalästen eingerichtet sind und kaum eine Annehmlichkeit vermissen lassen. Paradores pflegen eine gute regionaltypische Küche. Sie gehören zur Kategorie der Vier-Sterne-Hotels.

In der gesamten Extremadura gibt es 17 **Campingplätze**, davon allein 14 in der Provinz Cáceres, vor allem in der Umgebung der Gebirge und der Stauseen (z. B. in Hervás, Jarandilla de la Vera, Madrigal de la Vera, am Stausee von Borbollón nahe der Sierra de Gata, in der Nähe des Naturschutzgebiets von Monfragüe in Malpartida de Plasencia). In der Nähe Méridas gibt es zwei Campingplätze, einer liegt am Embalse de Proserpina.

Im unbesiedelten Osten der Extremadura ist aufgrund fehlender Alternativen wildes Campieren nahe der Flußläufe möglich.

Einen **Camping-Führer** in deutscher Sprache erhält man beim ADAC. Ein **Hotel-, Camping- und Restaurantführer** für die Extremadura in spanischer Sprache mit genauen Angaben (einschließlich der Zimmerpreise) läßt sich kostenlos beziehen über das Spanische Fremdenverkehrsamt in Frankfurt (Myliusstr. 14, 60323 Frankfurt am Main, ✆ 0 69-72 50 33).

Essen und Trinken

Die Küche der Extremadura ist einfach und herzhaft. Sie lebt vor allem von der Güte ihrer Grundstoffe und den nur wenig veränderten Rezepten einer alten Tradition. Maurische und jüdische Eßkultur verbanden sich in der Extremadura vor allem in der Zubereitung von Lammfleisch und speziellen Eintopfgerichten, die durch Zugabe von Speck, Blutwurst und Kichererbsen auch auf den christlichen Speiseplan übernommen wurden. Mauren wie Juden lehnen den Verzehr von Schweinefleisch ab. Das Schlachten und Verzehren von Schweinen wurde so zum öffentlichen Ereignis und Zeichen christlicher Zusammengehörigkeit. Für Neubekehrte gehörte der festliche Verzehr von Schweinefleisch zur demonstrativen und vertrauensstiftenden Kundgabe ihrer neuen Angehörigkeit zum christlichen Glauben.

Bis heute spielt das schmackhafte Fleisch der schlanken iberischen Schweine aus den Eichenwäldern des Südwestens eine bedeutende Rolle in der Küche der Extremadura, vor allem natürlich als roher Schinken *(jamón de pata negra)*. Im Südwesten gibt es auch die meisten Varianten in der Zubereitung von Schweinefleisch. Typische Lammgerichte *(caldereta)* stammen aus der Gegend von La Serena, und Ziegenfleisch ist die Spezialität im Norden der Provinz Cáceres. Forellen aus dem Río Jerte, Karpfen, Schleie und Barben sind die schmackhaftesten Fische der Extremadura.

Ein typisches Gemüse ist Wildspargel, der in verschiedenen Variationen verarbeitet wird, in Suppen, mit Kartoffeln und Eis als Tortilla, oder aber mit Trüffeln. Gut gewürzte Pilzgerichte (Steinpilz, Schirmpilz u. a.) sind beliebte Vorspeisen. Gazpacho, die traditionsreiche kalte Gemüsesuppe aus pürierten Tomaten, Gurken, Paprikaschoten, Salz und Olivenöl, wird variationsreich angeboten: mit Knoblauch *(ajo blanco)* oder Minze.

Eine feine Küche, die vor allem auf die raffinierte Zubereitung von Geflügel und Wild (vor allem Kleinwild: Kaninchen, Hasen) spezialisiert war, wurde in den Klöstern der Extremadura gepflegt. Die vom napoleonischen General Junot 1807 gestohlenen Rezepte aus dem Kloster von Alcántara machten in der französischen Küche Karriere. Man kann aber auch in der Extremadura selbst Fasan à la Alcántara oder Rebhuhn nach Kartäuserart probieren.

Berühmt ist nicht nur die Güte der Schinken aus der Extremadura. Die Würste aus der Extremadura tragen wie die Schinken die Bezeichnung *Dehesa Extremeña* als eingetragenes Gütezeichen.

Die Schafs- und Ziegenkäse der Extremadura werden von Kennern geschätzt *(Torta del casar, Queso de Ibores, Robledillo* sind bekanntere Qualitätsmarken). Vom 1. bis 5. Mai findet eine Feria (Messe und Fest) in Trujillo statt, die dem Käse gewidmet ist. Hervorragend ist vor allem der Schafskäse aus der Gegend von La Serena und der Ziegenkäse aus der Sierra de Gata, von Las Hurdes und La Vera.

Oliven aus dem eigenen Land (auf verschiedenste Weise angemacht, häufig mit Knoblauch) gehören zur regionalen Küche ebenso wie Auberginen, Kapern und Paprika. Besonders schmackhaft ist das Olivenöl aus der Siera de Gata, grundlegender Bestandteil landestypischer Soßen.

Auf der Tierra de Barros wächst der Wein des Landes, der zu Unrecht selbst in Spanien außerhalb der Extremadura weitgehend unbekannt und nur in der Extremadura zu kaufen ist. Aus der Gegend um Almendralejo stammen sowohl fruchtige leichte Weißweine wie charaktervolle reife Rotweine. Man kann bedenkenlos in den Lokalen der Extremadura einen einfachen offenen Wein der Region bestellen oder aber zu einem besonderen Essen einen Reserva, z. B. den hervorragenden *Lar de Lares* oder *Lar de Barros* älteren Jahrgangs.

In den Restaurants kann man à la carte speisen, oder aber das meist preiswerte Tagesmenü bestellen *(menú del día)*, das aus drei Gängen besteht. Als Aperitif empfiehlt sich ein trockener Sherry *(fino)* und als Abschluß zum *café solo* ein Brandy (beide aus Jerez).

Das Frühstück *(desayuno)* ist zumeist dürftig. Es besteht aus Kaffee oder Tee, einem Brot mit Marmelande oder süßem Gebäck. In den Bars kann man sich Toast *(tostada)* bestellen, mit Butter *(mantequilla)* bestrichen oder mit Olivenöl beträufelt. In internationalen Hotels wird dagegen zumeist ein großes Buffet angeboten.

Man ißt zu Mittag *(almuerzo)* ab 14 Uhr, zu Abend *(cena)* ab 21 Uhr, nur ausnahmsweise auch früher.

Zwischenmahlzeiten kann man in Bars einnehmen. Sie bieten *tapas* (Appetithappen) oder *racíones* (*tapas* in größerer Menge) verschiedenster Speisen (vom Salat mit Meeresfrüchten bis zum Fleischtopf) oder *bocadillos* (mit Schinken, Käse oder Tortilla belegte Brote), die man an der Theke oder am Tisch verzehren kann.

Informationen von A bis Z

Angel- und Jagdlizenzen

Informationen und Genehmigungen zum Angeln und Jagen in den dafür vorgesehenen Gebieten erhält man bei: *Junta de Extremadura,* Agencia de Medio Ambiente, Santa Eulália 30, 06800 Mérida, ✆ 9 24-38 54 12.

Apotheken

Farmacías sind durch ein grünes Kreuz auf weißem Grund gekennzeichnet. Öffnungszeiten: wochentags 9–13.30 und 15–19 Uhr, Sa 9–12.30 Uhr. Nachtdienst bis 22 Uhr, danach sind Medikamente nur noch gegen Rezept erhältlich. Nacht- und Sonntagsdienste können der Tageszeitung oder den Aushängen an den Apotheken entnommen werden.

Ärztliche Versorgung

Zwischen den deutschen und spanischen Krankenkassen gibt es ein Sozialversicherungsabkommen. Da jedoch nicht alle Ärzte den Auslandskrankenschein akzeptieren, sollte man zusätzlich eine Reisekrankenversicherung abschließen.

Banken

Nicht jede Bank nimmt Euroschecks an. Man achte auf das EC-Zeichen an Tür oder Fenster. Pro Scheck können maximal 25 000 *pesetas* (pts.) abgehoben werden. Neben der Scheckkarte ist der Paß oder Personalausweis vorzulegen. Banken haben nur vormittags von 9–13.30, samstags bis 13 Uhr geöffnet.

Diplomatische Vertretungen

Botschaft der Bundesrepublik Deutschland: Calle de Fortuny 8, 28010 Madrid, ✆ 91-3 19 91 00
Österreichische Botschaft: Paseo de la Castellana 91, 28046 Madrid, ✆ 91-5 56 53 15

Schweizer Botschaft: Calle Núñez de Balboa 35, 7. Stock, 28001 Madrid, ✆ 91-4 31 34 00

Feste und Feiertage

Wichtige Feste in verschiedenen Städten

Karneval in vielen Städten der Extremadura im Februar

Die **Karwoche** *(Semana Santa)* wird mit feierlichen Prozessionen begangen. Besonders eindrucksvoll sind sie im Süden der Provinz Badajoz, vor allem im ›andalusisch‹ geprägten Zafra, in Jerez de los Caballeros und in Llerena. Sehenswert sind auch die Fronleichnamsprozessionen.

23. April: Fest des Heiligen Georg in Cáceres
1.–5. Mai: Feria und Käsemesse in Trujillo
3. Mai: Fest der Blumenkreuze in Coria und Guadalupe
15. Mai: In der gesamten Extremadura *romería* (Wallfahrt) zu Ehren des Heiligen Isidor
2. Juniwoche: Theaterfestival in Cáceres
Ende Juni bis Anfang August: Festival des klassischen Theaters in Mérida
1. Augustwoche: Festival des klassischen Theaters in Alcántara
1.–5. September: Feria in Mérida
8. September: Fest der Jungfrau von Guadalupe in Guadalupe
11.–15. August: Feria in Olivenza
12. Oktober: Tag der Hispanidad (Entdeckung Amerikas) in Guadalupe
1. November: Wallfahrt für alle Heiligen in Cáceres

Gesetzliche Feiertage

1. Januar (Neujahr); 6. Januar (Heilige Drei Könige); im Süden der Extremadura die Karwoche (von Palmsonntag bis Ostersonntag arbeitsfrei); 1. Mai (Tag der Arbeit); Fronleichnam; 25. Juli (Tag des Heiligen Santiago, des Schutzheiligen Spaniens); 15. August (Mariä Himmelfahrt); 12. Oktober (Tag der Entdeckung Amerikas); 1. November (Allerheiligen); 8. Dezember (Unbefleckte Empfängnis); 25. Dezember (Weihnachten).

Fotografieren

Es lohnt sich, ausreichend Filme von zu Hause mitzubringen, denn in Spanien sind sie teuer. In manchen Museen ist das Fotografieren nicht erlaubt.

Fremdenführer

Die *Oficinas de Turismo* in Mérida und Cáceres vermitteln offiziell anerkannte Fremdenführer.

Geld und Geldwechsel

Die spanische Währungseinheit ist die *peseta* (pta.). Die 5-Peseten-Münze wird auch *duro* genannt. Verbreitet sind Münzen zu 25, 50, 100, 200 und 500 Peseten. Als Papiergeld gibt es 500, 1000, 5000 und 10 000 Peseten.

Es ist günstiger, bereits in Deutschland (bzw. der Schweiz oder Österreich) größere Beträge zu tauschen. Sicherer ist es natürlich, an Ort und Stelle je nach Bedarf Schecks einzulösen, für die dann aber jedesmal eine Gebühr anfällt. Automaten für Bankkarten sind in den größeren Städten eingerichtet, arbeiten aber nicht immer schnell genug, so daß zuweilen der Suchvorgang abgebrochen wird und es zu keiner Auszahlung kommt. Kostenfrei ist das Abheben von Geld vom Postsparbuch (auch in Spanien gültig und in jedem Postamt möglich).

Kleidung

Den gesamten Sommer über von Mai bis Ende September benötigt man leichte Kleidung. Im übrigen Zeitraum muß man mit Regenfällen rechnen und für entsprechende Schutzkleidung sorgen. Kalt wird es nur in den gebirgigen Zonen.

Auf ihre Kleidung achten die Spanier wie auf ihre persönliche Würde. Überdies ist Spanien ein katholisches Land. Und die Extremadura ist in den alten Traditionen verwachsener als andere Gebiete Spaniens, wo der Tourismus eine alltägliche Erscheinung ist. Nackte Männerbeine und Frauenrücken wirken mancherorts nicht nur in Kirchen provozierend.

Öffnungszeiten

Geschäfte und Banken öffnen in der Regel um 9 Uhr. Banken haben nur vormittags geöffnet. Mittagspause *(siesta)* ist zwischen 14 und 17 Uhr. Die Läden haben zumeist bis 20 Uhr geöffnet, die Museen in der Regel von 10 bis 14 Uhr. Montags bleiben die meisten Museen geschlossen.

Paradores

Paradores heißen die ehemals staatlichen Hotels, die seit den 20er Jahren vorwiegend in historischen Bauten eingerichtet worden sind und sich durch hervorragende Lage, stilsichere Einrichtung, Komfort und eine ausgesucht gute regionaltypische Küche auszeichnen. Das Staatsunternehmen ist inzwischen zu einer Aktiengesellschaft umgewandelt worden.

Die besten Hotels in der Extremadura sind Paradores. Zugleich gehören einige von ihnen zu den schönsten ganz Spaniens. Sie sind in der Extremadura ausnahmslos in restaurierten Klöstern, mittelalterlichen Burgen und Adelspalästen untergebracht.

Die Zimmerzahl ist begrenzt, so daß sich eine Voranmeldung empfiehlt. Das Doppelzimmer kostet (saisonal unterschiedlich) zwischen 10 000 und 13 000 Pesetas (110 und 140 DM) pro Nacht.

Die Zentrale für die **Reservierung** von Unterkünften in den spanischen Paradores Nacionales (P.N.) befindet sich in Madrid: Central de Reservas,

Velázquez 18, 28001 Madrid, ✆ 91-4 35 97 00 (Vorwahl aus dem Ausland: 00 34-1), Telex: 4 46 07 RRPP. In Deutschland: Ibero Hotel Reservierung, Steinstraße 21, 40210 Düsseldorf, ✆ 02 11-8 64 15 20, Fax 02 11-32 89 05.

Parador de Cáceres, Calle Ancha 6, 10003 Cáceres, ✆ 9 27-21 17 59, Fax 9 27-21 17 29

Parador de Guadalupe, ›Zurbarán‹ Marqués de la Romana 10, 10140 Guadalupe (Cáceres), ✆ 9 27-36 70 75, Fax 9 27-36 70 76

Parador de Jarandilla de la Vera, ›Carlos V.‹, 10450 Jarandilla de la Vera (Cáceres), ✆ 9 27-56 01 17, Fax 9 27-56 00 88

Parador de Mérida, ›Via de la Plata‹, Plaza de la Constitucion 3, 06800 Mérida (Badajoz), ✆ 9 24-31 38 00, Fax 9 24-31 92 08

Parador de Trujillo, Plaza de Santa Clara, 10200 Trujillo (Cáceres), ✆ 9 27-32 13 50, Fax 9 27-32 13 66

Parador de Zafra, ›Hernán Cortés, Plaza Corazón de María, 06300 Zafra (Badajoz), ✆ 9 24-55 45 40, Fax 924-55 10 18

Post

Postämter *(correos)* sind in der Regel an Werktagen vor- und nachmittags geöffnet (samstags bis 12 Uhr).

Briefmarken *(sellos)* bekommt man auch in den Tabakläden (gelbbraunes Schild: *tabaco*). Briefe heißen *cartas*, Postkarten *postales*.

Adressen sind mit dem jeweiligen Bestimmungsland zu versehen: *Alemania* = Deutschland, *Austria* = Österreich, *Suiza* = Schweiz.

Postlagernde Sendungen kann man an einem Extraschalter des Postamtes abholen (mit Paß oder Personalausweis). Der Name sollte unbedingt wie im Personalausweis lauten. Erforderlich ist der Hinweis ›Lista de correos‹ (was unserem ›postlagernd‹ entspricht).

Radwandern

Das Fahrrad ist zwar ein wenig verbreitetes Fortbewegungsmittel in der Extremadura, aber das Land ist für den Reisenden per Fahrrad ideal. Das gilt für die gesamte Extremadura. Besonders empfehlenswert durch den Reiz der landschaftlichen Kontraste wäre die Reiseroute von West nach Ost im Süden der Provinz Badajoz, durch die hügeligen Wälder über die kahlen Steppen bis zu den riesigen Stauseen, dann nördlich in das Bergland von Guadalupe, zu den Hängen der Sierra de Gredos, in die Gebirge von Las Hurdes und der Sierra de Gata, um über die flachen einsamen Landschaften der Provinz Cáceres im Osten über Alcántara, Alburquerque, Badajoz und Olivenza wieder zum Ausgangspunkt der Rundreise zurückzukehren (Gesamtlänge ca. 1000 km).

Sicherheit

Im Verhältnis zu den Metropolen Kastiliens und Andalusiens ist die Diebstahlgefahr in der Extremadura zwar wesentlich geringer, aber man sollte trotzdem nicht leichtfertig sein. Autofahrern ist in größeren Städten zu empfehlen, das Autoradio abends mitzunehmen und kein Gepäck sichtbar im Innenraum des Wagens liegenzulassen. Sinnvoll ist in jedem Fall der Abschluß einer Diebstahlversicherung, z. B. bei einem Reisebüro.

Telefon

Gespräche aus Spanien: Vorwahl ist 07, Pfeifton abwarten, dann 49 für Deutschland, 43 für Österreich oder 41 für die Schweiz wählen und danach die Ortsvorwahl ohne die Null und die Nummer des Teilnehmers.

Gespräche nach Spanien: 00 34, dann die Vorwahl der Provinz – ohne die Anfangsneun – und die Nummer des Teilnehmers wählen.

Vorwahlen in der Extremadura: Provinz Cáceres: 9 27, Provinz Badajoz: 9 24.

Man kann für alle Gespräche den gewöhnlichen Münzfernsprecher benutzen. Für Auslandsgespräche sollte man reichlich 25-Pts.-Münzen dabeihaben.

Trinkgeld

Trinkgeld zu geben ist üblich. Das gilt für Gepäckträger, Zimmermädchen und Taxichauffeure. Richtwert für die Bedienung im Restaurant sind 10 % des Preises.

Wandern

Ausgezeichnete Wanderstrecken gibt es in der Extremadura nicht. Wer hier wandern möchte, begibt sich auf Neuland.

Kleine Wanderungen sind möglich in den Naturschutzgebieten von Monfragüe und Cornalvo, außerdem in der Sierra de Guadalupe nahe des Ortes, in der Sierra Grande bei Hornachos, in der Umgebung von Salvatierra de los Barros und Jerez de los Caballeros, außerdem westlich der Serena entlang der Flußläufe des Río Guadalemar und des Río Siruela.

Nördlich von Alcántara kann man kurz hinter der Ortschaft Zarza la Mayor in einen Fußweg einbiegen, der bis nach Salvatierra do Extremo (ca. 6 km) führt, ein Ort (in der Nähe von Resten eines Kastells), der schon in Portugal liegt. Es gibt hier keine Grenzkontrollen.

Zeit

In Extremadura gilt die Mitteleuropäische Zeit (MEZ). Wie bei uns wird alljährlich von Ende März bis Ende September auf die Sommerzeit umgestellt.

Register